교실 안에서 펼쳐지는
교사와 학생의 행복한 드라마

최고의
수업

배광호 지음

디션
에듀

하늘같은하늘국어
현장교사를위한최고의조언을만나다

– 최재운(운암고등학교 교장)

가장 바람직한 수업을 찾아서

수업에 있어서 최고란 없다. 다만 최선이 있을 뿐이다. 수업 장면, 대상, 과목에 따라 수업의 형태와 교수법 등이 다양할 수밖에 없기 때문이다. 그럼에도 불구하고 제대로 된 수업, 바람직한 수업, 모범적인 수업은 반드시 있기 마련이다. 배광호 선생님의 역저 『최고의 수업』은 이런 점에서 현장 교사라면 꼭 한 번 읽어보아야 할 전범典範이 아닌가 한다.

필자가 배 선생님과 인연을 맺은 것은 수년 전 대구외국어고등학교에 근무할 때였다. 당시 배 선생님께서는 자신이 운영하는 국어 수업에 '하늘국어'란 이름을 붙여 남들과 아주 다른 교수법으로 진행하였다. 다소 특이하다는 생각을 했지만 우수한 외국어고 학생들에게 적절한 수업 방식으로 학생들의 적극적인 참여 속에 진행된, 아주 이상적인 수업 모형이었다.

　배 선생님의 수업은 교사가 충분한 시간적 여유를 두고 수업의 주제와 수업 진행 방식 등을 학생들에게 제시한다. 학생들은 소집단 단위 혹은 개별적으로 주제에 대해서 연구하고 협의를 통해서 발표할 자료를 준비하여 수업에 임한다. 신문이나 각종 서적, 인터넷 등을 활용하여 사전에 철저히 연구하고 조사하기 때문에 수업은 순조롭고, 열띤 토론도 필수였다.

　대학입시라든가 내신 성적 등 현실적인 굴레에서 벗어나 진도나 시간에 구애받지 않는 열린 수업이자, 지식 전달보다는 내 나라 역사와 나의 뿌리, 우리의 전통과 정체성과 같은 무게 있는 주제를 깊이 파고드는 뼈대 있는 수업이었다. 수업에 참가하는 학생들 모두는 심각한 화두를 던지는 수업에 깊이 빠져들었다.

학생 스스로 정체성을 찾고 내면의 힘을 키워나가도록 돕는 수업

배광호 선생님의 수업은 세상을 널리 이롭게 하는 홍익인간의 정신을 구현하자는 목표에서 출발한다. 나와 남이 하나로 합해지고 우리 모두를 일체화시키고자 하는 원대한 정점을 향해 함께 나아가고자 한다. 학생들 스스로 정체성을 찾고 내면의 힘을 키워나가는 가운데, 자신도 모르는 사이에 정신적으로 지적으로 성장해 나가도록 도와주는 독특한 수업 방식이다.

그는 교육에 있어서 핵심적 필수 요소인 교과목의 의미를 각기 독립된 것으로 보지 않고 범교과적이고 통합적인 관점에서 찾는다. 수업이 지식 전달에 그쳐서는 안 되며, 학생이 지니고 있는 소중한 특질을 찾아내어 길러줄 뿐만 아니라, 스스로 깨달음에 이르도록 해주어야 한다고 주장한다. 이러한 수업은 학생과 교사가 강력하고도 끈끈한 정신적 유대를 맺을 때 가능하다.

'하늘국어' 수업에서는 학생 하나하나가 무한한 가능성을 지닌 완전한 존재이다. 비록 특정 학생의 성적이 부진하고 수업태도가 양호하지 못하여 문제를 안고 있다 하더라도, 그는 누구와도 바꿀 수 없는 천부적이고도 절대적인 가치를 지닌다. 그리고 교사는 개별적으로 학생을 격려하고 도와서 숨은 재능을 찾아내고, 그것을 적극 신장시켜야할 막중한 책임과 임무를 지닌다.

교과서에 대한 시각도 종전의 틀을 완전히 깬다. 그것은 금과옥조가 아니며 수많은 교육자료 중에 하나에 지나지 않을 뿐이다. 입시 준비를 위해 편집된 딱딱한 문제집도 고집하지 않는다. 학생들이 수업시간에 발표하는 내용조차도 교과서가 될 수 있다. 다시 말해서 우리 생활 주변에서 찾을 수 있는 모든 것이 교과서가 될 수 있다는 파격적인 시각을 제시한다.

평가에 대해서도 똑같은 태도를 취한다. 수능시험에 대비하기 위한 '정답 찍어주기'를 하지 않는다. 시험을 통해서 서열을 정하고 부진한 성적을 거둔 학생에게 낙인을 찍는, 비인간적이고 비교육적인 시도를 하지 않는다. 인간을 평가할 수 있는 절대적 기준은 없다는 점에 유의하며, 정답을 가려내는 기술을 가르치는 대신 수행평가나 첨삭지도에 중점을 둔다.

모든 수업은 즐겁고 행복해야 한다

'하늘국어' 수업의 철학적 바탕은 성적이 높고 낮음이 학생의 능력을 재는 절대적 기준이 될 수가 없다는 것이다. 성적이 낮은 것도 그 학생의 특성으로 이해할 뿐이며 그것이 학생들의 우열을 가리는 절대적 척도가 되어서는 안 된다는 입장이다. 학생들은 급우들과 무한경쟁을 벌이는 가운데 오직 시험의 노예가 되어, 교실을 삭막하고 인간미 없는 숨 막히는 공간으로 만들어서는 안 된다.

그는 모든 수업은 즐겁고 행복해야 한다고 결론 내린다. 수업을 듣는 학생과 수업을 진행하는 교사가 모두 즐거워야 한다. 곁에서 지켜보는 사람까지 즐겁게 만드는 수업이야말로 최고의 수업이다. 행복한 수업은 모든 교사가 염두에 두어야 할 지상 과제이다.

무분별한 외래문화의 유입으로 전통적 가치관이 무너지고 모두가 정체성을 잃어가고 있는 혼돈의 시대에 배광호 선생님 같은 분이 계셔서 다행스럽다. 배 선생님의 땀과 노력이 널리 전파되어 우리나라 국어교육에 신선한 바람이 일기를 감히 기대해본다.

교사와 학생이 무한가능성으로 피어나는 교실을 꿈꾸다

- 임소연(아름답고 푸른 지구를 위한 교육연구소장)

더 나은 세상을 위한 생각의 씨앗

인류의 역사는 언제나 그 시대를 사는 누군가의 한 생각의 씨앗이 열매 맺은 결과라고 생각합니다. 지금 이 순간도 더 나은 세상을 위한 한 생각이 새로운 세상을 향해 발아하고 있겠지요. 먼저 '아름답고 푸른 지구를 위한 교육연구소'(The Institute of Education for Beautiful green Globe, 이하 IBG)의 책임연구원이신 배광호 선생님의 『최고의 수업』 출간을 축하하며, 그동안의 노고에 존경과 감사의 인사를 보냅니다. 이 책은 『언어로 이루는 자기완성』(2006)에 이은 선생님의 두 번째 책이라 그 의미가 더 큰 것 같습니다.

교육을 연구하고 실천하는 모임, IBG

이 책의 저자 배광호 선생님께서 활동하고 계신 IBG는 다양하게 펼쳐진 '아름다운' 세상과 그 속에 초월된 무한가능성으로 영원히 작용하고 있는 '푸른' 생명 원리를 깨달아 크게 살아갈 수 있는 사람을 키우는 '교육'을 연구하고 실천하려는 많은 사람들의 뜻이 모여 탄생한 연구소입니다. 교수와 교사는 물론이고, 여러 교육 관련자들과 대학원생, 대학생들이 모여 함께 활동하고 있습니다. 설립된 지 벌써 10여 년이 된 IBG는 그동안 11종의 '생명교과서'를 펴냈습니다. 그 밖에도 학교와 공공기관의 교육·연수 활동 및 학생, 학부모, 일반인을 대상으로 하는 다양한 교육 프로그램을 기획하고 시행하는 등의 활발한 활동을 하고 있습니다.

IBG는 단편적 현상에 치우진 현 교육의 문제점을 검토 분석하여, 우주와 생명의 이치를 밝히고 인류의 행복한 삶(자기완성)과 평화로운 공존을 실현하는 새로운 차원의 교육을 연구하는 데 힘쓰고 있습니다. 나아가 교육 패러다임의 근본적인 전환을 기대하며 '나' 자신부터 세상의 이치를 깨우치고자 끊임없는 '내면관찰'과 '내려놓음'을 실천하고 있습니다.

수업을 통해 이루는 내면 성장을 위하여

IBG와 다산에듀가 함께 기획한 교육 시리즈의 문을 여는 『최고의 수업』은 실제 학교 수업으로 교사와 학생이 내면 성장을 이루어 행복하게 살 수 있도록 하는, 살아 있는 '생명교과서'입니다. 삶의 최고 목표인 행복은 바로 자신의 내면의 성장에서 비롯하며 학교에서 배우는 모든 교과의 목적 또한 이것을 배제한다면 의미 없는 교육이라는 믿음에 근거를 두고 있습니다.

배광호 선생님은 오랜 연구 결과를 실제 학교 수업에 적용하여 학생들이 행복한 삶의 주체로 살아갈 수 있도록 내면의 성장을 이끌었으며, 동시에 그러한 교육자로 거듭날 수 있도록 다른 교사들의 모범이 되어주셨습니다. 연구원으로 함께 지내온 많은 시간과 앞으로 동행할 여정에 대한 설렘과 가슴 벅찬 기대는 IBG의 모든 연구원들의 마음입니다. 배광호 선생님의 『최고의 수업』으로 교사와 학생, 그리고 모든 인류가 내면의 성장을 통해 행복한 삶을 살아갈 수 있음을 확신하며, 아름답고 푸른 지구는 이미 우리들의 마음속에 있음을 되새겨봅니다.

우리나라 교실에서 실천할 수 있는
행복한 수업 모형을 위하여

요즘 우리나라의 교육 현장은 학생, 교사, 학부모 할 것 없이 높은 파도에 뱃멀미를 하고 있는 것 같습니다. 배가 그렇게 튼실한 것도 아닌데 국가 수준의 진단 평가 및 성취도 평가, 고교 다양화, 교육과정의 자율화, 각종 정보의 공개, 입학사정관제, 교원 평가제 등 큰 파도들이 뱃전을 사정없이 때리고 있으니 말입니다. 파도가 없을 수는 없지만, 배가 뒤엎어지지는 않을까 걱정입니다. 이런 혼란스런 상황에서도 일선 교육 현장에는 학생들을 참되게 가르치기 위해 개인적으로 혹은 교과별, 동아리별로 온·오프라인상에서 열성적으로 애쓰시는 선생님들이 훨씬 많다는 사실은 정말 다행스러운 일입니다. 이런 마음이 서로 어울리고 소통된다면 우리의 교육은 더욱 멋지게 항해하리라 생각합니다.

저는 학생들에게 가장 중요하고 이로운 것이 무엇이며 그것을 어떻게 교과 수업과 통합하여 키워주고 행복하게 살게 할 수 있을까 하는 과제를 두고 오랫동안 고민했습니다. 틈틈이 다른 나라의 교육 현장에 대한 정보는 물론이고, 최근에 많은 관심을 끌고 있는 핀란드 교육에 대해서도 알아보고 여러 교육이론도 읽어보았습니다. 여러 학교에서 공개하는 수업 연구도 참관해보았습니다. 문제는 그것들이 대부분 우리나라 현실에 적용하기 어렵거나 지식 습득의 효율성에만 치우쳐 있다는 점이었습니다.

그래서 우리나라 교실에서 실천할 수 있는 행복한 수업 모형이 필요하다고 생각했고, 이 책은 그런 생각과 실천의 결과를 정리한 것입니다. 그러므로 이 책의 특징은 한 반의 학생이 40명을 넘나드는 우리나라 교실에서도 실천할 수 있다는 점입니다. 제가 10년 넘게 해오고 있다는 사실이 바로 그 증거입니다. 그리고 학생들이 즐겁고 행복하게 수업에 참여하여 삶의 변화를 가져올 수 있다는 점입니다. 졸업생들과 재학생들의 많은 증언과 성과가 그것을 뒷받침합니다. 특히 저처럼 교육 현장에 있는 졸업생들은 이 책에 제시된 수업 이론과 방법을 각자의 처지에 맞게 적용해보고 얻은 긍정적인 성과들을 이야기해주기도 합니다.

출판 진행 과정에서 책 제목을 '최고의 수업'으로 하자는 의견에 처음에는 마음이 내키지 않았습니다. '최고'라는 말에는 비교, 경쟁의 의미가 있는 것 같았기 때문입니다. 더구나 '수업에 왕도가 없다.'는 말도 있듯이, 감히 제 수업이 '최고'라고 말하기 어렵고 학생들의 기질이나 제재의 내용에 따라서 제 수업이 잘 맞지 않을 수도 있기 때문입니다. 저의 방법 역시 여러 가지 수업 방법이나 모형 중의 하나일 뿐이니까요. 그러나 '교사와 학생이 행복한 수업이 최고의 수업'이라는 뜻풀이를 듣고, 더는 반대할 이유가 없다고 생각하게 됐습니다.

세상의 모든 것이 그렇듯 이 책이 나오기까지 우주의 모든 것이 함께했습니다. 대구외고와 경북여고의 학생들과 만들어갔던 모든 수업이 이 책의 살이 되었고, 차의 향기로 웃음을 나누었던 가족과의 매일 저녁이 이 책의 온기가 되었습니다. 다산북스의 김선식 대표님, 이선아 다산에듀 팀장님, 손효진 대리님을 비롯한 다산북스의 식구들께서는 이 책에 숨결을 불어넣어 고운 빛깔과 진한 맛을 더해준, 여름 끝의 강렬한 햇살이셨습니다. 고맙습니다. 스승이 되어주신 모든 분과 과찬의 추천사를 써주신 최재운 교장선생님, 언제나 기꺼이 저의 팬이 되어주시는 경북여고의 선생님들, 지혜를 더해준 IBG 연구원님들께도 감사드립니다.

아름답고 푸르게 차오르는 법니산 숲을 보며

2010년 4월 배광호

제1장

행복한 교사만이
행복한 수업을 할 수 있다

01

공부는
왜 하나

"공부는 왜 하지요? 공부하는 목적이 무엇인가요?"

　매년 첫 수업에서 학생들에게 꼭 하는 질문입니다. 학생들은 잠시 별걸 다 묻는다는 듯 난감한 표정을 짓습니다. '인격 수양', '진리 탐구'라고 말하자니 좀 쑥스럽고, '좋은 성적'이나 '대학입시'라고 하자니 너무 속물처럼 보일 것 같은 모양입니다. 그때 "좋은 대학 가려고요."라고 대답하는 솔직하고 용기 있는 학생이 꼭 있게 마련입니다. 반갑고도 고마운 학생이지요. 그 말에 많은 학생들의 강한 공감이 더해집니다.

　거기서부터 본격적인 질문에 들어갑니다.

　"좋은 대학은 왜 가려고 하나?"

"좋은 직장을 얻으려고요."

"좋은 직장은 왜 필요한가?"

"돈을 벌기 위해서요."

"결혼 잘하려고요."

"돈은 왜 벌어야 하나?"

"즐겁고 편안하게 살기 위해서요."

이런 문답이 오가다가 "왜 즐겁고 편안하게 살려고 하나?", "어떻게 하면 즐겁고 편안한가?"와 같은 질문이 나오기 시작하면 그때까지 거침없이 튀어나오던 대답이 갑자기 멈춥니다. 싸늘한 고요. 왜 그래야 하는지를 생각해보지도 않았고, 생각할 필요도 못 느꼈던 모양입니다. 물론 그 이전 단계에서 내놓은 대답들도 깊이 생각해보고 한 것은 아니겠지만, 아마 "그게 좋으니까.", "그렇게 살면 좋을 것 같아서.", "다들 그렇게 사니까." 정도로 생각한 것 아닐까요.

좋습니다. 똑 부러지게 대답을 못 했다고 생각이 전혀 없거나 아예 모른다고 볼 수는 없으니까요. 이 정도만 이야기가 나와도 교실 분위기는 충분히 집중됩니다. 이것으로 이야기를 주고받을 준비가 됐습니다.

공부뿐만 아니라 우리 삶의 목적, 아니 모든 존재의 목적은 무엇일까요. 식탁에 앉아 책을 읽으면 참 편안합니다. 높이도 딱 맞고, 조명도 적당합니다. 앞에 있는 의자를 바짝 당겨서 두 다리를 쭉 펴서 얹어놓기도 합니다. 이렇게 세상에서 가장 편한 자세로 책을 읽어도 한참 지나면 불편해지기 마련입니다. 그러면 자세를 바꾸어 의자 위에 달랑 올라가 책상다리를 하고 앉기도 하죠.

이처럼 앉아 있는 것 하나도 가장 편안한 자세로 유지하려고 이리 저리 움직입니다. 가장 편한 자세가 딱 정해져 있는 것이 아니라, 우리가 계속 움직이면서 그 상태가 유지되고 있는 것이지요.

앉아 있는 것뿐만 아니라 모든 생각과 행동이 자동으로 가장 편한 상태, 안정된 상태를 유지하려고 움직입니다. 안락을 추구하는 사람은 물론이고, 남을 위해 고통을 마다하지 않는 많은 사람도 내면적으로는 그것이 즐겁고 좋기 때문입니다.

이런 이치는 사람에게만 해당되는 것은 아닙니다. 양지식물을 응달에 놓으면 자동으로 빛을 찾아갑니다. 그것이 살아가는 데에 더 안정되고 유리하기 때문입니다. 원자도 "원자핵은 분열해서 안정된 원소가 되려고 할 뿐만 아니라, 두 원자핵이 결합해서 안정된 핵이 되려는 경향도 있다."[주1-1]라고 합니다. 언뜻 보면 핵의 분열과 결합은 정반대의 움직임처럼 보이나 안정된 상태로 되고자 하는 본성은 똑같습니다. 극지방, 심지어는 화산 분화구나 심해의 뜨거운 곳에서도 열심히 사는 '극한 미생물'이 있다고 합니다. 우리가 보기에는 정말 괴롭겠다고 생각할 수도 있겠지만 그건 사람 중심으로 생각한 것일 뿐, 그들은 살아가는 데에 필요한 것을 그곳에서 해결하며 잘 살아가고 있습니다.

의식하든 못하든, 사람을 비롯한 모든 존재는 모두 가장 안정되고 이익되며 좋은 것을 목적으로 살아가고 있습니다. '안정, 이익, 좋은 것' 등을 포괄하여 '행복'이라고 한다면 모든 존재의 목적은 행복입니다. 동식물이나 심지어 무생물까지 행복이 목적이라고 하면 조금 부적절하다는 느낌이 들지도 모르겠지만, 더 안정되고 유리한 조건으로 변화시키려는 움직임은 모든 존재의 공통점이므로 틀린 말은 아닐 것입니다. 의식이나 의도를 가진 것만 그런 것이 아니라 우주의 모든 것이 저절로 그렇게 돌아가게 되어 있습니다. 나침반이 어디에 놓이더라도 자동으로 북쪽을 가리키는 것처럼 말입니다.

공부의 목적도 '행복'입니다. 첫머리에서 학생들이 말한 좋은 대학이나 직장, 결혼, 건강 등의 궁극적인 지향점이 행복입니다. 공부의 목적을 이렇게 수단적으로 생각하지 않고 진리 탐구나 인격 수양, 내면 성장으로 잡더라도 행복의 가치는 달라지지 않습니다.

여기까지는 쉽게 공감할 수 있을 것 같습니다. 그러나 구체적으로 행복이 무엇이며 어떻게 이룰 수 있는지는 공감대를 쉽게 찾기 어려울 것입니다. 사람마다 생각과 취향, 기질, 가치관 등이 모두 다르기 때문입니다.

교사는 행복의 이치를 확실히 알아야 합니다. 학생들이 공부하는 목적인 행복을 이룰 수 있게 해주어야 하기 때문입니다. 학생들에게 가장 이롭고 소중한 이치를 깨닫게 해주어야 하기 때문입니다.

교사 자신도 반드시 행복해져야 합니다. 행복한 교사만이 행복한 수업을 할 수 있기 때문입니다. 나아가 행복의 이치는 누구나 알아야 합니다. 모두가 행복을 원하니까요.

02

왜
행복하지 않나

우리 고전 판소리 〈수궁가〉에 보면, 병에 걸린 수궁 용왕의 병을 고치기 위해 별주부(자라)가 토끼를 잡아오기로 하는 대목이 나옵니다. 수궁에서만 산 별주부가 토끼를 본 적이 없으니, 토끼 모습을 그려주고 그것을 가져가게 합니다. 유명한 '토끼 화상' 대목입니다. 이때 만약 '토끼 화상'이 정확하지 않다면 토끼를 잡을 수 있을까요? 물론 잡을 수 없습니다. 행복도 이와 같습니다. 잘못 그려진 행복의 그림을 가지고는 결코 진정한 행복을 찾을 수 없습니다.

행복하지 못한 이유라고 하면, 돈에 여유가 없어서라는 생각이 제일 먼저 들 것 같습니다. 그런데 돈이 아주 많은 유명인도 자살하는 것을 보면 그것이 정확한 답은 아닌 것 같습니다. 그렇다고 돈이 없어야만 행복해지는 것도 아니겠죠.

돈이 있으면 행복하고 없으면 불행한 사람이 대부분이겠지만, 돈이 있어도 불행하거나 없어도 행복한 사람도 많습니다. 그렇다면 결론은 무엇인가요? 그렇죠. 돈과 행복은 상관관계가 없다는 것입니다. 상관이 있는 것처럼 보이는 것은 착시일 뿐입니다. 이 착시만 확실히 교정해도 훨씬 행복해질 것입니다.

교과 성적이나 건강, 외모, 명예 등도 이치는 마찬가지입니다. 모든 것을 다 갖추어도 불행한 사람은 불행하고 행복한 사람은 행복합니다. 갖춘 것이 별로 없어도 역시 마찬가지입니다. 『오체불만족』이란 책을 쓴 일본의 오토다케라는 사람을 아시지요? 태어날 때부터 팔다리가 없는 몸으로도 "오체가 만족하든 불만족하든 행복한 인생을 보내는 데에는 아무런 관계가 없다."라고 당당히 말하고 있습니다. '장애는 불편하다. 그러나 불행하지는 않다.'라는 헬렌 켈러의 말을 인용하면서 즐겁고 행복하게 열심히 살고 있습니다.[1-2]

사람들이 행복하지 못하는 이유는 행복이 무엇인지 모르기 때문입니다. 엉터리 보물지도로는 보물을 찾을 수 없는 것처럼 말입니다.

"돈이나 성적, 건강, 외모, 명예 등의 조건을 갖추는 것이 행복이 아니라고? 지금 당신이 말하는 행복이 무언지 모르겠지만 그래도 난 그런 게 제일 좋아."라고 말할지 모릅니다. 좋습니다. 뜻을 한 번 더 분명히 밝히겠습니다. 돈 등이 필요하다는 말도, 필요 없다는 말도 아닙니다. 돈 등의 외부 조건은 행복과 상관이 없단 말입니다. '상관없다'는 말이 돈을 벌지 말라든가 성적이나 건강 등을 챙기지 말라는 뜻은 아닙니다.

사실 행복이 무엇인지는 누구나 쉽게 말할 수 있습니다. "행복? 모자람이 없이 만족스럽고 편안하고 기분 좋은 상태를 말하는 거 아냐? 조건만 갖추면 되는 거지, 안다고 행복해지나?" 이 말에 전적으로 동감합니다. 어렵고 심오하게 정의를 내려야만 행복해지는 것이 아닙니다. '만족, 편안함, 즐거움'이 없는 것을 행복이라고 억지를 쓸 생각도 전혀 없습니다.

문제는, 똑같은 상황이라도 사람마다 만족, 편안함 등을 느끼는 기준이 모두 다르다는 점입니다. 작년 여름방학 때, TV도 컴퓨터도 없는 깊은 산속에서 두 밤을 지냈는데 어른들은 편안했지만, 아이들은 매우 괴로워했습니다. 놀이 공원에 가면 이런 현상은 역전되겠죠.

상황에 따라 일어난, 어른과 아이들의 마음 상태가 정반대였지만 마음의 원리는 같습니다. 자신이 원하는 대로 되면 만족과 즐거움을 느끼고 그렇지 않으면 불만과 짜증이 올라온다는 것이죠. 만족, 즐거움, 기쁨, 편안함 등의 긍정적인 느낌을 '행복'이라 포괄하여 말한다면 여기서 행복의 원리를 찾아낼 수 있습니다.

03

어떻게 하면
행복해질 수 있나

행복의 첫째 원리는, '행복은 결과가 기준에 도달하거나 기준을 넘어설 때 생긴다.'는 것입니다. 앞에서 언급했듯이 이때의 '행복'이란 만족감, 성취감, 기쁨, 안도감 등의 긍정적인 느낌을 포괄하는 말입니다. '결과'란 현재의 상황에 대한 평가를 말하며, '기준'은 자신이 미리 세워둔, 이루고 싶은 기대치나 목표를 말합니다. 결과와 기준의 관계에서 행복이 생기는 원리를 이해하기 편하도록 그림으로 나타내 보겠습니다.

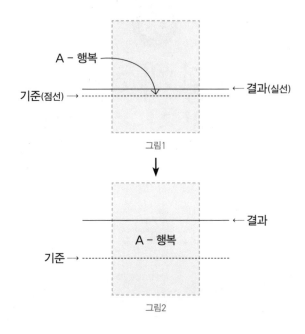

그림1

↓

그림2

우리의 마음을 점선 네모라 정하고 거기에 기준선을 점선으로 가로로 긋습니다. 기준의 높낮이는 기대, 목표 수준의 높낮이를 나타냅니다. 그리고 결과를 실선으로 긋습니다. 결과선은 결과치가 기준에 얼마나 도달하는가의 정도를 나타냅니다. 기준선과 결과선 사이에 네모가 생기는데, 결과가 기준보다 위에 있으면 이것을 A라 부르고 결과가 기준보다 아래에 있으면 B라고 부르겠습니다. 그러면 A는 행복이 되고 B는 불행이 됩니다. 그림1은 결과가 기준에 도달하여 약간 넘어선 상태이며 그림2는 상당히 많이 넘어선 상태입니다. 결과가 기준을 넘어서는 정도가 클수록 행복감도 더 커질 것입니다.

반대로 그림3처럼, 미리 정해놓은 기준보다 낮은 결과가 나오면 불행(B)을 느낄 것입니다. 이때의 '불행'이란 말도 불만족, 짜증, 불안, 우울, 걱정, 슬픔, 좌절, 절망 등의 부정적인 느낌을 포괄하는 말로 쓰겠습니다. 행복하지 않다는 글자 그대로의 의미입니다. 여기서 행복하지 않으면 불행이라 생각하는 흑백논리에 빠지지 않도록 주의해야 합니다. 결과가 기준에 못 미치더라도 받아들이는 사람의 마음에 따라 기분이 조금 나쁠 정도일 수도 있고 참혹한 패배로 생각할 수도 있으니까요. 성적이 크게 떨어져도 덤덤한 학생이 있고 조금만 떨어져도 참담한 절망을 느끼는 학생도 있는 것처럼 말입니다.

그림3

이런 마음 상태를 그림3처럼 나타낼 수 있습니다. 차이(B)가 커질수록 불행감도 커집니다. 90점을 받겠다는 기준을 정해서 거기에 도달하거나 넘어서면 만족을 느끼지만, 미치지 못하면 불만족스러워하는 것처럼 말입니다. 그렇지만 분발하여 결과를 기준에 이르도록 하면 만족과 성취감, 행복 등을 느낄 것입니다.

둘째 원리는 '행·불행은 결과와 기준 간 차이의 변화에서 생긴다.'는 것입니다. 즉, A·B 부분의 변화가 행·불행을 일으킵니다. A 부분이 점점 커지면 당연히 매우 즐겁고 행복할 것입니다. 그런데 A 부분이 아무리 넓더라도 점점 줄어들면 상대적으로 우울함과 불행감을 느낍니다. 반대로 B가 점점 줄어들면 상대적인 희망과 즐거움, 행복을 느낄 것이고 B가 점점 커지면 더욱 큰 절망감과 불행감을 느낄 것입니다.

어떤 상황이든 변화 없이 오래 지속되면 감각이 무뎌집니다. 좋은 상황이 계속되면 좋은 줄도 모릅니다. 나쁜 상황이 계속돼도 견딜 만해집니다. 거기에서 일어나는 작은 변화들이 행복, 불행을 만들어 냅니다.

셋째 원리는 '행복의 모든 요소가 항상 마음에 따라 변한다.'는 것입니다. 기준, 결과뿐만 아니라 기준 도달 여부, 초과나 미달의 정도 등이 객관적으로 고정되어 있지 않다는 것입니다. 모두 각자의 마음에 달렸습니다. 남이 보기에는 도달하지 못한 것 같은데 자기는 도달했다고 하거나, 조금밖에 넘어서지 못했는데 아주 많이 넘어선 것으로 알고 매우 기뻐합니다. 반대로 이미 도달했는데도 아직 멀었다고 하고, 충분히 넘어섰는데도 아직 모자란다고 하며 괴로워하기도 합니다.

이때 누구의 판단이 옳다고 말할 수 없습니다. 보는 사람은 모두 각자의 기준을 가지고 말하는 것이므로 모두 옳다고 할 수도 있고, 모두 옳지 않다고도 할 수 있습니다. 그렇기 때문에 행·불행은 정해진 것이 없으며 마음대로 바꿀 수 있습니다.

이런 행복의 기본 원리 '1) 행복은 결과가 기준에 도달하거나 기준을 넘어설 때 생긴다. 2) 행·불행은 차이의 변화에서 생긴다. 3) 기준이나 결과는 항상 마음에 따라 변한다.'를 바탕으로 행복해질 수 있는 방법을 알아봅시다.

> **행복의 기본 원리**
> 1) 행복은 결과가 기준에 도달하거나 기준을 넘어설 때 생긴다.
> 2) 행·불행은 차이의 변화에서 생긴다.
> 3) 기준이나 결과는 항상 마음에 따라 변한다.

결과 끌어올리기

첫째 방법은 그림4처럼 결과를 끌어올려 기준에 도달하게 하는 것입니다.

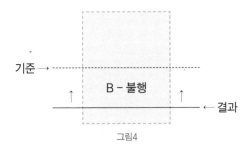

그림4

'성적을 몇 점 더 올려서 석차를 얼마만큼 앞당겨야겠다.', '돈을 얼마만큼 벌어야겠다.', '무엇을 사야겠다.', '어떤 자리에 올라가야겠다.' 등의 기준, 목표를 세우고 열심히 노력해서 그것을 달성하면서 행복을 느끼는 방법이지요. 3년짜리 정기적금을 붓듯이 말입니다.

도달하고 나면 다음 기준, 목표를 세워서 같은 과정을 되풀이합니다. 좋은 성적이 나왔더라도 만족하지 않고 더 좋은 성적을 목표로 삼고 전의를 불태웁니다. 더 좋은 대학, 더 나은 직장, 더 높은 직위, 더 많은 재산, 더 화려한 명성, 더 강한 권력 등의 목표를 계속 세우고 이루어가는 것이죠.

이 과정을 그림5를 보며 좀 더 자세히 살펴봅시다. 앞에서 정리한 행복의 원리에 따라, A 부분이 처음 생겨날 때에는 즐겁지만, 그 상태가 계속되면 그 사이에 기준선, 기대치가 야금야금 올라가서 A 부분이 거의 없어지게 됩니다. 처음엔 행복했던 것이 어느새 당연한 것이 되어 버립니다. 오히려 A 부분이 줄어들거나 없어져서 불만스러울 뿐입니다.

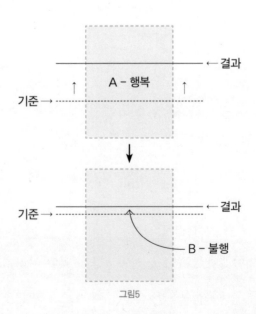

그림5

넓은 집으로 이사를 하면 처음엔 쾌적하고 편안하지만, 세월이 지날수록 공간은 세간들로 채워지고 넓게 보였던 공간도 좁게 느껴지면서 다시 더 넓은 집을 원하게 되는 것처럼 말입니다.

그래서 이번에는 기준선을 더 위로 올려 잡고 그것에 이르기 위해 있는 힘을 다합니다.

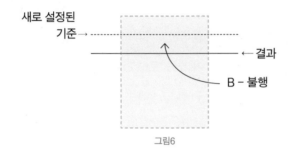

그림6

기준선을 올리면 그것에 다다르기도 더 힘들어지므로 행복감을 느끼기도 어려워집니다. 성적을 50점에서 60점으로 올리기보다 90점에서 100점으로 만들기가 더 어려운 것처럼 말입니다.

목표를 달성해도 만족은 잠시뿐, 조금만 지나면 좀 더 좋아 보이는 새로운 목표가 욕심나게 마련입니다. 이뤄놓은 것은 심드렁한 것이 되고 다시 새로운 목표를 향해 목숨을 다해 끊임없이 달려가다 진짜 목숨을 다합니다. 그것을 이루기만 하면 행복할 것 같아 전력을 다해 달려가지만 가보면 별것도 아닙니다. 액션 영화의 자동차 추격전처럼 기준, 목표를 따라잡기 위한 결과의 추격이 계속됩니다. 이런 과정이 주기적으로 평생 반복됩니다.

이것이 대부분 사람이 한평생 행복을 추구하는 모습입니다. 별 의심 없이 열심히 이렇게 살아갑니다. 가는 동안 바쁘고 힘들어도 거기에 가기만 하면 행복할 거라고 스스로 위로하고 격려하며 열심히 노력합니다. 결국 목표를 이루기는 합니다. 그러나 진정으로 행복해지지는 않습니다.

살아간다는 것이 곧 여러 과정을 거치는 것이므로, 과정마다 정성을 다한다는 것은 인생을 충실히 살아간다는 것과 마찬가지입니다. 적극적, 진취적으로 열심히 살아가는 모습입니다. 사회적으로도 성실한 생활, 성공한 삶으로 인정받습니다. 대다수 부모나 교사가 권하는 방법이기도 합니다. 게으르고 무기력하게 시간을 보내거나 대책 없이 방탕한 생활을 하거나 실의와 좌절에 빠져 우울하게 있는 것보다는 낫습니다. 그러나 이 방법으로는 절대로 진정한 행복에 이를 수 없습니다.

사람의 욕심은 끝이 없기 때문입니다. 바다는 메워도 사람 욕심은 못 메운다는 말도 있고, 말 타면 경마 잡히고 싶다는 속담도 있습니다. 끝없는 욕심이 계속되는 목표를 만들어 냅니다. 스스로 만들어 낸 가짜 행복에 홀려 한평생을 허송하게 됩니다. 목표를 이루어야 한다는 압박감, 이루지 못할지도 모른다는 초조와 불안감, 이루지 못했을 때의 좌절, 참담함에 늘 시달려야 합니다. 또 이룬 뒤에는 그것을 지키기 위한 긴장감, 지키지 못했을 때의 상실감과 처절함에서 벗어나기가 어렵습니다. 단 한시도 마음 푹 놓고 쉬지 못합니다.

이 방법의 또 다른 문제는 목표, 기준이 다른 사람과 비교하여 설정되는 경우가 대부분이란 점입니다. 성적, 재산, 명예, 지위, 권력 등의 기준을 정할 때, 자신의 과거 수준보다 높게 잡는다면 좋지만, 대부분은 자신과 가까운 누구 아니면 남에게 꿀리지 않을 어느 정도의 수준을 기준으로 설정하게 됩니다.

자신의 환경과 조건이 아무리 넉넉해도 다른 사람과 비교해서 뒤떨어지면 자신의 것은 바로 별 의미 없는 초라한 것들이 되고 맙니다. 마음은 우울해집니다. 아무것도 안 하고 가만히 있으면 남보다 뒤떨어질 것 같은 걱정, 아무리 자신의 목표를 이뤄도 다른 사람은 더 높은 목표를 이뤘을 것 같은 걱정 등으로 잠시도 쉴 틈이 없습니다.

그래도 노력하는 동안은, 열심히 하고 있으니까 남보다 잘될 거라는 기대감으로 즐거울 수 있습니다. 공부 중독, 일 중독, 배우기 중독 등에 빠진 현대인이 많은 것도 이 때문인지도 모릅니다. 그러나 그것은 일종의 회피일 뿐 근본적인 대책이 되지는 못합니다.

어떤 고3 학생이 모의고사 점수가 상당히 올랐는데도 기뻐해야 할지, 말아야 할지를 잘 모르고 안절부절못하는 경우를 본 적이 있습니다. 자신이 이만큼 올랐다면 다른 학생들은 더 많이 오르지 않았을까 하는 불안감에, 다른 학생들의 성적을 확인하기 전까지는 마음을 놓을 수 없다는 것이었습니다. 대놓고 남의 성적을 물어볼 수도 없어서 혼자서만 애를 태우고 있었습니다. 서로 경쟁하는 관계에 있기 때문에 어쩔 수 없는 것이라 할지라도 자신이 성취한 일에 기뻐하는 것도 다른 사람들과 비교하고 난 뒤에야 결정해야 하는 상황이 매우 안타까웠습니다.

이처럼 '결과 끌어올리기' 방법으로는 진정한 행복으로 갈 수 없습니다. 현대인이 행복을 위해 그렇게 분투하고 노력해서 꽤 많은 것을 쌓았는데도 행복하지 못한 이유는 내면적 기준을 다스리지 않고 외부 상황이나 결과만을 기대치만큼 끌어올리려고 하기 때문인 경우가 많습니다.

기준 낮추기

둘째 방법은 그림7처럼 결과는 놔두고 기준을 낮추는 방법입니다.

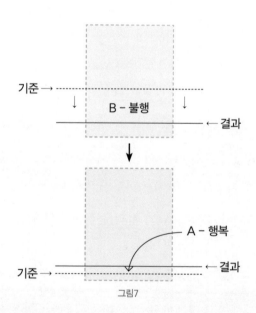

그림7

결과가 기준에 못 미쳐도 기준을 낮춤으로써 만족을 느끼게 됩니다. 똑같은 결과라고 하더라도 훨씬 더 큰 행복을 느낍니다.

'이 정도면 됐다.'라든가 '더 나쁘지 않은 것이 다행이다.'라든가 '이번엔 실패했지만 다음에는 꼭 이루겠다.' 등으로 기준, 목표를 바꾸는 방법입니다. 흔히 '행복은 마음속에 있다.' 또는 '생각하기 나름'이라든가 '마음을 다스린다.'라고 말하는 것이 이 방법에 해당됩니다.

정성을 다해 애쓴 결과가 기대에 못 미칠 때 매우 괴롭고 허탈하기 마련입니다. '결과 끌어올리기' 방법이 실패한 것이지요. 그러나 이미 나온 결과는 어쩔 도리가 없습니다. 이때 '기준 낮추기' 방법을 써야만 합니다.

이 방법을 쓰면 상황이 똑같더라도 마음은 훨씬 편안해질 수 있습니다. 어떤 조건과 결과에도 마음의 평정을 지킬 수 있습니다. 다른 각도에서 생각해볼 마음의 여유가 생깁니다. 밖의 조건에 매달려 '결과 끌어올리기'에 빠져 있는 현대인의 새로운 탈출구가 될 수도 있습니다.

그러나 이 방법도 임시변통에 불과합니다. 자칫 자기 합리화나 타협, 도피의 방법이 될 수 있습니다. 문제를 근본적으로 해결하는 힘을 기르기보다는 회피하고 포기하는 습관이 밸 수도 있습니다. 또 이솝 우화에서, 따지 못한 포도를 신 포도라고 해 버렸던 여우처럼 결과를 왜곡시킬 수도 있습니다.

'기준 낮추기' 방법은 임시적인 마음의 안정과 만족을 지킬 수 있을 뿐, 진정한 행복에 이를 수는 없습니다. 결과와 기준의 차이에서 만족을 얻으려는 생각의 틀을 그대로 가지고 있으므로 '결과 끌어올리기' 방법과 근본적으로는 다르지 않기 때문입니다. 상황이 좋아지면 언제든지 다시 기준을 높이고 결과를 끌어올리기에 나설 것입니다.

'기준 낮추기'에서 한 걸음 더 나아가야 합니다. 그것이 셋째 방법, '기준 없애기'입니다.

기준 없애기

애초에 결과와 기준의 차이에서 행복과 불행이 생겼으므로, 그림8처럼 기준을 없애면 어떤 결과에도 행복, 불행을 말할 수 없게 됩니다.

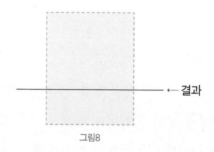

그림8

행복, 불행의 구분 자체가 없어집니다. 기준이 사라졌기 때문이지요. 다음 선분을 길다, 짧다 말할 수 없는 것처럼요.

그림9

행복이 없어지는 것은 아쉽지만, 불행도 동시에 없어지니 손해 볼 것은 전혀 없습니다.

예를 들어 90점을 목표했던 학생이 80점을 받으면 기분이 나쁠 것입니다. 그러나 이때 기준을 70점으로 낮춘다면 80점도 괜찮은 점수가 되겠죠. 그런데 아예 기준, 목표를 잡지 않으면 모든 점수가, 잘한 것도 못한 것도 아닌, 점수 자체일 뿐이죠.

기준과 목표를 없애면 목표가 달성되었든 못되었든―기준이 없어지면 달성 여부를 따질 수가 없으므로―결과를 있는 그대로 인정하고 받아들일 수 있게 됩니다. 마음의 평온을 유지할 수 있으므로 결과를 차분하게 심도 있게 분석, 성찰하여 자신의 미비점을 보완할 유용한 정보나 대책을 찾아낼 수 있습니다.

목표를 없애는 것은 진정한 행복, 초월적 행복에 이르는 매우 중요한 길 중의 하나입니다. 그러나 조심해야 할 점이 있습니다. '목표를 없애는 것'이 또 하나의 목표가 되는 모순이 생길 수 있으니까요. 이것은 알아차리기 어려운, 매우 섬세한 단계입니다. 목표를 없앤다는 목표도 없어야 진정으로 목표를 없앴다고 할 수 있습니다. 말장난처럼 헷갈릴 것 같기도 한데요, 실제로 진정한 행복에 이르는 길, 목표를 없애는 길은 '행복에 이르러야 한다' 아니면 '목표를 없애야 한다'는 생각도 없이, 기대 없이, 보답을 바라지 않고 순수한 마음으로 그냥 하는 것입니다.

이 정도쯤에서 이런 반론이 강하게 제기될 것 같습니다. "성공하려면 목표가 얼마나 중요한데 기준이나 목표를 없앤단 말이냐?" "목표를 없애면 하고 싶은 생각도 없어지고 이루어지는 일도 없다." 또는 "목표가 없으면 게을러져서 현실 생활을 할 수 없다."라고.

행복에 이를 수 있는 결정적인 방법을 제시하며 이 반론에 답하겠습니다.

기준을 자유롭게 쓰기

앞에서 말한 세 가지 방법을 통합하여 상황과 조건에 따라, 자유롭게 쓰는 것이 진정한 행복에 이르는 길입니다. 그리고 그 과정 자체도 행복이 됩니다.

세 가지로 정리했지만 실제로는 두 가지입니다. '결과 끌어올리기'와 '기준 낮추기'는 모두 기준, 목표를 기준으로 세워서 행복에 이르려는 방법이며 '기준 없애기'는 글자 그대로 그것을 아예 없애서 해결하는 방법입니다. 기준, 목표 세우고 없애기를 때에 맞게 자유자재로 할 수 있으면 진정한 행복에 이를 수 있습니다.

그러므로 기준과 목표가 무조건 필요 없는 것은 아닙니다. 어떤 일을 처리하며 살아가기 위해서는 기준과 목표가 반드시 필요합니다. 목표가 있어야 하고자 하는 마음이 일어납니다. 목표를 이루고 나면 성취감도 느끼고 자신감도 생깁니다. 목표가 없으면 아예 아무것도 이뤄지지 않습니다. 기준이 없으면 인식과 판단도 할 수 없습니다.

어떤 일을 시작할 때엔 구체적이고 확실한 기준과 목표를 세우고, 그것을 달성하기 위해 온 힘을 다해 노력해야 합니다. 독자들이 이 책을 읽는 것도 어떤 목표가 있기 때문입니다. '목표를 없애야 한다'는 이치도 목표를 세워야 알게 됩니다. 기준, 목표가 행복과 불행을 만들어 내지만 목표 자체가 문제인 것은 아닙니다.

문제는, 기준, 목표가 필요 없어졌는데도 그것을 고집하는 데에 있습니다. 추진하던 일이 끝나는 동시에 목표는 의미가 없어집니다. 예를 들어 시험을 대비하여 공부할 때는 몇 점을 받겠다는 구체적이고 실현 가능한 목표를 세우고 계획을 짜서 정성을 다해 공부해야 합니다. 그러나 시험이 끝나는 종소리와 함께 그 목표는 없애야 합니다. 기준과 목표의 역할이 끝났기 때문입니다. 계속 가지고 있으면 부작용만 일으킵니다.

기준, 목표가 없어도 안 되고 그것을 고집하기만 해도 안 됩니다. 둘 다 고정된 틀이기 때문입니다. 목표가 없으면 일이 안되고 목표를 고집하면 마음이 상합니다.

기준을 자유롭게 쓴다는 것은 어떤 목표를 이루기 위해 최고의 정성을 다하지만 그 결과에 대해서는 우쭐해하지도 않고 우울해하지도 않으며, 자랑하지도 않고 후회하지도 않는 것입니다. 생이불유生而不有주1-3, 진인사대천명盡人事待天命의 자세 혹은 '집착하지 않고 하는' 것이라고나 할까요.

이것이 초월적이고 무조건적인 행복입니다. 기준에 따라 행·불행둘로 나누고 나서 그 중 하나를 택하는 반쪽짜리 행복이 아니라 모든 것이 그대로 행복이 되는 온전한 행복입니다. 만족과 불만족을 모두 뛰어넘는 초월적인 만족과 행복이 이루어집니다. 이건 행복, 저건 불행이라는 이분법적인 분리론을 벗어나, 어떤 상황과 결과든 편안하게 받아들이는 행복이 됩니다.

등산을 할 때, 정상을 목표로 삼고 거기까지의 거리를 재며 언제 도착할까만 생각하며 산을 오르면 힘이 많이 듭니다. 산 정상이 최종 목적이긴 하지만, 한 걸음 한 걸음 옮길 때는 별 상관이 없는 목표입니다. 그때는 안전하게 차근차근 걸으며 주위의 경치를 감상하는 것이 목표가 될 것입니다. 걸을 땐 정상이란 목표를 내려놓고, 경치를 감상할 때 걷는다는 목표를 내려놓아야 합니다. 이렇게 순간순간 원활하게 목표를 바꾸며 산을 오르면 어느새 정상이 눈앞에 나타나겠죠.

'1) 결과 끌어올리기, 2) 기준 낮추기, 3) 기준 없애기' 중에 어느 것만이 행복이라고 하면, 그것이 어떤 것이라도 행복에 이를 수 없습니다. 상황에 맞게 바꿔가며 자유롭게 쓴다면 세 가지가 모두 행복에 이르는 길이 됩니다.

그러면 어떻게 하면 기준을 자유롭게 쓸 수 있을까요. 기준, 목표를 마음대로 쓴다는 것은 어떤 일을 할 때는 그것을 세우고, 그 일이 끝나면 없애는 간단한 방법입니다. 기준, 목표는 자신이 원하는 대로 세우면 됩니다. 목표 세우기에 대한 자세한 이론들도 있지만 여기서는 생략하겠습니다.

문제는 기준, 목표 없애기입니다. 이것은 생각처럼 쉬운 일이 아닙니다. 언젠가 외국 여행 때, 동네 산에 갈 때 쓸모 있을 것 같은 작은 등산 가방을 발견했습니다. 사려다 결국 못 사왔는데, 가방이 필요할 때마다 그것이 아쉬워 후회합니다. 가방을 사겠다는 그 목표를 여전히 놓지 않았기 때문에 쓸데없는 후회가 올라오는 것입니다.

어떻게 하면 기준, 목표를 자유롭게 내려놓을 수 있을지 그 원리와 방법을 알아보겠습니다. 교사가 이런 내용을 잘 알고 실천해보아야 학생들에게도 알려줄 수 있습니다.

내면관찰

'없앤다' 혹은 '내려놓는다'는 것은 '있다' 혹은 '들고 있다'는 것을 전제로 합니다. 들고 있지 않으면 내려놓을 것도 없으니까요. 그렇다면 우선 무엇을 들고 있는지부터 살펴야 합니다. '무엇을 들고 있다'는 것은 어떤 상황에서 생긴 느낌, 기분이 사라지지 않고 계속 남아있다는 뜻입니다. 이때 '느낌, 기분'이란 꼭 부정적인 것만을 말하는 것은 아닙니다. 좋은 것, 나쁜 것을 모두 포함합니다. 이것을 파악하는 단계를 '내면관찰'이라고 이름 붙였습니다. '내면관찰'은 자신의 느낌, 기분, 감정을 파악하는 것에서 시작하여 그것들이 일어난 원인까지 알아내는 것까지를 가리킵니다.

그런데 감정을 일으키는 원인은 자신이 세운 기준, 목표입니다. 기준과 목표가 굳건할수록 느낌은 강하게 일어나고 약하면 약하게 일어납니다. 어떤 일 때문에 생겨난 불편한 마음이 쉽게 사라지지 않고 계속 남아 있다면 자신의 기준과 목표를 계속 고집하고 있다는 증거입니다. 어떤 학생이 95점을 받았을 때, 100점을 받아야한다는 목표를 계속 생각하고 있다면 속상한 마음이 가라앉지 않는 것처럼 말입니다.

겉으로 내세운 목표와 자신 마음속에 깊이 자리 잡은 목표가 다른 경우가 많습니다. 앞에서 예를 든 고3 학생의 경우, 성적이 올라갔는데도 마음이 불안했다고 했습니다. 일단 불안하다는 기분이 든다는 것을 먼저 알아차려야 합니다. 이것은 목표를 계속 고집하고 있기 때문입니다. 그다음엔 어떤 목표를 가지고 있는지 생각해봅니다. 성적이 올랐는데도 불안했다는 것은 그것이 궁극적인 목표가 아니었다는 증거입니다. 목표는 달성되면 사라지기 때문입니다. 진짜 목표는 다른 학생보다 더 잘하는 것이었습니다. 만약 그 학생이 점수는 내려갔지만 석차가 올라갔다면 아마 즐거워했을 것입니다. 즐거워하는 기분도 역시 목표를 고집하기 때문에 나옵니다.

모든 목표는 그 심층에서 '나'와 연결되어 있습니다. '나'를 먼저 생각하고 '나'를 드러내려 하고 인정받으려 하고 지키려 하고 '나'의 이익을 도모하려는 원초적인 본능이 집요하게 깔려 있습니다.

그렇게 굳게 지키려는 '나'란 무엇일까요? 끝없는 목표를 만들어내고 쉼 없이 노력하게 하는 '나'란 과연 무엇일까요? 기뻐하다가도 슬퍼지고 화내다가도 즐거워하며 온갖 말과 행동을 하는 '나'는 무엇일까요?

'내면관찰'은 결국 '나'의 실체를 보는 것입니다. 내가 만들어내는 온갖 현상을 보고 그것을 만들어내는 '나'의 실체를 알아내는 것입니다. '나'의 실체에 대해서는 교육에 대한 내용인 제2장에서 자세히 다루겠습니다. 행복을 가르친다는 것은 곧 '나'의 실체를 알게 하는 것과 같은 것이기 때문입니다. 생각보다 어렵고 복잡한가요?

어렵게 생각할 것 없이 일상생활을 해나가다가 마음이 조금 불편할 때 자신의 기분을 살펴보고 자신이 세운 기준, 목표가 무엇일까를 찾아보는 버릇을 들이면 됩니다. 그것을 얼마나 분명히 찾아내는가에 따라 마음의 평온함도 정해질 것입니다. '내면관찰'만 되어도 자신의 기분을 잘 다스릴 수 있습니다. '내면관찰'을 얼마나 깊이 철저하게 할 수 있는지가 자신의 모든 문제를 얼마나 근본적으로 해결할 수 있는지를 결정합니다.

완전성 이해

다음 단계는 모든 결과를 완전한 것으로 인정하고 받아들이는 것입니다. 제시간에 와서 알아서 자습을 하고 교사의 지시를 순순하게 잘 따르는 학생만 완전한 것이 아니라 지각하고 떠들고 말 안 듣고 말썽만 피우는 학생도 완전한 것으로 받아들이는 것입니다.

"인간이란 불완전한 존재인데 완전하다니? 더구나 엉망인 학생들까지도 완전하다고? 세상은 또 얼마나 혼란스럽고 모순되고 부조리한데, 말도 안 돼!" 하고, 반문을 하실 분이 많으리라 생각합니다.

우리는 흔히 완전이라면 초능력, 성공, 성취 등의 좋은 쪽만을 생각합니다. 신이나 영웅들이 보여주는 초인적인 능력을 떠올립니다. 그런데 국어사전에 보면 '완전'의 뜻을 '필요한 것이 모두 갖추어져 모자람이나 흠이 없음.'이라고 풀이되어 있습니다. 모든 것은 그것이 일어나기에 조금이라도 모자람이나 흠이 없습니다. 그러기에 모든 것은 완전합니다.

자연은 완전합니다. 비가 올 조건이면 비가 오고 눈이 올 조건이면 눈이 오는 것이지 눈과 비가 달력을 보고 예보를 듣고 내리는 것은 아닙니다. 개미가 불완전한가요? 개미가 어떻게 되어야 완전한 개미일까요? 개미는 개미대로 완전합니다. 개나리와 장미 중에서 어떤 것이 완전할까요? 모두가 각기 완전합니다.

인간만이 불완전한가요? '우주의 모든 것이 완전한데 오로지 인간만이 불완전하다'는 논리가 오히려 억지스럽지 않나요? 인간도 완전합니다. 개미가 개미대로 완전하듯 인간은 인간대로 완전합니다. 잘난 사람은 잘난 대로, 못난 사람은 못난 대로 완전합니다. 기준과 조건을 고집하기 때문에 불완전이 생길 뿐입니다. 모든 존재는 이미 완전합니다. 완전이란 언제나 완전해야 합니다. 언제는 완전이고 언제는 불완전이라면 진정한 완전은 아닐 테니까요.

예를 들어 어떤 학생이 80점을 받았다면, 이 학생은 100점을 받지 못했으니 모자람이 있다고 할 수도 있습니다. 그러나 그건 100점이란 기준을 세웠기 때문입니다. 기준이 없으면 그냥 80점일 뿐입니다. 100

점은 100점대로, 80점은 80점대로 완전입니다. 주어진 문제의 조건에서 100점 받은 학생은 100점 받기에 모자람이 없고 80점 받은 학생은 80점 받기에 모자람이 없습니다. 모든 점수가 그 자체로 완전합니다.

학생들에게 모든 것이 완전하다고 하면 제일 먼저 하는 반문은 '그러면 왜 우리는 모두 100점을 받지 못하는가?'입니다. 공부를 하든 안 하든 100점이 나오는 것이 '완전'일까요? 아닙니다. 공부한 대로 나오는 것이 완전입니다. 실제로도 그렇게 되니 다행입니다. '난 분명히 100점 받도록 공부를 했는데, 이게 뭐야!'라고 억울해할 수도 있습니다. 100점 받기 위해 노력했다는 것은 자신의 생각일 뿐이고 실제로 그런지 아닌지는 시험의 결과가 말해줍니다. 자신의 공부 방법이나 문제 이해 수준 등의 원인이 어딘가에는 반드시 있습니다. 그 이유를 최대한 찾아서 고쳐나간다면 다음에는 반드시 원하는 결과가 나오겠지요. 원하는 결과가 나와도 완전한 것이고 나오지 않아도 완전한 것입니다.

양궁 선수들은 누구나 과녁을 정확히 겨냥합니다. 그렇지만, 모두 다 명중시키는 건 아닙니다. 진짜 정확히 겨냥해서 쐈는지 아닌지는 결과가 말해줍니다. 명중할 만한 조건이 완전하므로 명중이 되고 바람이나 손떨림, 자세 등 빗나갈 수밖에 없는 완전한 조건이 되므로 빗나가는 것입니다. 명중도 빗나가는 것도 모두 완전입니다.

성공할 조건인데도 실패를 하거나, 실패할 조건인데도 모두 성공한다면 오히려 세상은 엉망이 될 것입니다. 다행히 그런 경우는 절대로 없습니다. 절대로 안 될 것 같던 일이 이루어지기도 하는데, 그것은 사람의 마음을 포함한 여러 조건이 그 사이에 바뀌었기 때문입니다. 성공, 실패가 모두 완전입니다. 성공할 조건이면 성공하고 실패할 조건이면 실패하는 것이 당연하기 때문입니다.

사실 실패, 실수라는 것도 없습니다. 어떤 일을 해나가는 순간순간 누구나 정성을 다하고 최선의 판단을 하게 되어 있습니다. 지나고 나서 결과가 나온 뒤에야 실수, 실패라는 것을 알게 되지 당시에는 모두가 완전한 선택이었습니다. 후회하고 자책하는 마음은 완전성을 이해하지 못한 비합리적인 생각에서 나오는 것입니다. 다만, 그런 결과를 낳은 자신의 마음 자세를 성찰하고 여러 가지 조건이나 효율성 등을 분석할 필요는 있겠죠.

어떤 대상을 완전한 것으로 받아들인다고 하여 대상을 좋고 옳고 선한 것으로 생각하거나 대상에 동조하는 것은 아닙니다. 완전하다고 받아들이는 것과 좋고 나쁨, 옳고 그름, 선하고 악함 등과는 상관이 없습니다. 좋은 것, 옳은 것은 그것대로 완전하고 그렇지 않은 것은 그렇지 않은 대로 완전합니다.

완전하다고 해서 고칠 것이 없는 것은 아닙니다. 고칠 것이 없는 것은 없는 대로, 있는 것은 있는 대로 완전하기 때문에 완전한 것으로 받아들이더라도, 고쳐야 할 것은 찾아서 고쳐야 합니다. 마치 아이를 있는 그대로의 모습으로 깊이 사랑하지만 옳고 그른 것은 찾아서 바로잡아야 하는 것처럼요. 다만, 대상을 부정하거나 비난하지 않고 자신과 상대의 평온을 깨뜨리지 않으면서 바로잡아갈 뿐입니다. 물론 나름대로 노력하고 나서는 바로 목표를 없앱니다. 어떤 것을 바꾸고 이루려고 모든 정성을 다하되 꼭 그렇게 되어야만 한다고 기대하거나 고수하지는 않는다는 말입니다.

모든 것이 완전함을 이해하면 모든 상황을 있는 그대로 받아들일 수 있습니다. 기준과 목표를 고집하지 않기 때문입니다. 저절로 마음이 편안해지고, 자신이 하고자 하는 일을 즐겁게 열심히 할 수 있게 됩니다. 그대로 행복입니다.

내려놓기

다음 단계는 목표를 내려놓는 것입니다. 내려놓는다는 것은, '목표를 달성해야만 한다.' 또는 '나의 목표만 옳다.', '내가 생각한 대로 되어야만 한다.'라고 고집하지 않는 것입니다.

기준이나 목표를 내려놓기 혹은 없애기를 마음대로 할 수 있는 근거는 절대적으로 정해진 기준, 목표가 원래 없기 때문입니다. 본래는 아무것도 없었던 것에서 사람들이 자의적으로 만들어낸 것일 뿐이기 때문입니다. 시비是非, 선악善惡, 정오正誤, 호오好惡 등도 절대적으로 정해진 것이 아니라 상황 따라, 사람 따라 정해지는 편견입니다. 우리가 신봉하고 인식하는 기준과 목표는 시대와 지역과 개인이 안고 있는 편견의 허상일 뿐 영원불변의 절대적 실체가 아닙니다. 이것을 확실히 안다면 아는 만큼 남김없이 내려놓을 수 있습니다.

목표를 내려놓아야 평온한 마음으로 결과를 평가, 분석할 수 있고 지혜로운 대처 방안과 목표를 창조할 수 있습니다. 이전 목표에 대한 집착과 아쉬움이 남아 있는 한 올바른 평가와 슬기로운 새로운 목표를 세우기는 어렵습니다.

1) '내면관찰'을 하고 2) 완전성을 이해하여 받아들이며 3) 자신의 기준을 내려놓으면 자동적으로 지혜, 내면의 힘이 성장합니다. 그러면서 새로운 목표가 저절로 생길 수도 있고 자신의 의도대로 세울 수도 있습니다. 어떤 것이라도 이번 목표는 더 너그럽고 지혜로운, 대아적大我的 목표가 될 것입니다. 어느새 이전보다는 편견과 고집이 사라졌기 때문입니다.

목표가 없어서도 안 되고 목표를 고집해서도 안 됩니다. 목표를 세우고 없애기를 반복해야 합니다. 우리의 목적이 어떤 것을 달성하고 소유하는 데에 있지 않고 내면의 힘을 키우는 데 있기 때문입니다. 내면의 힘은 목표를 자유자재로 다룰 수 있을 때 생기기 때문입니다. 내면의 힘을 키우면 어떤 상황에서도 행복할 수 있기 때문입니다.

04

결국,
행복이란

행복이란 기준, 목표를 자유로이 쓸 수 있을 때 느끼는 마음의 상태입니다. 어떤 상황에서도 자신의 내면을 잘 살펴보고 상황에 따라 기준이나 목표를 만들고 없애기를 자유자재로 할 수 있는 내면의 힘이 행복 능력입니다.

내면의 힘만 있으면 불행한 것도 행복이 됩니다. 행복할 때 행복해하는 것은 누구나 할 수 있는 당연한 일입니다. 불행할 때에도 행복해할 수 있어야 온전하고 진정한 행복입니다. 불행한데 어떻게 행복할 수 있을까요?

불행하다고 느끼는 것도 마음이고 행복하다고 느끼는 것도 마음일 뿐입니다. 이때의 마음이란 사실은 자신이 만들어놓은 기준, 조건 등의 덩어리입니다. 이것을 순간적으로 바꾼다면 똑같은 상황이라도 기분이 바뀝니다. 실제로 그랬던 경험도 많으실 겁니다. 상황은 바꾸기 어려워도 그것을 대하는 내 마음은 바꿀 수 있습니다. 그렇게 함으로써 그 상황을 넘어서는 것입니다. 외부의 조건이나 상황에서 자유로워지는 것이지요. 행복, 불행을 따지는 것이 무의미한 것, 행복 불행을 초월하는 것, 행복한지 불행한지도 모르는 것, 이것이 진정한 행복입니다.

『노자 도덕경』에 이런 글이 있습니다.

> 선한 사람을 나는 선하게 대한다. 그러나 선하지 않은 사람도 나는 또한 선하게 대한다. 이리하여 선이 얻어진다. 믿음성 있는 사람을 나는 믿는다. 그러나 믿음성이 없는 사람도 또한 나는 믿는다. 이리하여 믿음이 얻어진다.[善者吳善之, 不善者吳亦善之, 得善, 信者吳信之, 不信者吳亦信之, 得信]주1-4

이 구절을 응용하여 이렇게 다시 쓰면 진정한 행복의 의미에 들어맞는다고 생각합니다. '행복한 것을 나는 행복하게 생각한다. 그러나 행복하지 않은 것도 또한 나는 행복하게 생각한다. 이리하여 행복이 얻어진다.'[幸者吳幸之, 不幸者吳亦幸之, 得幸]

다른 예를 들어 좀 더 설명해보겠습니다. '용서한다'는 것도 그렇습니다. 용서할 수 있는 것을 용서하는 것은 진정으로 용서하는 것은 아닙니다. 그렇게 어려운 일이 아닙니다. 당연한 일입니다. 옹졸한 것보다는 낫지만 대단한 것은 아닙니다. 웬만하면 누구나 할 수 있습니다. 도저히 용서할 수 없는 것을 용서하는 것이 진정으로 용서하는 것입니다. 그것이 정말 너그럽고 대단한 것입니다.

어떤 대상, 사람을 '사랑한다'는 것도 그렇습니다. 예쁘고 아름다운 모습을 띠고, 서로 마음이 잘 통하고 나에게 잘해주는 사람을 사랑하는 것은 진정으로 사랑하는 것은 아닙니다. 당연한 것입니다. 좋은 상태를 즐기는 것입니다. 그런 사람을 싫어할 사람은 거의 없을 것입니다. 그러나 팽팽하게 빛나던 예쁜 얼굴이 축 늘어져 쭈글쭈글하게 초라한 얼굴이 되고, 몰랐던 단점들이 드러나고, 건강했던 몸이 병들어 골골거려도 계속 사랑하는 것이 진정으로 사랑하는 것입니다. 이런 사랑이 진정한 사랑이며 그래서 사랑이 위대하다고 하는 것입니다. 그렇지 않다면 사랑이 위대하다고 할 이유가 어디 있을까요.

'믿는다'는 것도 그렇습니다. 믿을 수 있는 것을 믿는 것은 진정한 믿음이 아닙니다. 사실 이때의 믿음은 믿음이라기보다는 '이것저것 따져 보니 안심할 수 있겠군!' 하고 확인하는 마음 상태라고 할 수 있습니다. 그것은 누구나 할 수 있습니다. 도저히 믿을 수 없는 것을 믿는 것이야말로 진정으로 믿는 것이라 할 수 있습니다. 누구든지 믿을 수 있도록 확인된 것을 믿어준 사람과, 누구도 믿어주지 않을 것 같을 때 믿어준 사람 중에 누가 진정으로 나를 믿어준 사람일까요.

사실 믿음이란 말은 알지 못하는 상태에서만 존재하는 말입니다. 지구가 둥근지 알지 못했을 때는 '둥글다'와 '평평하다' 중의 하나를 믿어야만 했습니다. 물론 대부분이 평평하다고 믿었지만요. 그러나 위성사진을 볼 수 있는 요즘에는 믿을 필요가 없지요. 그러니까 믿음이란 어차피 알 수 없는 상태에서 결단해야 하는 문제입니다.

행복도 그러합니다. 행복한 상황에서 행복해하는 것은 진정한 행복이 아닙니다. 당연합니다. 불행한 상황에서도 행복할 수 있어야 진정한 행복입니다.

다음으로 넘어가기 전에 이런 재미있는 말놀이를 해보는 것도 좋을 것 같군요. 말뜻을 다시 생각해볼 수 있는 좋은 놀이인 것 같습니다.

_____할 수 있는 상황에서 _____하는 것은 진정한 _____가(이) 아니다.
당연한 것이다. _____할 수 없는 상황에서 _____하는 것이 진정한 _____이다.

밑줄에는 한 가지 낱말만 들어갑니다. 예를 들어 '봉사'란 말을 넣으면 "봉사할 수 있는 상황에서 봉사하는 것은 진정한 봉사가 아니다. 당연한 것이다. 봉사할 수 없는 상황에서 봉사하는 것이 진정한 봉사다." 물론 진정한 봉사란 봉사했다는 생각도 없이 봉사하는 것이지만요. 낱말들을 넣어보면서 뜻깊은 문장들을 만들어보시기 바랍니다.

05
행복한 수업을
위하여

공부와 행복을 기준으로 삼아 학생들을 분류해보면, ① 공부도 잘하고 행복한 학생, ② 공부는 못하지만 행복한 학생, ③ 공부는 잘하지만 행복하지 않은 학생, ④ 공부도 못하고 행복하지도 않은 학생으로 나눌 수 있습니다.

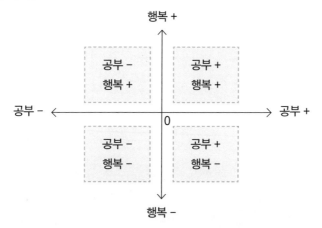

학생을 어떻게 키워야 할까 하는 문제의 답은 간단합니다. 공부도 잘하고 행복하기도 한 학생을 길러낼 수 있다면 더 이상 바람은 없겠지요. 그러나 만약 공부와 행복 중에 하나만을 택해야 한다면 무얼 택하겠습니까? 사람마다 다 생각이 다르겠지만, 대부분 행복을 택할 것입니다. 공부를 택한 사람도 사실은 그것이 행복을 가져다줄 것을 기대하고 택할 것입니다.

그렇습니다. 행복이 최우선입니다. 행복의 원리를 확실히 알고, 스스로 행복해질 수 있다면 공부 문제는 저절로 해결됩니다. 공부의 목적이 이미 달성되었기 때문입니다.

그런데 연구에 따르면, "우리나라 학생들의 경우 국제비교 연구 결과를 통하여 공통적으로 나타나는 현상은 성취도 수준은 최상위에 속하나, 상대적으로 정의적 성취 즉 교과에 대한 태도나 자신감 등이 매우 낮은 국가로 분류되고 있다"[주1-5]고 합니다. 성적이 좋아도 성취감, 자신감, 만족감은 낮다는 말입니다. 위의 표의 ③에 해당하는 '공부는 잘하지만 행복하지 않은 학생'에 속합니다. 이것은 무엇 때문에 공부하는지도 모른 채 억지로 하고 있다는 뜻입니다. 아무리 좋은 조건도 만족과 행복으로 바꾸어내지 못한다는 것은 자신의 내면을 돌아보고 기준, 목표를 다스리는 힘, 즉 내면의 힘이 약하기 때문입니다. 자신의 처한 조건과 상황을 행복으로 변환, 창조하는 힘이 내면의 힘입니다. 내면의 힘이 없으면 뛰어난 성적과 풍요로운 환경도 한순간에 무너집니다. 반대로 조건이나 환경이 아무리 초라하더라도 내면의 힘만 살아 있으면 절대로 불행해지지 않습니다. 이런 행복은 누구도 빼앗거나 무너뜨릴 수 없습니다.

학생들에게 정해진 교과를 충실히 공부하도록 하는 것과 함께 행복 능력 즉, 내면의 힘을 키우는 원리와 방법을 반드시 가르쳐야 합니다. 내면의 힘을 스스로 무한히 만들어내서 그 힘으로 행복하게 살아가게 해야 합니다. 교과 공부 실력만 키우면 내면의 힘은 자라지 않습니다. 오히려 교과 공부의 압박으로 내면의 힘은 더욱 약해질 수 있습니다. 그러나 내면의 힘을 키우면 교과 공부는 저절로 향상됩니다. 자신의 내면을 그때그때 확실하게 정리해서 바로 공부에 집중할 수 있기 때문입니다.

우리는 공부의 목적이 행복에 있다는 명제로 시작했습니다. 그리고 행복은 목표를 자유자재로 다룰 수 있는 힘임을 알았습니다. 그렇다면 '공부의 목적은 목표를 자유자재로 다룰 수 있는 힘, 내면의 힘을 기르는 것'이라고 결론내릴 수 있습니다. 공부를 열심히 하는데도 행복하지 않았던 이유도 이젠 명확히 찾아낼 수 있습니다. 목표 달성만을 위해 노력했지 목표를 자유자재로 다룰 수 있는 힘을 키우지 않았기 때문입니다.

저는 이렇게 '공부의 목적과 행복의 의미'로 학년의 첫 수업을 합니다. 수업에 대한 자세한 내용은 뒤에 말씀 드리겠습니다.

다음은 이 수업을 듣고 나서 적은 학생의 소감문입니다.[주1-6]

오늘 수업 시간에는 공부의 목적과 의미에 대해서 배웠다. 나는 왜 공부를 하는가는 별로 중요하지 않다고 생각했다. 그냥 무조건 열심히 하고보자 했는데 그게 아닌 것 같다. 잘살기 위해, 행복해지기 위해 공부하는 것은 맞다. 하지만 여기서 행복이 무엇인가를 알아야 한다. 돈, 명예, 권력 이 모든 것이 행복은 아니다. 자신의 마음을 다스리는 것, 즉 자신 스스로 자유롭게 살아가는 것이 행복이며, 그 능력을 확인하고 행복을 길러 가는 것이 바로 공부인 셈이다. 이 수업을 듣고 내가 어떻게 공부하면 좋을까, 어떤 목표를 세울까, 하는 생각이 들었다. 오늘 들은 수업이 아마, 어떤 국어 수업보다 중요하지 않나 하는 생각이 든다. 생각할 것도 많고 깨달은 것도 많았다. 성공하는 삶을 살기 위한 방법에서 오늘 수업이 큰 비중을 차지하지 않았나 싶다.

1학년 4반 권인경 (07. 3. 5.)

주1-1　이종호, 「단점만큼 효용성이 큰 핵(2)」, 『사이언스타임즈』, 2004년 10월 11일.(http://www.
　　　　sciencetimes.co.kr/data/article/8000/0000007553.jsp)

주1-2　오토다케 히로타다, 『오체불만족』, 전경빈 옮김, 도서출판 창해, 1999, 284~285쪽.

주1-3　노자, 『노자 도덕경』, 황병국 옮김, 범우사, 1986, 98~99쪽. '만물을 낳건만 소유하지 않는다'는 뜻.

주1-4　노자, 위의 책, 95~96쪽.

주1-5　김경희 외, 『국제 학업성취도 평가(TIMSS/PISA)에 나타난 우리나라 중·고등학생의 성취 변화의 특
　　　　성』, 한국교육과정평가원, 2008년, 412쪽.

주1-6　학생들이 수업 시간에 공책에 정리한 내용의 일부를 인용함. 괄호 안의 날짜는 소감을 작성한 날짜임.
　　　　2005년까지는 대구외국어고등학생의 기록이며, 그 이후의 것은 경북여자고등학교 학생의 기록임.
　　　　날짜가 분명치 않은 것은 적지 않음.

제2장

행복한 교육을 위한 마음가짐

제1장에서는 공부의 목적인 행복에 초점을 맞춰 정리해보았습니다. 공부의 목적은 곧 수업의 목적이며 다시 교육의 목적입니다. 그러므로 수업과 교육의 목적도 학생을 행복하게 하는 데에 맞춰져야 합니다. 학생을 행복하게 할 교육의 본질적인 요소들—교육 목적, 각 교과, 교사, 학생, 교재, 평가 등—에 대해 살펴보고 행복한 교육을 할 수 있는 마음가짐을 정립해보고자 합니다.

01
교육의 목적은
무엇인가

세상을 널리 이롭게 하라

교육의 목적을 정립하기 위해 우리나라의 교육 목적부터 살펴보려 합니다. 우리나라의 교육 목적은 교육기본법에 제시되어 있습니다.

제2조 (교육이념)
교육은 홍익인간弘益人間의 이념 아래 모든 국민으로 하여금 인격을 도야하고 자주적 생활능력과 민주시민으로서 필요한 자질을 갖추게 하여 인간다운 삶을 영위하게 하고 민주국가의 발전과 인류공영의 이상을 실현하는 데 이바지하게 함을 목적으로 한다.

추구해야 할 최고 이념을 '홍익인간'으로 삼고, 구체적인 목적으로 '1) 인격 도야, 2) 자주적 생활 능력 계발, 3) 민주시민의 자질 함양 → 4) 인간다운 삶의 영위 → 5) 민주국가 발전, 6) 인류공영의 이상 실현'을 제시하고 있습니다.

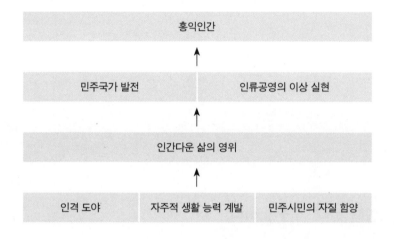

우리의 교육 목적은 훌륭합니다. 한 민족이나 국가에 국한되지 않고 인류 전체를 대상으로 하고 있다는 점에서 높은 차원을 볼 수 있습니다. 이런 목적의식을 지금이라도 제대로 실천해가는 것이 개인의 발전, 우리 민족과 지구의 공동 번영을 가져오는 길이라 생각합니다.

우리나라의 건국이념이면서 한국 교육의 이상인 '홍익인간'은, 모두 잘 아시듯, '널리 인간을 이롭게 한다'는 뜻입니다. 이때 '인간'이란 사람만을 뜻하는 것이 아니고 '사람이 살아가는 세상, 속세'로, 온 지구를 뜻하는 말이므로 '홍익인간'은 교육기본법에서 제시한 목적의 하나인 '인류공영'과 통하는 말이라고 볼 수 있습니다.

그러면 어떻게 세상, 인류를 이롭게 할 것인가? 그것은 세상과 자신이 하나인 이치를 아는 것입니다. 이 이치를 진정으로 알면 저절로 세상과 자신을 함께 이롭게 하는 사람이 될 것입니다. 그러므로 세상을 이롭게 하는 교육이란 곧 세상과 자신이 하나인 이치를 알게 하는 교육이면서 각자 자신을 이롭게 하는 교육입니다.

언젠가 동료 교사에게 시내에 음식을 맛있게 잘하는 집이 어디 있느냐고 물었던 적이 있습니다. 그랬더니 시내 한복판에 있는 추어탕집을 소개하며 위치도 자세히 알려주었습니다. 들어보니 그 부근은 오래전부터 자주 지나다니던 곳이었고 그 골목에 있었던 분식집에도 여러 번 갔었던 곳이라 금방 그 위치를 떠올릴 수 있었습니다. 그러나 그곳에 식당이 있었던 기억은 전혀 없었습니다. 마침 그다음 날 근처를 지나게 되어 반신반의하면서 그곳을 찾아가 봤습니다. 그랬더니 그 골목에 정말 그 식당이 마술처럼 떡하니 있었습니다. 간판도, 요란하지는 않지만 확실하게 붙어 있었습니다. 눈을 의심하지 않을 수 없었습니다. 그렇게 자주 이곳을 지나다녔으면서도 이렇게 버젓이 있는 식당을 몰랐다니. 그래서 밥을 먹고 난 뒤에 물어봤습니다. 그 식당이 얼마 전부터 있었는지. 그랬더니 50년 넘게 그곳에 있었답니다.

자신이 인식하지 못하면 어떤 것이 있어도, 적어도 그 사람에게는 존재하지 않게 됩니다. 세상은 자신이 만들어 낸 것입니다. 세상이란, 자신의 생각과 느낌이 이입된 영상 즉, 자신의 인식체계가 발현된 현상입니다. 사물이나 현상은 외부에서 만들어졌을지 모르나 '그것이 거기에 어떤 모습으로 있다는 생각, 인식'은 오로지 자신이 만들어 낸 것입니다.

일체유심조一切唯心造라는 말처럼, 똑같은 세상이라도 자신의 마음이 즐거우면 아름답게 보이고 걱정, 짜증, 슬픔이 있으면 세상은 우울하게 보입니다. 어떤 사람에겐 세상이 온통 투기장으로 보이고, 어떤 사람에겐 유흥장으로 보이고, 어떤 사람에겐 지옥으로 보이고 어떤 사람에겐 천국으로 보이고, 어떤 사람에겐 배움터로 보입니다. 66억의 인구가 있다면 66억의 세상, 66억의 우주가 있습니다.

생각의 범위가 세상의 범위입니다. 그 범위가 개인적인 관계에만 한정된 사람도 있고 세계적인 범주로 생각하고 움직이는 사람도 있습니다. 물론 우주적인 범주까지 미치는 사람도 있겠죠. 원래 세상은 시공을 초월하여 우주적으로 무한하게 이어졌으므로.

세상에는 상대방, 남도 포함됩니다. 세상과 '나'가 하나라면 남과 나도 하나입니다. 상대방도 있는 그대로가 아니라 내 생각의 틀로 받아들인, 자신이 만들어낸 영상이며 의미입니다. 바꿔서 생각해봐도 원리는 같습니다. 즉, 나는 하나이지만 나의 모습과 의미는 나를 만나는 사람마다 다릅니다. 부모가 보는 나의 모습, 느낌, 의미와 배우자, 자식, 친구, 동료, 학생 등이 보는 나의 모습은 분명히 다릅니다. 내가 보는 상대의 모습도 마찬가지입니다. 상대는 내가 내 생각으로 만들어낸 사람이므로 나와 하나입니다.

그러므로 세상의 참모습은 곧 자신의 내면의 모습입니다. 이런 원리를 몰라도 사람들은 세상의 모습을 잘 파악하고 살아가지만, 그들이 보는 세상이란 다른 누군가가 본 세상을 그대로 받아들이고 있을 뿐이지 자신이 직접 세상을 보는 것은 아닙니다. 그런 상태에선 자신도 세상도 제대로 알 수 없습니다.

세상이 '나'와 하나이므로 조건 없이 사랑을 실천하고 세상에 봉사한다면 개인의 이익을 추구하지 않아도 저절로 자신을 이롭게 하는 것이라는 역설이 성립합니다. 세상을 이롭게 하는 것이 자신을 이롭게 하는 것이고 나를 이롭게 하는 것이 세상을 이롭게 하는 것입니다.

자신을 널리 이롭게 하라

자신을 이롭게 하려면 어떻게 해야 할까요. 이것은 전혀 걱정하지 않아도 됩니다. 저절로 잘 이루어지니까요. 앞에서 보았듯이 세상의 모든 존재는 항상 가장 이로운 방향으로 움직이기 때문입니다. 문제는 어떤 것이 가장 이로운 것일까 하는 점입니다.

이런 예를 생각해봅시다. 갖가지 음식이 가득 차려져 있는 뷔페식당에 가서, 배고픈 차에 앞쪽에 진열된 음식만 열심히 먹다 보면 뒤쪽에 놓인 진귀한 음식들을 먹어보지 못하거나 먹더라도 맛을 제대로 음미할 수 없게 되는 경우가 있습니다. 어떻게 먹든 매 순간 가장 맛있는 걸 선택하게 되어 있지만 가장 이로운 선택을 하려면 어떻게 해야 할지. 아마 특별하고 새로운 맛을 즐기면서 양도 적당하고 영양과 건강에도 좋은 식사를 하는 것이겠죠. 그러려면 전체적인 시각을 가지고 적절하게 조절하는 힘이 필요할 것입니다. 그런 생각을 하면서 무슨 맛이 있겠느냐고 하실지 모르겠으나 대책 없이 싼 것만 많이 먹어서 아까워하는 것보다는 나을 것입니다.

우리 삶도 마찬가지입니다. 자신이 해볼 수 있고 이룰 수 있는 것은 무한합니다. 당장 눈에 보이는 편익을 좇다가 세월이 모두 가버리고 정작 소중한 것은 다 놓치고 마는 수도 많습니다.

그럼 가장 이로운 것은 무엇일까요? 부와 명예와 권력을 아무리 많이 쌓아도 무너지기는 쉽고 만족하기는 어렵습니다. 죽을 때 가져가지도 못합니다. 어떤 사람이 부도를 당해 재산을 모두 날리고 사글셋방에 살면서 비로소 행복을 느꼈는데 그 행복만은 어떤 빚쟁이라도 빼앗아 가지 못했다고 합니다.

가장 이로운 것은 내면의 힘을 키우는 것입니다. 내면의 힘만 있으면 어떤 것이든지 해결하고 자유롭고 행복하게 살 수 있기 때문입니다. 내면의 힘은 누가 빼앗을 수도 없습니다.

제1장에서 내면의 힘을 키우려면 기준, 목표를 자유롭게 다룰 수 있어야 한다고 했습니다. 기준, 목표를 잘 다루려면 '내면관찰'을 해야 하고 '내면관찰'은 곧 '나'의 실체를 보는 것이라고 했습니다. '나'를 보는 것은 '나'를 아는 것과 긴밀하게 연결되어 있습니다. '나'를 아는 만

큼 '나'를 볼 수 있습니다. '나'를 보는 만큼 내면의 힘을 키우고 무한가
능성을 발휘하여 '나'와 세상을 이롭게 할 수 있습니다. 아무리 고가의
고성능 컴퓨터라고 할지라도 게임만 하면 게임기에 불과할 뿐이고 컴
퓨터를 얼마나 자유자재로 이롭게 쓰고 새로운 걸 창조해내는가 하는
것은 그것을 얼마나 잘 아는가에 달려 있는 것처럼 말입니다.

대학원서를 쓸 때쯤 되면 이런 질문을 하는 학생들이 많습니다.

"선생님, 자기소개서 어떻게 써요?"

"'나는 누구인가?'라는 질문에 대답하는 형식으로 써봐!"

"어려워요. 저 자신에 대해 잘 모르겠는데요."

"자신에 대해 가장 잘 아는 사람은 자신뿐인데 네가 모르면 아무
도 알 사람이 없지. 이번 기회에 자신의 참모습, 정체성을 생각해봐!"

이러고 나면 자신의 환경, 장단점, 성격, 취향, 중요한 경험, 학업
계획, 진로 계획 등을 써옵니다. 서류를 갖추는 것은 이 정도로 충분할
지 모르나 이런 것들을 아무리 자세히 쓰더라도 그것은 드러난 반쪽에
불과합니다.

'나'는 진정 누구이며 무엇일까요?

너 자신을 알라 – 모든 앎의 시작과 끝

사람들은 자신을 잘 안다고 생각하고 더는 알려 하지 않습니다. 그래서 더욱 자신을 알 수 없게 됩니다. 자신을 아는 것이 그렇게 만만한 일은 아닙니다. 수행하시는 분들의 중요한 화두이기도 합니다. 씨앗을 아무리 갈라 봐도 나무는 없듯이 인간을 화학적으로나 생물학적으로 정밀히 분석해도 인간의 실체는 알 수 없습니다.[주2-1] 이름, 가계, 성장 환경, 학력, 경력, 직업, 성격, 능력, 장단점 등을 종합한다고 '나'가 되는 것도 아닙니다.

'나'는 고정되지 않은 역동적 존재

'나'의 역할이나 호칭은 상황과 관계에 따라 천차만별입니다. 학생 앞에서는 교사지만 집으로 돌아가면 부모, 자식, 형제, 친척이 되고 모임에 가면 회원이 되고 길거리에서는 시민이 되고 행인이 되는 것처럼 말입니다.

어떤 땐 자신도 자신을 잘 알 수 없는 때가 있습니다. 한없이 너그럽다가도 털끝만큼의 여유도 주지 않는 팍팍함을 보이기도 합니다. 자랑하고 드러내고 싶은 면도 있고 인정하기 싫고 감추고 싶은 면도 있습니다. 자신이 스스로 마음에 들지 않는 경우도 있고, 내게 이런 면이 있었나 하는 때도 있습니다. 아직도 안 드러난 잠재 능력, 성격 등도 많이 있을 것입니다.

이처럼 '나'는 다양한 상황과 상호작용하며 고정되지 않은 모습을 보여줍니다. 이렇게 다양하고 종잡을 수 없는 모습 중에서 어떤 것이 자신의 진정한 모습, 자신의 정체성이라고 할 수 있을까요?

고정되지 않고 다양한 모습을 보이는 것 자체가 '나'를 비롯한 모든 생명현상의 특징이며 정체성이라고 할 수 있습니다. 물론 누구라고 하면 그 사람만이 가진 특정한 인상이나 느낌이 있습니다. 그러나 그 인상도 항상 같은 것은 아닙니다. 평균적으로 일정한 모습과 특성을 보일 수는 있지만 순간순간에는 모두 조금씩이라도 다른 모습으로 나타나게 됩니다. 누가 보느냐에 따라 다르며 집 안에서와 집 밖에서가 서로 다를 수도 있습니다. 아무리 성격이 좋은 사람도 짜증이나 분노를 느낄 때가 있으며 아무리 험상궂은 사람이라도 여린 면이 있게 마련입니다.

다음으로는 이런 다양한 모습을 만들어내는 주체가 마음이라는 점에 주목해야 합니다. 어떤 생물학적, 사회, 경제적으로 규정되는 자신의 정체성은 반쪽에 불과합니다. 그것을 드러나게 하는 것은 마음입니다. 마음을 항상 관찰하여 어떤 마음이 자신의 어떤 언행과 행적을 만들어내는지를 통합적으로 관찰하고 있을 때 비로소 '나'를 알고 관찰하고 있다고 할 수 있습니다. 통합적이란 말은, 겉으로 드러난 것만도 '나'가 아니고 마음만도 '나'가 아니라는 뜻입니다. 어떤 걸 고정되게 잡으려 하거나 보려 하면 '나'의 참모습을 알 수 없게 됩니다.

결론적으로 자신에 대해 알아야 할 첫째 이치는, '나'는 자신을 둘

러싼 세상과 자신의 마음이 항상 상호작용하면서 다양한 생각과 언행을 만들어내는 역동적인 존재라는 점입니다. 흔히, '난 이건 잘하지만 저건 못해, 무얼 잘 먹지만, 무언 못 먹어, 어떤 건 좋고, 어떤 건 싫어, 난 원래 이런 사람이야.' 하며 어떤 고정된 내용으로 자신을 국한하는 경우가 많습니다. 이것은 무한 생명력의 역동성을 가진 자신의 참모습을 알지 못하는 안타까운 생각입니다.

'나'는 무한가능성의 완전한 존재

여기 씨앗이 하나 있습니다. 이 씨앗이 어떻게 지금 여기 있을 수 있을지 상상해봅니다. 상상 속의 화면이 뒤로 빨려 들어가며 큰 나무의 탐스런 열매가 보이고 열매 속의 오그르르 많은 씨앗 중에 우리 주인공 씨앗도 있군요. 좀 더 시간을 되돌리면 열매 맺기 전의 꽃, 꽃눈, 가지, 줄기, 뿌리, 물, 흙이 연결되어 나오고 다른 나무들, 공기 그리고 점점 시대가 올라가면서 지구가 생기던 날을 지나 지구를 이루는 작은 먼지였던 때까지 계속 이어지면서 우주 시초의 순간에까지 닿는군요. 이 작은 씨앗 하나에 빅뱅부터 지금까지 생명의 이어짐이 그대로 담겨 있군요. 우주의 모든 것이 시공을 함께하면서 이 씨앗 하나를 이루는 데 작용했군요.

씨앗의 미래에 대해서도 상상해봅니다. 씨앗 하나가 땅에 떨어져 따뜻한 기운과 촉촉한 물기를 받아 뿌리가 나오고 싹이 트는군요. 싹이 자라 줄기, 가지, 잎, 꽃이 되고 열매가 맺는군요. 열매 안에는 똑같은 씨앗이 또 빽빽이 담겨 있군요. 어떤 씨앗은 다시 심겨져 우람한 나무가 되어 또 수억만의 씨앗을 만들고 울창한 숲을 만드는군요. 어떤 씨앗은 동물들의 먹이가 되어 동물이 되기도 하고 사람이 되기도 하고 어떤 것은 땅에서 썩어 땅이 되거나 다른 식물로 태어나기도 하는군요. 씨앗 하나가 온 숲과 뭇 생명을 만드는군요.

온 우주가 씨앗 하나를 만들고 씨앗 하나가 다시 온 우주를 만듭니다. 씨앗 하나에 우주의 무한가능성이 들어 있습니다. 가만히 생각해보면 이 씨앗뿐만 아니라 우리도 그렇고 이 세상의 모든 것이 서로 이어져 모든 것을 만들어내기도 하고 없애기도 하면서 온 우주를 형성하고 있군요.

생명은 고정되지 않고 무한가능성을 가지고 끝없이 변화, 발전해 나갑니다. 생물의 다양한 진화가 무한가능성을 그대로 보여주고 있습니다. 불과 1억 년 전엔 인간이란 종이 없었던 것처럼 앞으로 1억 년 뒤엔 어떤 새로운 종이 나타날지 모릅니다.

우리도 씨앗입니다. 학생도 씨앗입니다. 무엇이 될지는 아직 보이지 않지만, 무엇이든 될 수 있는 무한가능성의 존재입니다. 무한가능성이란 전지전능의 만능을 가리키는 것은 아닙니다. 물론 불가능한 것도 아닙니다. 흔히 4대 성인이라고 불리는 소크라테스, 석가, 공자, 예수

같은 분들이 인간으로서 보여주었던 최고의 경지를 보여주셨다면, 우리도 노력하면 누구나 언젠가 그 경지에 도달할 수 있을 것입니다.

무한가능성이란 가능한 것을 가능하게 하고 불가능한 것을 불가능하게 하는 것입니다. 그런데 가능한 것이 영원히 가능한 것도 아니고 불가능한 것이 영원히 불가능한 것도 아닙니다. 가능이 불가능으로 되기도 하고, 불가능이 가능으로 되기도 합니다. 나에겐 가능한 것이 남에겐 불가능한 것이 되기도 하고, 그 반대가 되기도 합니다. 완전한 것은 완전한 대로, 불완전한 것은 불완전한 대로 완전한 것이 진정한 완전함이듯, 가능한 것은 가능한 대로, 불가능한 것은 불가능한 대로 가능한 것이 무한가능성입니다. 무한가능성은 어떤 것으로도 변화하고 창조할 수 있는 능력과 가능성, 잠재력이 끝이 없다는 뜻입니다.

'된다, 안 된다'는 선입견, 고정관념을 가지지 않고 새로운 분야에 도전하고 창조하는 정신을 갖고 실천하는 것, 그리하여 자신의 가능성을 끝없이 발현시키면서 체험해가는 것이 무한가능성입니다. 화려하고 대단한 결과에도 결코 자만하지도 안주하지도 집착하지도 소유하려고도 하지 않고 그 상황에서 자신이 할 수 있는 최고의 능력을 최선을 다해 발현시키면서 묵묵히 쉬지 않고 나아가는 것이 무한가능성입니다.

이상으로 무한가능성에 대해 정리해보았고, 다음에는 완전성에 대해 설명해야 하는데 완전성에 대해서는 제1장에서 말씀드렸으므로 충분히 이해를 하셨으리라 생각합니다.

자신에 대해 알아야 할 둘째 이치는, '나'는 무한가능성의 완전한 존재라는 것입니다. 이것을 확실히 알아야 합니다. 안 하려고 하면 아무것도 이룰 수 없고, 하려고 하면 어떤 것이라도 할 수 있고, 될 수 있는 자신의 가능성을 아는가 모르는가는 큰 차이가 있기 때문입니다. 이런 이치를 알 때 마음을 마음대로 바꾸어서 무한가능성을 마음껏 발현시켜 즐겁고 자유롭고 행복하게 살아갈 수 있습니다. 자신 내면의 가능성을 무한하게 발현시킴으로써 자신의 가능성이 무한함을 깨닫게 하고 자신감을 가지고 새로운 도전과 시도를 끝없이 해나갈 수 있습니다.

성공하면 성공하는 대로 실패하면 실패하는 대로 모든 것이 완전하다는 이치를 깨닫고 늘 행복한 가운데 삶을 적극적으로 주체적으로 개척하고 스스로 만들어 나가도록 해야 합니다. 어떤 고정관념과 고집, 편견에도 사로잡히지 않고 내면의 힘을 계속 길러가도록 해야 합니다. 내면의 힘을 키우면 무한한 창조와 자유와 행복이 저절로 이루어질 것입니다.

모든 것에서 '나'를 보다

오래전에 승용차로 통근하던 때의 일입니다. 퇴근하는 승용차 안의 FM 라디오에서 음악이 나오고 있었는데 그날따라 나오는 음악마다 정말 아름답고 감동적이었습니다. 선곡이 특별한 것도, 음질이 썩 좋은 것도 아니었는데 왜 그랬을까요? 그렇죠. 제 마음이 즐거웠기 때문입니다. 그날 학생들과 동아리 활동을 마치고 퇴근을 하던 길이었는데 그때 나온 이야기들이 대견해서 아주 만족스럽고 뿌듯했던 모양입니다. 제 마음이 매우 짜증 나고 답답했다면 그 음악이 그렇게 들릴 수 없었을 것입니다. 누구나 이런 경험 한두 번은 있으셨을 것입니다.

음악을 들을 때 올라오는 느낌, 생각들을 제삼자의 처지에서 관찰해보면 재미있습니다. 파악이 잘 안되던 자신의 모습을 더 잘 볼 수 있습니다. 음악이 아름답게 들릴 때, '내 마음이 즐거워하고 있구나, 왜 즐거워할까?'를 생각해보면 자신을 더욱 자세히 알 수 있습니다.

앞에서도 말씀드렸듯이 상대방의 모습, 예쁨과 미움, 아름다움과 추함, 깨끗함과 더러움, 선함과 악함, 고귀함과 천박함 등의 모든 모습은 자신이 만들어낸 것입니다. 예를 들어 학생들이 열심히 공부하면 대견하게 보이고, 숙제도 안 해오고 대들고 반항하면 불량하게 보이는 것도 모두 자신이 만들어 낸, 자신의 모습입니다. 열심히 공부하거나 게을리 하는 것은 학생이 만들어냈지만, 대견하게 혹은 불량하게 보이는 것은 자신이 만들어 낸 것입니다. 세상은 서로 조화롭게 운행을 할 뿐인데 자신의 마음에 따라 어떤 때는 아름답게, 어떤 땐 짜증 나게, 그리고 대부분은 무덤덤하게 보일 뿐입니다.

자신에 대해 알아야 할 셋째 이치는, 세상의 모습이 곧 자신의 모습이므로 세상의 모습을 통해 자신의 모습을 관찰할 수 있다는 점입니다. 세상의 모습으로 자신을 알고 자신의 내면을 관찰하여 세상을 알 수 있으면 자신을 제대로 안다고 할 수 있습니다.

지금까지의 논의를 정리하겠습니다. 교육의 목적은 세상을 널리 이롭게 하는 것이고 세상을 널리 이롭게 하려면 자신과 세상이 서로 하나임을 알고 자신과 세상을 그때그때 사정에 따라 편안하게 이롭게 하면 됩니다. 그러나 가장 이로운 것은 자신 내면의 힘을 키우는 것입니다. 그러려면 자신에 대해 알아야 합니다. 자신은 고정되지 않은 역동적인 존재이며 무한가능성이 있는 완전한 존재입니다. 자신의 모습은 세상과 둘이 아니므로 세상을 바라보는 자신의 내면을 관찰함으로써 자신을 알 수 있습니다. 자신을 제대로 알면 무한가능성, 무한 창조, 자유, 행복을 누리며 살 수 있습니다.

교과의 지식적인 공부와 함께 자신에 대한 참 이치를 반드시 가르쳐야 합니다. 그러면 공부도 잘하면서 행복한 학생들을 길러낼 수 있습니다. 설사 공부를 못하더라도 행복한 학생은 될 수 있습니다.

이런 교육 목적을 달성하기 위해 각 교과는 어떤 의미를 갖고 있을까요?

02
각 교과에는
어떤 의미가 있나

각 교과의 목표

교육이 전체적인 의미라면 교육을 구체적으로 실현하는 실질적인 현장이 각 교과 수업입니다. '사람'이란 말은 있지만 실제로는 남자, 여자, 어른, 아이 등으로 구체화되듯이, 교육이란 각 교과 수업이 통합된, 추상적인 개념일 뿐, 실제로는 각 과목 수업이 있을 뿐입니다.

　그러므로 국어 시간엔 국어과의 목표만, 수학 시간엔 수학과의 목표만, 이렇게 각 교과의 목표만 추구한다면 교육 목적은 어떤 곳에서도 달성될 수 없습니다. 교육의 목적은 각 교과 시간에 달성되어야 합니다.

그러면 각 교과의 목표는 무엇인지 살펴볼까요.

다음은 교육인적자원부(현 교육과학기술부)가 제7차 교육과정에서 제시한 몇몇 교과의 총괄 목표입니다.

| 국어과 교육 목표 |

언어활동과 언어와 문학의 본질을 총체적으로 이해하고, 언어활동의 맥락과 목적과 대상과 내용을 종합적으로 고려하면서 국어를 정확하고 효과적으로 사용하며, 국어 문화를 바르게 이해하고, 국어의 발전과 민족의 언어 문화 창달에 이바지할 수 있는 능력과 태도를 기른다.

| 사회과 교육 목표 |

사회 현상에 관한 기초적 지식과 능력은 물론 지리, 역사 및 제 사회 과학의 기본 개념과 원리를 발견하고 탐구하는 능력을 익혀, 우리 사회의 특징과 세계의 여러 모습을 종합적으로 이해하며, 다양한 정보를 활용하여 현대 사회의 문제를 창의적이며 합리적으로 해결하고, 공동생활에 스스로 참여하는 능력을 기른다. 이를 바탕으로 개인의 발전은 물론 국가, 사회, 인류의 발전에 기여할 수 있는 민주 시민의 자질을 기른다.

| 수학과 교육 목표 |

수학의 기본적인 지식과 기능을 습득하고, 수학적으로 사고하는 능력을 길러, 실생활의 여러 가지 문제를 합리적으로 해결할 수 있는 능력과 태도를 기른다.

| 과학과 교육 목표 |

자연현상과 사물에 대하여 흥미와 호기심을 가지고, 과학의 지시체계를 이해하며, 탐구방법을 습득하여 올바른 자연관을 가진다.

각 교과는 전체 교육 목적을 달성하기 위한 구체적인 수단입니다. 교과에 따라 교육 목적을 직접적으로 추구할 수 있는 것이 있고 그렇지 않은 것도 있겠지만 그래도 지향점은 '홍익인간'에 맞춰져야 할 것입니다. 가장 상위 규정에서 우리나라 교육 목적이 추상적으로 설정되면 각 교과에서는 그것을 달성하기 위한 구체적인 실천 목표를, 각 교과의 전문적인 내용과 연관하여 규정해야 하는 것이 자연스런 체계입니다. 그러나 위에 나온 각 교과의 목표가 교육기본법에 제시된 교육 목적과 체계적으로 긴밀히 연결됐다고 보기 어렵습니다. 그렇다면 각 교과와 교육 목적의 연결이 어디에선가 끊어져 있다고 볼 수 있습니다. 이것이 이어진다면 각 과목 수업의 핵심도 저절로 분명해지고 우리나라와 온 지구도 함께 아름답고 푸르러지리라 생각합니다.

전체 교육 목적과 각 과목의 목표를 연결해주는 고리가 '나'에 대한 내용입니다. 세상과 '나'가 하나이므로 '홍익인간'이 곧 '나'를 이롭게 하는 것이고 '나'를 이롭게 하는 것은 '나'를 아는 것에서 출발하므로 모든 교과가 자신을 아는 것을 핵심 목표로 삼으면 저절로 교육 목적과 이어지게 됩니다.

매시간의 수업이 '1) 자신을 알기 2) 내면의 힘, 무한가능성 키우기 3) 창조하며 자유롭고 행복하게 살기' 등을 목표로 해야 합니다. 한마디로 '내면 성장' 혹은 '자기완성'이라고 해도 좋습니다. 아무리 대단한 것을 이루더라도 자신 내면의 성장, 진화에 이바지하지 않는 수업이란 별 의미가 없으니까요.

그러니까 각 교과의 교육 목표는 앞에 '○○ 교과를 통하여'라는 수식을 넣어서 예를 들어 국어 교과라면 '국어 교과를 통하여 자신을 알고 내면의 힘과 무한가능성을 키워 창조하며 자유롭고 행복하게 살기'가 교과의 목표가 되지요. 하위 목표로는 현재의 교과 교육 목표를 조정하여 설정할 수 있을 것입니다.

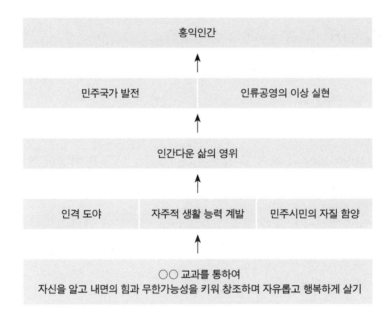

각 교과에서 '자신을 안다'는 것은 '자신이 교과 내용을 얼마나 이해하고 있는지, 그것에 대해 어떤 관점, 의견을 가지고 있는지 등을 스스로 파악하는 것'을 말합니다. 자신의 인지뿐만 아니라 정서, 신체, 영성靈性, Spirituality 등의 모든 면을 종합적으로 섬세히 파악하는 능력을 말합니다. 여기서 '영성'이란 말은 조금 생소할 수도 있고 종교적인 느낌이 날 수도 있는데, 홀리스틱 교육에서는 "인간의 가장 가치 있는 부분으로 개개인의 깊은 내부에 주어져 있는 '생명'인 참된 자기"[주2-2]를 말합니다. 저는 무한가능성이란 말과 같은 뜻으로 서로 넘나들며 쓰겠습니다.

'자신을 아는 것'을 초인지적 활동('내면관찰', 메타인지)이라고 할 수 있는데, 다행히 『고등학교 국어(상)』에 '읽기에서 자기 점검의 필요성'이라고 하여 초인지적 학습 활동을 안내하고 있습니다. '자신의 이해, 선입견, 읽기 전략의 자기 검토, 배경지식 활용 등을 자신 스스로 점검해야 한다.'[주2-3]라고 분명하게 나와 있습니다. 저는 첫 단원에서 이것을 가르치고 일 년 내도록 강조합니다.

그리고 '내면의 힘과 무한가능성을 키운다'는 것은 자신의 관점과 의견을 어떻게 바꿔볼 수 있는지 등을 생각하고 실천해보는 것입니다. 그러므로 전문적인 교과 내용을 이해하고 비판하며 창의적으로 생각하는 데에 전혀 지장이 없고 오히려 그것을 더욱 분명하고 주도적으로 배워 나갈 수 있습니다.

예를 들어 수학 교과에서 학생이 수학 문제를 풀 때, 그 문제를 자신이 어떻게 바라보고 있는지─흥미롭게 지적 호기심을 가지고 바라보는지 아니면 짜증스럽게 억지로 보고 있는지 등─를 파악하고 그 문제를 자신이 어떻게 얼마나 이해하고 있는지 그 문제에 대해 아는 것은 무엇이고 모르는 부분은 무엇인지─진짜 모를 경우에는 모른다는 것도 모르게 되어 있지만─그 문제를 어떤 과정, 절차로 풀어가고 있는지 등을 파악하도록 합니다. 문제 풀랴 자신을 파악하랴 정신이 없을 것 같지만 서로 나뉜 활동이 아니므로 연습만 되면 그것이 절대로 혼란스러운 것이 아닙니다. 푸는 과정에서도 자신을 볼 수 있지만 풀고 난 뒤에도, 맞혔든 못 맞혔든, 자신을 돌이켜볼 수 있습니다. 그리고 그 문제를 다른 방법으로 풀 수는 없는지 수식이 의미하는 속뜻은 무엇인지 창의적으로 해석할 수는 없는지, 삶과 생명의 원리를 발견할 수는 없는지 등을 시도하고 연습하게 합니다. 수학 문제 하나에서 자신과 우주의 이치를 발견할 수 있으며 수학도 더욱 잘하게 됩니다.

다른 교과에서도 제재만 달리할 뿐 원리는 똑같이 적용하여 학생들이 스스로 활동하고 학습하도록 할 수 있습니다. 교과별 원리와 방법에 대해서는 '아름답고 푸른 지구를 위한 교육연구총서'를 참고하시기 바랍니다.[주2-4] 이것을 실제 실천한 사례는 제4장에서 말씀드리겠습니다.

이러한 각 교과의 학습목표는, 자기주도적 학습 능력이라든가 비판적 사고력 특히 창의력을 중시하는 현재의 교육 방침과도 아주 잘 들어맞습니다. 이런 태도가 길러지면 학교 교과뿐만 아니라 일상생활에서 일어나는 모든 일도 이렇게 해결할 것입니다. 그러면 내면 성장이 저절로 이루어지고 창조하며 자유롭고 행복하게 살아가게 될 것입니다.

통합된 세상, 분리된 교과

신천변 둔치를 따라 자전거로 출근하다 보면, 정장 차림에 귀에는 이어폰을 꽂고 손에는 책을 들고 읽으며 걸어가는 아가씨를 가끔 봅니다. 그때 그 아가씨는 무엇을 하고 있다고 보아야 할까요? 음악을 듣고 있다고 해야 할지, 독서를 하고 있다고 해야 할지, 출근을 하고 있다고 해야 할지. 아니면 기분 전환을 위해 산책을 한다고 보아야 할지, 건강을 위해 운동을 한다고 보아야 할지 애매합니다.

그러면서 '따로 나누어 보려는 것 자체가 무리가 아닐까? 현상은 모든 것이 연결되어 통합적으로 일어나잖아.'라는 생각을 했습니다. 한 부분만 따로 떼어서 이거다 저거다 이름 붙일 수 있을지는 몰라도 그것은 부분적이고 인위적일 뿐 그 상황을 있는 그대로 모두 다 표현할 수는 없습니다. 모든 현상은 통합적으로 일어나는데 인간이 분리적으로 생각하여 특정 사물과 현상으로 나누어 이름 붙여놓았을 뿐입니다. 시간은 멈추지 않고 이어져 흐르지만 시각은 고정되게 부르는 것처럼 말입니다. 아무리 다양한 분야에서 심층적으로 접근하더라도 부분적인 관점에 불과합니다. 세상을 있는 그대로 표현하고 전달할 수 없습니다.

학교에서 배우는 교과도 이와 같습니다. 우주와 자연과 사회는 하나로 이어져 있으나 과목은 나뉘어 있습니다. 각 교과에서는 내용별로 단원을 또 나눕니다. 단원 안에서는 다시 소단원으로, 소단원은 매차시의 수업으로 다시 나뉩니다. 복잡하고 어려운 내용을 차근차근 살피기 위해 잘게 나누거나 단순화하여 공부할 수는 있습니다. 그러나 거기에서 끝나면 공부라는 것이 '단편적 지식의 집합' 정도에 머무르고 맙니다. 시험 대비는 될지 몰라도 세상과 삶의 이치를 전체적으로 깨닫고 자신의 삶에 빛을 더하기는 어렵습니다.

통합적으로 벌어지는 세상의 현상을 연구자 마음의 틀로 나누어 정리해서 설명한 것이 모든 학문의 이론들입니다. 이론들 가운데 학생들의 수준에 맞게 골라 배열한 것이 각 교과의 내용입니다. 따라서 학생들이 수업 시간에 배우는 이론은 전체의 아주 작은 부분의 틀에 불과합니다. 그런데 학생들은 그 틀로 바라보는 것을 전체로 알고 살아가고 있습니다. 틀에 갇혀 바라보고 있다는 사실도 모르고 답답해하며 살아가고 있습니다.

교과의 분리보다 더 심각한 문제는 배움과 삶의 분리입니다. 교실에서 배운 것이 시험 성적을 잘 받아 진학하는 데 도움이 되는 정도일 뿐 자신의 삶과는 별 상관이 없게 되면서 학교 공부 자체는 무의미하고 따분한 것이 되어 버렸습니다.

그러므로 통합교과적 관점이 필요합니다. 배울 것은 세분하여 자세히 배운 뒤 그것들을 반드시 통합해야 합니다. 지식의 파편들을 통합하고 소단원, 대단원, 과목들을 통합하는 것은 물론 과목과 자신의 삶, 물질적인 것과 정신적인 것, 세상과 자신, 즉 보는 사람과 보는 대상의 통합이 이루어져야 합니다. 즉, 듣고 보고 느끼는 모든 것이 곧 자신의 마음임을 알 수 있게 되어야 합니다. 그래야 자신과 학문과 세상의 이치를 제대로 알고 무한하게 창조하며 자유롭고 행복한 공부를 할 수 있기 때문입니다.

물론 틀로 나누지 않고는 세상을 볼 수 없습니다. 틀이 정교하고 심오할수록 세상을 더욱 자세하고 깊게 볼 수 있습니다. 뉴턴의 고전물리학의 틀로 바라본 우주보다 아인슈타인의 상대성이론의 틀로 바라본 우주는 더욱 정확하고 정교해졌습니다. 물론 아인슈타인을 넘어서는 새로운 틀도 계속 나오고 있습니다. 그러나 아무리 좋은 틀이라도 틀은 틀입니다. 틀에 매여 있으면 전체를 볼 수 없습니다.

틀로 세상을 보고 틀을 벗어나서 세상을 깨달아야 합니다. 제1장에서 기준을 상황에 따라 자유롭게 쓰는 것이 행복에서 중요했듯이 학습에서도 틀을 상황에 따라 자유롭게 쓰는 것이 중요합니다.

통합교과적 관점이란

『고등학교 국어(하)』 7단원에 '건축과 동양정신'이란 소단원이 있습니다. 서울 올림픽의 주경기장을 설계한 건축가 김수근의 글인데요, 제목부터 이질적인 것의 통합이 느껴집니다. 내용으로 들어가면, 건축의 개념과 정신, 유불선儒佛仙의 동양정신 그리고 로버트 프로스트의 시, 한옥의 미와 과학성, 문화, 환경과 자원의 문제 등 다양한 분야가 경계 없이 자연스럽고 자유롭게 다뤄지고 있습니다. 통합적 관점을 가진 훌륭한 단원입니다. 그러나 철학, 문학, 사회학, 예술, 건축 등을 아무리 다양하게 동원하여 공통분모를 찾는다고 해도 그것은 물리적인 통합에 불과합니다. 많은 분야를 모은다고 통합적인 것은 아닙니다. 좀 더 넓고 상세한 틀일 뿐입니다.

학문 분야를 얼마나 많이, 유기적으로 다루었는가가 통합의 정도를 결정짓는 것이 아니라 얼마나 그것들의 근원으로 파고들어 갔는가 하는 것이 그것을 결정짓는 것입니다. 어떤 내용과 분야든지 그것이 나온 근원까지 파고들어 가면 저절로 모든 것이 하나로 통하는 점을 발견할 수 있기 때문입니다.

근원까지 파고들어 간다고 하니 너무 어려운 것이 아닌가 하고 걱정할 필요는 없습니다. 모든 학문이 나온 근원이 어디일까요? 그렇죠, 연구자의 마음입니다. 학생들이 배우는 이론은 전체의 아주 작은 부분에 불과하지만, 거기에는 항상 근원이 담겨 있습니다. 모든 파도에 바다가 있듯이. 작은 부분을 실마리로 해서 그것을 만들어 낸 사람의 마음과 하나되는 것이 진정한 통합성입니다.

이렇게 되면 상당히 난감해지실 것 같습니다. '연구자들은 모두 유명한 사람들이고 다른 나라 사람들도 많고 이미 돌아가신 분들도 많은데 말도 안 돼!'라고 생각하실지도 모르겠습니다. 다른 사람의 마음과 하나된다는 것은 쉬운 일이 아닙니다. 설사 연구자를 직접 모셔다가 자세히 설명을 들어도 그렇게 되기는 어렵습니다. 사람들은 모두 자신의 생각대로 받아들이기 때문입니다.

어떻게 하면 통합성에 이를까

참 쉽습니다. 자신 마음을 살펴보면 됩니다. 자신의 마음을 자세히 볼 수 있으면 이론을 만들어낸 사람의 마음에도 이를 수 있습니다. 상대의 마음을 있는 그대로 볼 수 없게 하는 것이 자신 마음의 틀이기 때문에 그것을 찾아내어 내려놓다 보면 어느새 하나되는 경지에 이르게 될 것입니다.

상대나 대상에 대해서 잘 모르면 자신의 틀을 고집하기가 쉽습니다. 대상의 배경지식을 많이 아는 것이 틀을 고집하지 않게 되는 길이 될 수도 있으므로 자신의 틀을 내려놓는 것과 동시에 대상에 대한 자세하고 바른 지식(틀)을 알려고 하는 것도 중요합니다. 단지 자신의 틀대로 받아들이지 않는가 하는 것을 늘 관찰하면서 말이죠.

결국 '내면관찰'이 되어야 통합성에 이를 수 있습니다. 무엇을 보더라도 어떤 내용을 배우더라도 그것이 자신 마음의 틀임을 알고 그것을 내려놓고 있는 그대로 볼 수 있을 때 비로소 통합적 관점을 가졌다고 할 수 있습니다. 자신의 마음에서 모든 것이 생겨나고 바뀌고 사라짐을 아는 것이 모든 현상을 통합하는 근원입니다.

지금까지는 모든 것을 분리하여 보아왔습니다. 자신의 마음과 학문 혹은 세상의 현상, 자신과 남은 물론이고 이 학문과 저 학문, 이것과 저것, 이곳과 저곳, 과거와 현재 등이 따로따로 나누어졌다고. 이런 마음을 내려놓기만 하면 통합적 관점이 됩니다. 모든 것이 하나도 빠짐없이 '나'와 이어진 것을 나누어져 있다고 착각했던 우리의 생각만 내려놓으면 모든 것은 원래대로 하나로 이어집니다.

통합적이라는 것은 임시적, 잠정적인 관점을 가지는 것입니다. 어떤 것을 파악하기 위해서는 관점을 고정해서 볼 수밖에 없습니다. 다만, 그것이 고정불변의 절대적인 것으로 봐서는 안 됩니다. 임시적, 잠정적인 관점을 가질 때 우리는 자신과 다른 관점이나 의견도 포용하고 인정할 수 있게 됩니다. 자신의 고정관념과 고집과 편견, 집착에서 점차 벗어나게 됩니다. 그러므로 통합적인 관점을 갖는 것은 초월적인 관점을 갖는다는 것과 같은 말입니다.

앞에서 통합성을 알아야 무한하게 창조하고 자유롭고 행복한 공부를 할 수 있다고 하였는데 틀을 알면 틀을 바꿀 수도 있고 새로운 틀을 만들어 낼 수도 있기 때문입니다. 문제해결력과 응용력, 창의력이 저절로 왕성해집니다. 깊이 들어갈수록 모든 분야에 공통된 근본 원리를 알게 되므로 멀리 떨어진 분야의 공통점도 쉽게 발견해낼 수 있고 쉽게 이해할 수 있게 됩니다. 원리를 알면 세부적인 것은 조금만 공부하면 금방 전체를 파악할 수 있게 됩니다.

『논어』의 위정爲政편 제12장에 보면 '군자불기君子不器'라는 말이 있습니다. '군자는 그릇의 수준에 머물러서는 안 된다.'라는 뜻으로 해석할 수 있습니다. 여기서 그릇이란 통합적 관점을 가지지 못하고 분리적, 단편적 한계에만 머물러 있는 전문가를 말한다고 볼 수 있습니다. 그렇다고 전문적인 지식을 거부하거나 회피하는 것은 절대 아닙니다. 현실적인 생활을 해나가기 위해서는 전문적인 지식이 필요하며 전문가가 되어야 합니다. 실생활에서의 현상 파악은 단편적, 전문적으로밖에 될 수 없기 때문입니다.

발도로프학교처럼 일부 대안교육에서 교육과정 자체를 통합적으로 운영하기도 하는데 좀 더 바람직스러운 대안은 될 수 있으나 한계도 분명합니다. 진정한 통합성은 어떤 분야를 만들 수 없습니다. 아무리 모든 것을 통합하더라도 그것이 어떤 고정된 것으로 만들어지는 순간, 그것과 그것 아닌 것이 생기면서 통합성이 깨지기 때문입니다. 도道를 도라고 하면 도가 아닌 것과 마찬가지인 거죠.[주2-5] 진정으로 통합성에 이른다는 것은 어떤 것을 대하든지 내면의 틀을 찾아 틀을 내려놓고 틀에서 벗어나 틀을 자유롭게 쓸 수 있는 사람이 되어야 한다는 뜻입니다. 이런 사람은 스승이 될 만하겠죠.

03
교사는 누구인가

교사를 지망하는 학생들이 많습니다. 교사를 권유하는 학부모는 더 많습니다. 왜 교사가 되려 하느냐고 물어보면 대부분이 두 가지 이유를 듭니다. 안정적이고 시간이 많다(방학이 있다)는 것입니다. 안정적이란 말은 잘릴 걱정이 없다는 말이고 시간이 많다는 것은 수업을 안 해도 되는 시간이 많다는 말일 것 같습니다.

물론 학교 혹은 교사마다 사정이 다르고 교육 체계와 제도도 급변하고 있기 때문에 한마디로 말하기는 어렵겠지만, 설사 그런 면이 있다고 하더라도 너무 현실적인 잇속만 생각하는 풍조가 씁쓸하기는 합니다. 만약 가수가 되려는 이유가 잘릴 염려 없고 노래를 많이 안 해도 되기 때문이라고 답한다면 그 사람은 진정한 가수, 대성할 가수가 되기가 어려울 것입니다. 전문 가수와 교사는 여러 면에서 다르겠지만, 시간이 많아서 교사가 되겠다는 논리는 노래를 많이 하지 않을 수 있어서 가수가 되겠다는 논리와 같은 것이 아닌가 생각합니다. 수업을 하지 않아도 되는 시간이 많아서가 아니라 학생들과 함께할 시간이 많아서 교사가 되려고 하는 학생이 훨씬 많을 거라고 믿고 싶습니다.

교사가 가르쳐주는 지식으로만 살아가기에는 너무나도 빠르게 새로운 지식이 엄청나게 쏟아져 나오고 그것들은 전자 정보 매체인 인터넷과 매스컴을 통해 신속하게 퍼져 나가는 사회가 되었습니다. 이른바 지식정보사회입니다. 알려는 의지만 있으면 교사가 없어도 언제 어디서든지 정보와 지식을 얻을 수 있습니다.

단순 지식을 전해주는 역할로서의 교사는 이제 끝났습니다. 우리나라의 특수한 상황인 사교육의 민첩하고 치밀한 진화는 그것을 더욱 부추기고 있습니다. 지식을 넘어서는 무언가를 가르칠 능력을 갖추지 않은 교사는 학생 앞에 서기 어려운 시대가 되었습니다.

학생에게 가장 소중한 것을 길러주는 사람

시대 상황이 어떻게 바뀌더라도 교사가 해야 할 가장 중요한 일은 학생들에게 가장 소중한 것을 길러주는 것입니다. 가장 소중한 것, 가장 이로운 것은 앞에서 자세히 살펴보았듯이, 진정한 자신을 알고 무한 창조하며 자유롭고 행복하게 사는 것입니다. 이것만 확실히 알면 사회적으로 성공하는 것은 부수적인 것이 됩니다. 학생들이 수업 제재나 단순 지식 속에서 이치를 찾아내어 체득하고 일상생활에서 그 이치를 실천할 수 있도록 가르친다면, 학생들은 어떤 상황에서든지 자신 내면의 중심을 잡고 상황에 가장 적절한 답을 찾아내고 창조할 수 있는 자유를 누리는 행복한 삶을 살 수 있기 때문입니다. 단순 지식은 누구나 가르칠 수 있지만, 그것들을 꿰는 지혜와 이치는 아무나 가르칠 수 있는 것은 아닙니다. 아무나 가르칠 수 없는 것을 가르치는 교사가 멋진 교사가 아닐까요?

그러려면 교사 자신도 끊임없이 일상생활은 물론 수업 시간에도 시시각각으로 일어나는 자신의 내면을 관찰하고 다스려가면서 내면의 힘과 무한가능성을 키워 스스로 창조하며 자유롭고 행복하게 살아가는 사람이 되어야 합니다.

학생과 더불어 깨달음에 이르고자 하는 사람

교사는 실천으로 가르치는 사람입니다. 맹자의 말에 '사람의 병폐는 다른 사람을 가르치기를 좋아하는 데 있다.'[人之患在好爲人師]라는 말이 있습니다. 우리 교사들은 가르치는 것이 습관이 돼서 어딜 가든지 지시하고 바로 잡으려는 성향이 강합니다. 공부와 삶의 이치를 일단 말로써 알려줄 수는 있으나 그것은 안내하는 정도이고 실제적인 가르침은 실천으로 이루어집니다.

결국 교사는 학생과 더불어 깨달음에 이르고자하는 사람입니다. 학생을 깨닫게 하며 그 과정에서 자신도 깨달아 가는 사람입니다. 교사뿐 아니라 모든 직업의 의미가 이렇다고 생각합니다. 연구직은 연구 대상과, 의료직은 환자와, 예술계는 작품과, 법조계는 범법자와, 경영·실업계는 생산물과, 판매직은 고객과, 정치가나 공무원은 국민과 더불어 깨달음에 이르고자 하는 사람입니다.

교사는 학생을 가르치기 이전에 자신을 가르칠 수 있어야 합니다. 교과의 제재나 일상생활의 사례 속에서 세상의 근본 이치를 찾아내고 그것을 스스로 실천하면서 자신을 가르쳐야 합니다. 자신을 가르치지 못하는 사람은 남도 가르칠 수 없습니다.

자신에 대한 교사의 노릇을 하는 것과 동시에 사람은 누구나 교사의 역할을 하며 살아가게 되어 있습니다. 제도적인 자격과는 상관없이, 가깝게는 집의 아이들과 주위의 가까운 사람들부터 길거리에서 마주치는 보통 사람들에게까지 서로 교사 역할을 이미 하고 있으며 또 해야 합니다. 그럴 때 어떤 가르침을 주어야 할까요. 앞에 나온 가장 소중한 것을 가르쳐주어야겠죠.

그리고 누구나 교사이자 학생입니다. 자신의 삶을 가장 값지고 보람되고 멋있게 만들어가고자 하는 사람은 누구든지 늘 배워야 합니다. 이미 그런 역할을 하며 살고 있고 또 그렇게 해야 합니다. 배운 내용을 실천하며 자신을 성장, 진화시켜 나가야 합니다. 어떤 처지에 있는 사람이든 학생과 교사의 작용이 자신 안에서 자동으로 이어져 계속 돌아가야 합니다. 그러므로 이 책에서 말하는 행복과 교육의 원리는 학교 교육과 관련이 있든 없든 누구나 알아야 하는 원리입니다.

04

학생을
어떻게 볼 것인가

학생은 모두 무한가능성을 가진 완전한 존재다

학생을 어떤 관점으로 보는가에 따라 교육의 방향과 방법, 내용이 달라집니다. 학생을 미완의 열등한 존재로 본다면 교사가 독단적으로 판단하여 선택한 교과 내용을 일방적으로 주입하는 수업을 하게 될 것이고, 학생을 무한가능성이 있는 완전한 존재로 본다면 그들을 믿고, 존중하고, 기다리고, 지켜볼 수 있게 될 것입니다.

학생을 어떤 존재라고 생각하시나요? '학생은 아직 어리니까 아무것도 몰라. 어른인 내가 판단하고 지시한 대로 따라서만 하면 돼!'라고 생각하시나요? 씨앗처럼 무한가능성을 가진 완전한 존재로 보시나요? 앞에서도 살펴보았지만, 세상의 모든 존재는 비록 미물이라도 완전한 선택을 하며 정성을 다해 살아갑니다. 어떤 존재든 자신의 삶을 사랑하지 않는 것은 없습니다. 하물며 우리 학생들은 말할 것도 없지 않을까요? 학생은 감시, 감독, 관리, 통제, 의심, 수용收容의 대상이 아닙니다.

학생들은 무한가능성을 가지고 있습니다. 아직 발현되지 않았을 뿐이지 어디까지 발현될지는 아무도 모릅니다. 조건만 되면 자신의 무한가능성을 그야말로 한계 없이 발현할 것입니다. 학생들에게 너희 내면에 무한가능성이 있다고 직접 말해주기도 해야겠지만, 그보다는 자신의 내면에 무한가능성이 있다는 것을 스스로 체험하고 확인할 기회를 되도록 많이 만들어주는 것이 가장 좋습니다. 스스로 생각하도록 자극을 주고 다양한 경험과 활동을 해보도록 해야 합니다. 성공, 실패의 결과는 그리 중요하지 않습니다. 성공은 성공대로 실패는 실패대로 배울 것이 있습니다. 어떤 상황에서도 자신 내면의 힘을 키워가는 것이 중요합니다.

무한가능성은 무한 변화 가능성이기도 합니다. 세상의 모든 것이 한시도 쉬지 않고 변하듯 학생들도 쉬지 않고 변합니다. 학년이 올라가며 변해가는 학생들을 보면서 놀라기도 하고 기특하게 생각하기도 하는 적이 많습니다. 졸업 후에 당당히 제 몫을 해내고 있는 학생들을 만나면서 흐뭇해하는 때도 잦습니다. '청출어람靑出於藍'이란 말처럼 교사보다 더 뛰어난 인재가 돼야 할 학생들입니다.

학생은 완전한 존재입니다. 완전의 의미는 앞에서 말씀드린 대로입니다. 학생을 완전한 존재로 본다는 것은 그들이 어떤 행동을 하더라도 '그럴 만한 이유가 있겠지!' 하면서 인정하고 받아들이는 것을 의미합니다. 학생들의 언행을 잘한다/못한다, 옳다/그르다 판단하기에 앞서 있는 그대로 보자는 것입니다.

아침에 10분 늦게 온 학생은 그냥 '10분 늦은 학생'으로 볼 뿐이지, '게으름뱅이, 불량학생, 구제불능, 농땡이' 등으로 보지 말자는 말입니다. 모두 제시간에 와서 조용히 앉아서 자습하고 있으면 신경 쓰일 일이 없을 텐데 분위기 흐리는 몇몇 때문에 속상하고 짜증 나는 것을 화풀이해보려는 의도가 아니라면 그렇게 생각하거나 말해선 안 될 것 같습니다. 그렇게 해서는 학생을 도와주고 가르칠 수 없기 때문입니다. 지각하는 습관을 바꾸고 싶다면, 늦을 수밖에 없는 이유가 분명히 있을 것이니, 그것을 알아보는 것이 우선일 것 같습니다. 계속 늦게 올 수도 있고 다시는 늦지 않을 수도 있으니 무한가능성입니다. 그 원인을 찾아내어, 어렵지만 조금씩 바꿔가는 것이 그들을 진짜 도와주는 길일 것입니다.

키르케고르는 '돕는다는 것은 섬긴다는 것'[주2-6]이라고 했습니다. 섬긴다는 것은 국어사전에 의하면 '잘 모시어 받든다'는 뜻입니다. 학생을 받들어 모신다는 것은 그들의 의견을 존중하고 인정하는 것입니다. 그들의 의견을 경청하는 것입니다. 물론 많은 교사가 이미 이렇게 하겠지만, 단지 들어주고 지지하고 격려해주고 공감해주는 것만으로도 학생들은 용기를 얻고 내면의 위대한 힘을 스스로 발견하여 활용하게 됩니다.

　그러면 옳고 그름을 판단하지 말고 올바른 길로 지도하지 말자는 말인가라고 반론하실 수 있습니다. 지도하지 말자는 것이 당연히 아닙니다. 지도를 해야 합니다. 그러나 지도의 효과가 있으려면 마음 자세와 시기와 방법이 매우 중요합니다. 학생들을 존중하고 인정하고 경청하는 마음 자세가 먼저 되어야 지도가 됩니다. 받을 이유가 없는 사람에게 무작정 선물을 주면 오히려 어리둥절하고 의심하게 되는 것처럼 받아들일 준비가 되어 있지 않은 상태에서 하는 지도나 충고는 부담스럽거나 짜증 나는 선물 곧, 잔소리가 될 뿐입니다. 영향을 미치고 변화를 가져오기 어렵습니다. 판단, 비판, 충고가 잘못된 것이 아니라 상황에 맞게 잘 사용해야 합니다. 그것들은 나중에 학생들의 마음이 열렸을 때에 하거나, 학생이 스스로 바뀌어서 하지 않게 된다면 더욱 좋습니다.

　교사는 학생이 생각하고 발표하는 행동하는 것을 모두 완전한 것으로 받아들여야 합니다. 학생들은 자신의 발달 정도에 따라 가장 최선의 결과를 보이는 것이므로 나름대로는 모두 옳은 것입니다. 이것은 학생들의 비위를 맞춘다든가 잘 통제하기 위한 전략으로 그러는 것이 아닙니다. 이치가 그렇기 때문입니다.

　학생의 완전성과 무한가능성을 믿는다면 학생이 잘해내지 못한다고 해도 성급히 비판하거나 해답을 제시하지 않을 것입니다. 그것은 학생의 자신감과 가능성을 짓밟는 것입니다.

나는 오늘도 칭찬하러 교실에 들어간다

'칭찬이 좋다는 것은 알지만, 칭찬하려고 해도 칭찬할 거리가 있어야지.' 하는 말을 많이 듣습니다. 이런저런 일로 실망하고 화가 나면 학생들이 좋게 보일 리가 없습니다. 또 칭찬거리가 없는 학생도 있을 수 있습니다. 칭찬거리가 많은 학생은 사실 칭찬을 많이 하지 않아도 별상관이 없습니다. 다른 데에서도 칭찬을 많이 들을 확률이 높으니까요. 오히려 칭찬이 필요한 학생은 늘 핀잔만 듣는 학생입니다. 부정적인 자기 인식이 있는 학생에게 칭찬할 때엔 조금 주의를 해야 하지만, 그 학생을 비판, 판단하지 않고 그 학생이 가진 무한가능성을 믿는다는 진정한 뜻이 전달된다면 효과는 매우 좋습니다.

다행히 찾아보면 누구에게나 칭찬할 점은 있습니다. 모든 대상은 보기에 따라 달라지기 때문입니다. 엉뚱한 대답을 하면 창의적이라고 하고 정리정돈을 잘 안 하면 예술적이라고 칭찬할 수 있습니다. 그래도 그런 것은 창의적, 예술적 기질이 필요할 때 발휘되어야 가치가 있는 것이니까 이번엔 이렇게 하도록 하자고 한마디 덧붙이기는 해야겠죠.

학생을 '나'와 하나되게, 내 자식과 둘 아니게 볼 수 있으면 저절로 모든 문제가 해결되지 않을까요? 학생을 '나'와 하나로 본다는 것은 학생의 모습은 '내'가 만들어낸 것일 뿐이므로 '내'가 바뀌면 학생도 바뀐다는 뜻이고, 내 자식과 둘 아니게 본다는 것은 학교에서 학생들에게 가르치는 것을 그대로 자식들에게도 가르칠 수 있어야 한다는 뜻입니다. 그 반대도 마찬가지입니다. 학생들은 좀 더 가까이하고 자식은 좀 더 멀리 하면 하나되는 지점이 나올 것 같군요.

05

교재를
어떻게 다룰 것인가

"교과서 진도는 언제 나가요?"

수업 시간에 열심히 재미있게 발표 활동을 하고 난 뒤 의견을 들어보면 재미있고 좋다는 얘기를 하면서도 진도는 언제 나가느냐는 걱정 어린 질문이 꼭 나옵니다. 학생들이나 교사들이나 마음먹고 뭘 해보려 해도 늘 뒤가 켕기는 것이 교과서 진도입니다. 학생들은 대부분 아무리 재미있어도 교과서 진도가 느리면 제대로 배우지 못하고 있다고 생각하고, 빨리 나가는 바람에 내용 이해가 잘 안돼도 진도만 다 나가면 배울 건 다 배웠다고 생각합니다. 정해진 기간 내에 진도를 빨리 나가야 한다는 강박관념에 늘 사로잡혀 있습니다. 교과서가 오히려 깊이 있는 교육에 방해가 되는 상황입니다.

　물론 교육과정을 개발하고 그에 따라 교과서를 만든 사람들이 그런 의도를 가지고 있지 않았을 것입니다. 누구보다도 많이 고민하고 연구해서 만든 교과서입니다. 그리고 교과서에 대한 시각도 상당히 열려 있습니다. 교육인적자원부(현 교육과학기술부)에서 편찬한 『고등학교 국어 교사용 지도서』(2002)에 보면 '교과서는 수많은 학습 자료나 교재 중의 하나에 불과하다.'[주2-7]라고 전제하고 구체적인 활용 방안으로 다음의 항목을 제시하였습니다.

1) 교과서의 제재를 유일한 것으로 간주하지 않아야 한다.
2) 교과서의 제재를 절대적인 것으로 간주하지 않아야 한다.
3) 제재의 분량과 학습량이 구분될 필요가 있다.
4) 필요한 경우에는 단원 자체의 순서를 조정할 수도 있다.
5) 학교 실정과 지역 특성에 따라 수업 시간을 탄력성 있게 운용할 필요도 있다.
6) 교과서의 체재 외에 다양한 보충 자료를 활용해야 한다.
7) 위와 같은 맥락에서 멀티미디어 자료도 별도로 준비할 필요가 있다.
8) 이상의 활용 방안을 준수하기 위해서는 교재 연구가 교과서의 제재를 벗어나 국어 교육 전반에 걸친 연구로 확장되어야 한다.

　이상의 지침만으로도 교사가 교재를 재구성하고 새로운 교재를 창의적으로 사용하기를 강력히 권고하고 있음을 알 수 있습니다.

문제집이 교과서가 된 시대

그러면 문제는 무엇일까요? 문제는 교육 당국이나 교과서 편찬자의 의도와 실제 교육 현장이 서로 맞지 않는 데에 있습니다. 교육 당국이 새로운 교육과정을 제시해도 교육 현장은 전혀 아랑곳하지 않고 바쁘게 돌아가고 있습니다. 현재 거의 모든 중등학교의 목표는 대학입시에 맞춰져 있습니다. 초등도 어느 정도의 영향은 받을 것입니다. 대학 입학에 유리한 비중에 따라 과목의 중요도가 정해지고 시간과 비용의 투자가 결정됩니다. 최근 각 대학에서는 '입학사정관' 제도를 도입하여 성적 중심에서 탈피하려고 하고는 있으나 아직까지는 수치로 서열화된 성적 자료의 비중을 절대 무시할 수 없는 형편입니다. 그러므로 우리나라의 거의 모든 교육은 점수로 평가, 반영되는 문제집 풀기에만 치중할 수밖에 없게 되는 상황입니다.

대학 입시에 출제되는 범위의 내용을 되도록 빨리 훑어본 뒤에 남는 시간에는 그것을 수능시험 전까지 계속 반복해서 외우고 예상 문제를 푸는 것이 현재 고등학교 수업의 가장 일반화된 모델일 것입니다. 교과서를 끝내고 나면 문제집이 교과서가 됩니다. 교과서의 내용을 아무리 잘 이해했어도 문제의 유형을 되풀이 연습해서 답을 맞혀 점수로 환산되지 않으면 허사가 되기 때문입니다. 외국 여행에서 우리나라 돈을 아무리 많이 가지고 있어도 그 나라 돈으로 환전하지 않으면 별 소용이 없는 것처럼 말입니다. 그 어떤 학습이론, 교육정책, 교육과정도 우리나라의 교실에선 거의 소용이 없는 것 같습니다.

이런 상황에서 '교재를 어떻게 다룰 것인가' 하는 문제는 우문愚問처럼 들립니다.

모든 교재는 자신을 보는 거울

교재란 교육 재료, 자료입니다. 교육 목적 달성을 위해 쓸 수 있는 모든 것을 말합니다. 여기에는 문제집이나 유인물, 영상 자료, 실물 자료, 체험 기회 등 수업 시간에 쓸 수 있는 모든 것이 해당될 수 있습니다. 어떤 자료를 쓰는가는 문제가 아닙니다. 그러므로 문제집을 가지고 수업한다고 해서 문제가 될 것은 없습니다.

교재보다 중요한 것은 교재를 어떻게 다루는가 하는 문제입니다. 아무리 불충분한 교재라도, 타산지석他山之石이나 반면교사反面敎師라는 말도 있듯이, 사용하는 사람이 교육 목적을 달성하도록 활용하면 얼마든지 좋은 교재가 될 수 있습니다. 교육 목적을 분명히 인식하고 있으면 교재를 활용할 방법을 얼마든지 찾아낼 수 있습니다.

교육의 목적이 무엇이었나요? '홍익인간'을 이념으로 하여 결국 자신을 알고 내면의 힘, 무한가능성을 키워 무한 창조, 자유, 행복을 누리는 것이었습니다. 그러면 어떤 교재라도 '자신을 아는'('내면관찰', 메타인지) 재료로 삼아야 한다는 결론이 자연스레 나올 것 같습니다.

어떤 과목의 어떤 교재라도 좋습니다. 교과서라도 좋고 참고서라도 좋고 설령 획일적 암기 위주의 문제집이라도 좋습니다. 모든 교재를 자신을 보는 거울로 사용할 수 있도록 하면 됩니다.

예를 들어 시험 문제를 푼다는 것은 문제가 요구하는 조건을 찾아내고 그 조건에 맞는 선택지를 고르는 과정이라 할 수 있습니다. 이런 과정을 면밀하게 잘해내는가 그렇지 못한가 하는 것이 답을 맞히느냐 못 맞히느냐를 가르게 됩니다. 그렇다면 이런 과정을 자신이 어떻게 해내고 있는가를 한 단계 더 높은 수준에서 객관적으로 관찰할 필요가 있습니다. 즉, 자신이 그 문제가 요구하는 조건을 모두 찾아냈는지, 배경지식이 분명히 갖춰져 있는지, 풀 때의 심리 상태는 어떤지 등을 세심하게 살필 수 있다면 훨씬 더 정확하게 답을 찾아낼 수 있을 것입니다.

이렇게 자신에 대한 객관적 관찰이 정확해지면 좀 더 차분하고 정확하게 문제를 풀 수 있을 뿐 아니라 자신을 살피는 능력도 커지게 됩니다. 문제를 정확하게 푸는 힘은 점수로 보상되고 자신을 살피는 능력은 내면의 힘으로 보상될 것입니다. 그러면 물질적, 정신적 보상이 모두 이루어져서 행복한 공부를 할 수 있게 됩니다. 문제를 풀면서도 교육의 목적이 달성될 수 있습니다.

우리나라의 교실에서는 문제를 푸는 것이 급하기 때문에 문제 푸는 것을 예로 들었지만, 각 교과의 단원을 이해하는 데에도 '자기를 보는 것'은 더 말할 필요도 없이 중요한 요소입니다. 단원의 내용을 자신이 어떻게 보고 있는지, 부정적인 마음은 없는지 등을 스스로 파악하고 자신이 아는 것과 모르는 것을 가려낼 수 있을 때, 교과의 내용 이해가 더 분명해지고, 자신의 생각을 파악하고 다스리는 힘도 커집니다. 그 힘으로 자신의 삶 자체를 변화, 진화시켜갈 수 있게 되는 순간이 역시 교육의 목적이 달성되는 순간입니다.

그러므로 교과서 내용이든 과제의 내용이든 문제집이든 모든 교재를 다룰 때는 도입 부분과 정리 부분에서 교재를 대하는 자신의 모습을 반드시 관찰하도록 해야 합니다.

다음은 학생의 수업소감입니다. 수업을 통해 자기 자신과 외부 세계에 대한 통찰이 더욱 커졌음을 알 수 있습니다.

일단 알게 된 점은 나의 단점들이다. ㅠㅠ 내가 심한 편견을 가지고 있다는 것을 알게 되었고 그다지 유머가 없다는 것을 알게 되었다. 또 평소에는 조용하지만 꽤 유머 있는 몇몇 아이들을 알게 되었다. 내가 부정적인 상황에 잘 대처하지 못했었다는 것도 알게 되었다. 마지막으로 앞의 것들을 보아, 편견을 버리면 창의력이 무한히 발산된다는 걸 알았고 언제든지 유머 있는 사람이 될 수 있다는 걸 알았다. 그리고 앞으로 어떻게 대처할지도 알게 되었다. 짜증 나고 아주 난처했던 상황이 1% 생각 차이로 이렇게나 다르게 인식될 수 있다니!!

솔직히 〈국어생활〉 시간에 모두 다 알고 있는 것을 배우지만, 그것을 매시간 상기시켜주고 자극을 하니까 비로소 우리 생활에 변화가 생긴

다는 것을 알게 되었다. 이번 시간에도 자극이 되어서 한 줌의 유머가

더 늘었다.^^ 50분 동안에 더 긍정적이고 유머 있는 사람이 된 것 같

고 모든 사람도 유머 넘치는 사람이 될 수 있다는 걸 느꼈다. 친구들에

대해 다른 눈으로 볼 수 있게 되어 좋은 시간이었다. ^^

2학년 10반 김소영(08. 7. 7.)

교과서는 경전이 아니다

현재 교육 현장에서 교과서는 성경, 불경, 코란 등의 경전 같아 보입니다. 자구字句 하나라도 다르게 해석해서는 안 되는 절대적인 것으로 군림하고 있는 것 같습니다. 물론 교과서는 전문적으로 검증된 학설이나 이론을 담고 있습니다. 그런데 그것들은 거의 귀납적 추론으로 나온 지식입니다. 귀납적 추론은 절대불변의 참이 아니라는 것은 다 아실 것입니다. 그러므로 교과서의 내용은 절대적 참이 아니라는 결론이 나옵니다.

그런 교과서를 다룰 때 그것을 무비판적으로 외우게 하는 것은 거의 귀납적 지식으로 채워진 교과서의 기본 성격을 고려하지 않은 비논리적이며 비교육적인 행위라고 할 수 있습니다. 전체적으로 보고 반론을 제기할 수 눈을 길러주지 않고 문제 풀이만 해서 성적을 올리는 정도로 그친다면 논리적이며 과학적인 지식과 사고는 자라나기 어려울

것입니다.

　교과서의 내용을 배우고 외우되 그것은 특정한 틀, 전제 아래에서만 임시적, 잠정적으로 참으로 인식될 뿐이라는 것을 분명히 알게 해야 합니다. 그렇지 않고 그냥 그것을 받아들여 외우는 것은 과학을 배우되 실제로는 비과학적인 태도를 배우게 되는 모순을 범하게 됩니다.

　어떤 이론이 어떤 틀에서 나온 것인지, 자신은 어떤 틀을 가지고 이론을 보고 있는지를 비판적으로 객관적으로 파악하는 힘을 기르는 것이 진정한 과학 실력을 기르는 것입니다. 그리고 틀을 새로 바꿔봄으로써 자신 내면에서 새로운 결론, 이론을 창조할 수 있는 원리와 방법을 터득하게 하는 것이 진정한 과학 실력을 키워주는 것입니다. 과학뿐만 아니라 모든 교과를 이런 원리로 다루어야 할 것입니다.

　만약, 가능하다면 교육의 목적을 좀 더 효율적으로 달성할 수 있게 하는 통합교과적 교재를 새로 만들면 좋을 것 같습니다. 각 교과를 인간 내면과의 연관을 더욱 세밀하게 밝히면서 철학, 종교, 인문, 사회, 예술, 과학, 기술 등이 함께 다루어지고 넘나들도록 합니다.

　그리고 학습 활동 및 과제를 중심으로 자신을 관찰하고 관찰 결과를 확대 통합시키는 무한가능성을 실현해갈 수 있도록 안내합니다. 교과 간의 통합, 교과와 자신 내면, 교과 내용과 일상생활, 이론과 실천 등이 긴밀히 통합되도록 교재를 구성합니다. 통합적인 원리에 대한 통찰을 가지면서 각각의 전문 분야를 연마해간다면 자신에 대한 통찰과 전문적 능력이 함께 성장할 것입니다. 이렇게 모든 교과가 자신의 내면에서 통합되는 이치를 알게 하는 교재를 만들면 좋겠습니다.

교육과정과 교사 양성 및 수급 등의 현실적 문제가 복잡하게 얽혀 있긴 하지만 교육이 나아가야 할 이상으로, 생각해볼 가치는 충분하다고 봅니다.

학생의 발표 내용을 교재로

학생들이 발표하는 자료를 교재로 사용하는 방안이 현실적으로 가장 좋다고 봅니다. 예를 들어『춘향전』을 가르친다고 하면, 바로『춘향전』의 본문으로 들어가 설명하는 것이 아니라,『춘향전』에 대해서 학생들이 스스로 내용을 이해하고 탐구, 감상하여 알게 된 것, 모르는 것, 느낀 점, 자신에 대해 관찰한 것 등을 발표하게 하고 그것들을 다루는 것입니다. 그러면『춘향전』을 다루지만 실제로는 각 학생이 인지하고 감상하는 '춘향전'을 다룰 수 있게 됨으로써 학생들의 내면을 직접적으로 키워줄 수 있게 됩니다.

그러기 위해서는 각 단원에 들어가기 전에 학생들에게 과제를 제시해야 합니다. 과제는 각 단원의 목표를 달성하기 위해 스스로 이해하고 적용해봐야 할 내용과 '내면관찰'의 내용으로 제시되어야 합니다. 과제는 대개 검사로 끝나는 경우가 많은데 그보다는 과제 내용을 발표하게 하여 수업 교재로 공유하고 그것에 대해 피드백을 해주는 것이 매우 좋은 수업 방법이라고 생각합니다. 과제들을 발표하고 정리하면서 단원의 학습목표가 저절로 달성되게 해야 합니다.

저는 '학생수업'이란 방법으로 학생 자신이 해온 과제로 직접 수업을 하도록 하고 그것에 대해 학생들끼리 질의응답, 토론이 이루어지게 해서 어느 정도 공유할 수 있도록 한 뒤, 그것을 바탕으로 수업을 이끌어 갑니다. 학습 제재에 대한 의견을 바로 작은 쪽지에 써내게 해서 그것을 모두 칠판에 적은 뒤 그것으로 수업할 수도 있고, 모둠학습으로 생각을 모아가는 방법도 있습니다. 단원은 미리 정해져 있지만, 학생들의 과제 내용이 다양하므로 학생들의 수준에 맞는 다양한 수업을 할 수 있습니다.

구체적인 실천 사례는 제4장에서 소개합니다.

모든 것이 교재다

앞에서 교재란 자신의 내면을 알아내어 내면의 힘을 키워가는 재료라고 하였습니다. 그렇다면 교과서, 문제집은 물론이고 일상생활에서 일어나는 모든 일이 모두 교재가 될 수 있습니다. 아침에 일어나서부터 잠자리에 들 때까지, 집과 학교 등의 모든 공간에서, 다른 사람과 함께 하거나 자신 혼자 공부를 하거나 쉬거나 놀 때 등, 늘 일어나는 자신의 느낌과 생각을 볼 수 있다면 그것이 매우 좋은 교재가 됩니다. 모든 현상과 사물을 통해 자신을 보고 자신 내면을 키워나갈 수 있기 때문입니다. 자기주도적 교육은 물론 평생 교육이 저절로 이루어지게 됩니다. '가장 지혜로운 사람은 모든 것에서 배우는 사람이다.'라는 탈무드의 구절에서처럼 모든 것에서 자신을 발견하고 키워가는 가장 지혜롭고 행복한 사람이 될 수 있습니다. 그러면 교과 공부 문제는 저절로 풀리게 됩니다.

06
평가는
어떻게 할 것인가

"이거 시험에 나온다!"

수능시험이 끝난 다음 날 아침, 3학년 복도에는 교과서와 문제집이 산
처럼 쌓입니다. 그러면 혹시나 쓸 만한 것이 없을까 하고, 2학년이 모
여들어 책 더미를 뒤지는 풍경이 매년 똑같이 펼쳐집니다. 가끔, 침통
한 표정으로 기웃거리는, 3학년 학생도 있지만.

그 광경을 바라보는 마음은 착잡합니다. 짧게는 3년, 길게는 12년
에 걸친 수업이 단지 하루의 수능시험을 위한 것일 뿐이었나? 만약 수
능시험이 없다면 여러 과목의 많은 수업은 아무 의미가 없을까? 그 대
답은 절망적이게도 '그렇다. 수능시험이 없다면 학교 수업은 의미가

없다.'라고 볼 수 있습니다. 수능시험에 나오지 않는 많은 과목은 3학년이 되면 실제로는 수업이 거의 이루어지지 않거나 수능시험이 끝나고 학생들이나 교사들이 거의 손을 놓고 앉아 있는 상황이 그 증거입니다.

수업 분위기가 어수선할 때 시험에 나온다고 하면 잠시라도 집중을 시킬 수 있습니다. 시험이 학습 동기를 불러일으키고 학생들을 통제하는 데에 막강한 힘을 발휘한 만큼 그것이 없을 때 학생들의 학습 동기와 교사의 통제력은 급격히 무너집니다.

시험은 낙인찍기 행사?

유치원이나 초등학교 저학년 때엔 모두 자신감과 활기에 차 있던 아이들이 지필고사가 강화되는 학년이 되면 점점 우울해지는 경향이 많습니다. 시험을 치고 나면 성적으로 공식적인 서열이 정해지고 그것을 기준으로 사람의 등급까지 매겨지기 때문입니다. 교사나 친구들 심지어는 부모까지 사람대접을 달리하기도 합니다.

성적이 잘 나오지 않는 학생은 시험을 칠 때마다 무시당하고 낙인찍히며 모멸감과 열등감을 느껴야만 합니다. 일 년에 몇 차례의 정기고사와 수시로 치러지는 여러 평가에서 이런 경험을, 무려 12년이라는 긴 기간 계속 하게 되면 '나는 해도 안 된다'는 깊은 좌절감, '학습

된 무기력'에 빠지게 될 확률이 높습니다. 이렇게 굳어진 태도는 학교 생활 전반이나 졸업 후 사회생활에도 좋지 않은 영향을 끼칠 수 있습니다. 잘하는 학생도 안심할 수는 없습니다. 성적이 떨어지면 언제든지 그런 수모를 당할 수 있다는 잠재된 두려움에 떨게 됩니다. 엄마의 얼굴이 떠오르면서.

그러므로 학생들은 시험을 끔찍하게 여기게 됩니다. 끔찍함을 면하기 위해서는 공부하는 수밖에 없다는 강박관념으로 책상 앞에 앉게 됩니다. 공부가 즐거울 리 없습니다. 공부를 위해 시험을 치는 것이 아니라, 시험을 위해 공부를 하게 됩니다. 시험만이 공부의 이유이자 목적이 됩니다. 그러므로 시험을 치지 않으면 당연히 공부할 이유도 없어집니다.

현재 우리나라의 평가는, 결과만을 측정하여 서열화하는 기능만 극대화된 것 같습니다. 학생들을 획일화하고 낙인찍고 무시하고 창피 주는 역할만 강해지는 것 같습니다.

평가는 왜 하나

실무적으로 가장 좋은 시험 문제는 어떤 것일까요? 아마 난이도가 잘 조절된 문제일 것입니다. 난이도가 잘 조절되었다는 것은 또 무슨 뜻일까요? 동점자가 없이 변별도가 높은, 쉽게 말하면 한 줄 세우기가 잘

된 문제를 말할 것 같습니다. 이것은 평가의 목적이 주로 대학입시에 연결되어 있기 때문입니다.

정기고사의 평가 결과를 대학 선발의 자료로 반영하겠다는 것은 학교교육을 중시하겠다는 측면에서 바람직한 것이기는 하나, 실제로는 대학 당국이 최대한 간편하게 학생을 선발할 수 있도록 자료를 준비해두라는 의미가 더 크다고 볼 수 있습니다. 물론 학생들의 진로, 진학지도를 위해 엄정하게 성심껏 관리하긴 해야 하나 선발 기능만 강조되면 교육과 평가의 본질이 흐리게 될 가능성이 큽니다. 더 잘 가르치고 더 잘 배울 기회를 잃게 됩니다.

평가의 목적은 학생의 다양한 특성과 능력을 더 섬세히 파악하고 평가 결과를 이후의 교육에 활용하기 위해서입니다. 이걸 모르는 사람은 아무도 없을 것입니다. 궁극적으로는 평가도 교육의 한 과정이므로 당연히 교육 목적에 이바지해야 합니다. 진단을 정확히 해야 치료를 정확히 할 수 있듯이 학생의 내면 성장과 행복을 위해 모든 측면을 자세히 파악해야 합니다. 인지적 능력 측정에만 쏠려 있는 현재의 평가 방향을 학생의 신체적·정서적·영성적 측면과 자신 내면을 파악하는 메타인지력의 수준 등을 세밀하게 평가할 수 있는 다양한 평가 방법과 도구가 연구되고 실천되어야 할 것입니다.

다음엔 평가 결과를 분석하여 학생의 특성을 교사가 어떻게 더 잘 살려주고 도와줄 수 있는지, 자신에 대한 메타인지력을 키우기 위해 어떤 피드백을 주어야 하는지 등에 대한 구체적이고 유용한 정보를 얻기 위해 평가를 하는 것입니다. 점수가 나오게 된 과정과 점수가 의미하는 정보를 분석해 개별적 맞춤형 지도 방안을 마련하기 위해 평가를 하는 것입니다.

학생도 자신만의 특성을 스스로 파악하고 자신이 자신 내면의 움직임을 얼마나 객관적으로 잘 파악하고 다스리고 있는가를 알기 위해 평가받는 것입니다. 자신의 특성을 더욱 발전시키고 메타인지력을 키우려면 어떻게 해야 할지에 대한 계획을 세우려고 평가받는 것입니다.

이렇게 되면 학생에게 평가는 자신을 이해하고 성장시키는 매우 중요하고 즐거운 의례가 될 것입니다. 잘하는 것과 못하는 것, 좋아하는 것과 싫어하는 것 등이 무엇이고 그 이유, 원인은 무엇인지 어떻게 발전시키고 바꿔가야 하는지 등을 알게 되어 오히려 평가를 즐기게 될 것입니다. 평가를 받으면 받을수록 더욱 자신감이 생기고 즐거워지고 행복해질 것입니다. 평가를 거칠 때마다 학생들은 자신의 특성을 인정, 존중받게 될 것입니다. 자신의 가능성을 늘 새롭게 무한히 발현하여 무한가능성을 지닌 완전한 존재로 자유롭고 행복하게 살아갈 수 있다는 것을 체험하게 될 것입니다.

그러면 학생들의 공부 방향과 목적도 저절로 자신을 성찰하고 자신 내면을 다스리는 힘을 키우는 쪽으로 옮겨가게 될 것입니다. 자신을 더욱 이롭게 하고 세상을 진정으로 이롭게 할 수 있게 되지요. 이것이 바로 우리나라의 교육 목적이 아닌가요. 평가로도 교육 목적을 이룰 수 있습니다.

평가를 위해 공부하는 것이 아니라, 공부를 위해 평가하는 것입니다.

평가를 바꿔라

현재로는 평가가 교육 전반에 가장 큰 영향을 주는 요소입니다. 교육 정책과 교육과정을 아무리 바꾸어도 교육 현장은 거의 꿈쩍하지 않지만, 대학 입시 제도가 조금만 바뀌어도 온 나라 모든 학교에 난리가 납니다. 2007년에는 초등학교부터 고등학교까지의 교실, 학원 할 것 없이 논술 열풍이 불었습니다. 그러나 바로 다음 해인 2008년에는 현저히 수그러들었습니다. 대학마다 약간의 차이는 있었지만, 전반적으로 대입에서 논술의 비중이 작아졌기 때문입니다. 논술이 논리적 사고력, 문제 해결력, 창의력을 길러주는 교육적 효과가 아무리 크다고 하더라도 대입에 반영되지 않는다면 그 순간 아무도 거들떠보지 않게 될 가능성이 큰 것이 우리의 현실입니다.

이런 현상을 역으로 이용한다면 즉, 평가 방식을 바꾸면 교육을 바꿀 수 있다는 가설을 세울 수 있습니다. 제러미 하머라는 영어교육학회 교수가 EBS 〈교사의 시간〉 프로그램에 나와서, '한국 영어교육의 문제는 무엇인가?'라는 질문에 '평가를 바꿔라.'라고 답하는 것을 본적이 있습니다. 혈 자리를 제대로 찾은 일침이라고 생각합니다.

국가나 대학 차원에서 변화가 있으면 좋겠지만, 그것은 까마득한 일이고 적어도 자신의 수업에서만은 평가로 교육을 바꿀 수 있습니다. 이것이 우리가 평가를 살피는 매우 중요한 이유입니다.

그러면 잠시 평가의 본질에 대해서 살펴볼까 합니다.

인간을 평가할 수 없다 – 평가와 불확정성의 원리

다양한 과목의 평가나 여러 가지 심리 검사, 능력 인증 등의 성적을 모으면 한 학생의 참모습을 알 수 있다는 성적환원주의적인 생각을 다시 검토해야 합니다. 아무리 면밀히 관찰해도 씨앗 속에서 나무를 찾을 수 없듯이 아무리 치밀하고 정교한 잣대로 학생을 평가해도 그 학생의 참모습은 알 수 없습니다.

하이젠베르크에 의하면 입자의 위치를 정확하게 측정하려고 하면 그 입자의 운동량이 정확하지 않게 되고 운동량을 측정하려고 하면 그 위치가 정확하지 않게 된다고 합니다. 이것을 '불확정성의 원리'라고 하는데 이것은 관찰자의 의사에 따라 물질이 다른 반응을 보이기 때문입니다. 존 휠러는 관찰자란 말 대신 '참여자'란 말로 쓸 것을 제의하기도 했습니다.[주2-8] 하이젠베르크의 이야기에 나오는 '측정'이란 말 대신 '평가'란 말을 넣어도 잘못이 없을 것 같습니다. '평가의 불확정성의 원리'라고나 할까요.

극미세한 입자에서 일어나는 현상을 인간에게 적용하는 것에는 무리가 있을지 모르나, 원리적으로는 같다고 봅니다. 인간을 포함한 모든 존재는 무한가능성을 가진 완전한 존재이며 순간순간 쉬지 않고 변하는 존재입니다. 그런데 평가는 고정된 잣대로 지극히 단편적인 부분만을 다루게 됩니다. 그러므로 한 사람의 모든 면을 객관적으로 평가하는 것은 불가능합니다. 출제, 채점 관리만 엄격하게 하면 평가가 정확하고 객관적으로 이루어질 수 있다고 생각하는 것은 착각입니다.

세상의 모습이 모두 자신의 내면으로 인식해낸 것이듯이, 모든 평가도 평가자가 평가하고자 하는 면만을 부분적으로 피상적으로 파악한 것에 지나지 않습니다. 아무리 정교한 고려와 장치를 가진 평가일지라도 그것은 어디까지나 부분적이고 임시적이고 잠정적인 결과의 수치일 뿐이라는 본질을 분명히 알아야 합니다. 그것을 단정적, 결정적, 절대적인 의미로 받아들이지 말아야 합니다. 항상 더 새로워질 수 있는 잠재적 가능성, 무한가능성이 있음을 잊지 말아야 합니다. 필요한 조건에서 필요한 결과치만을 이용할 뿐입니다.

모든 과목은 인지적, 신체적, 정서적, 영성적 측면 등을 가지고 있습니다. 앞에서 살핀 바 있듯이 본질적으로는 통합적입니다. 그러므로 모든 측면이 통합적으로 평가되어야 합니다. 그러나 학생들을 서열화하고 비교하고 선발하기 위한 '시험은 기억 가능한 정보나 기능의 획득만을 검사하지, 학생들이 갖고 있는 생각을 검사하지는 않습니다.'[주2-9] 특히 마음의 따뜻함이나 배려, 정성, 끈기, 협동심, 창의력, 공감력, 우주적 일체감 등과 같은 정서적, 영성적 능력은 평가할 생각도 거의 하지 않습니다. 물론 이런 것들을 시험문제로 측정하기는 매우 어렵지만.

그런데 대학에서 학문을 연구하거나 사회생활에서 업무를 수행할 때 인지적, 신체적 능력만 필요한 것은 아닙니다. 정서적, 영성적 능력도 매우 중요합니다. 오히려 이런 능력이 더욱 중요한 바탕입니다. 이런 능력이 제대로 갖춰지지 않으면 인지적, 신체적 능력도 원활하게 발휘될 수 없습니다. 요즘에는 연구나 직장 근무가 팀별로 이루어지는 경우가 많습니다. 이럴 때 구성원들 사이의 관계를 잘 풀어감으로써 상승효과를 이끌어내는 사람이 21세기의 지도자형이라고 할 수 있을 정도로 내면적인 능력은 중요합니다. 외국의 대학입시에서 다양한 교내외 활동을 매우 중요시하고 입사시험에서는 온종일 혹은 며칠에 걸쳐 함께 생활하며 면접을 보기도 한다고 합니다. 이는, 내면적 특성의 평가가 중요하다는 것을 인식했기 때문이라고 생각합니다.

그렇다면 우리의 선발 시험에서도 내면적 특성이나 능력―정신적, 정서적, 영성적(영성지능)[주2-10]―을 평가할 필요성이 있는데 지필고사 위주의 현 제도에서는 그것이 거의 반영이 되지 않고 있습니다. 그것을 보완하기 위해 자기소개서, 논술, 구술 면접, 입학사정관제 등의 방법을 활용하기도 하지만 부분적으로 시행되는 정도입니다.

본질적인 특성과 능력이 평가되지 못한다는 안타까움도 크지만, 더욱 큰 문제는, 이 때문에 각급 학교에서의 수업과 평가도 인지력에 치우친 상태로 계속된다는 점입니다.

모두가 완전한 답이지만 정답과 오답은 있다

저희 집 딸아이가 초등학교 저학년 때, 학교에서 일기를 제재로 한 내용의 시험을 쳤을 때 일입니다. 등산했던 날의 일기를 제시문으로 내주고 '이 글은 어디에서 쓴 글인가?'를 맞히는 문제였습니다. 선택형 문제였는데 저희 집 아이는 '방 안'이란 내용의 번호를 골라서 틀렸습니다. 답은 '산 위'였습니다. 그래서 제가 왜 그런 답을 했는지 물었습니다. 글의 내용은 산에 올라가서 보고 느낀 점을 쓴 것이지만 일기는 분명히 집에 돌아와서 밤에 방 안에서 썼을 것이 아니냐는 주장이었습니다. 그에 대해 "그렇게 생각할 수도 있겠다."라고 얘기했던 것 같습니다.

'3 빼기 5가 몇이냐?' 하는 문제에 초등학교 1학년생이 '이건 잘못된 문제야. 풀 수 없어!'라고 답했을 때, 이것을 틀렸다고 불완전한 답이라고 말할 수 있을까요? 그 학생은 수학을 못하는 학생이라고 단정지을 수 있을까요? 그렇게 말할 수 없습니다. 초등학교 1학년생으로는 그렇게 말하는 게 당연합니다. '맞다/틀리다'를 매기는 것 자체가 별 의미가 없습니다. 그런데 선행 학습을 한 어떤 아이가 '-2'라고 답했다면 그것도 굳이 잘못되었다고 할 필요는 없습니다. 아직 모르니까 못 푸는 것이 당연하고 배워서 아니까 푸는 것이 또한 당연합니다.

배운 내용도 모르거나 틀리는 경우가 많은데 그것도 과정에 그럴만한 이유가 있을 것이므로 잘못된 것이 아닙니다. 수학 문제를 푸는

데 흔히, 어려운 수식을 잘 유도해서 풀다가 어이없이 +, - 기호를 잘못 보고 풀어서 틀리는 경우가 많습니다. 이것도 정상이라는 말입니다. 더하기 빼기를 틀리게 했는데에도 맞는 답을 쓰기를 바라는 것은 자연의 이치에 어긋나는 일입니다. 모르면 모르는 답을 하고, 과정이 잘못됐으면 잘못된 답을 하고, 알면 아는 답을 합니다. 표준화된 획일적 기준만을 고집하지 않으면 모두가 정상이고 완전합니다.

모든 것이 다 완전한 답이라면 도대체 어떻게 평가를 할 수 있느냐고 생각할 수 있습니다. 모두가 완전한 답이지만 정답과 오답은 있습니다. 문제마다 '조건, 기준'이 있기 때문입니다. 모든 것이 완전하지만, 조건에 맞는지 안 맞는지는 따질 수 있습니다. 말을 할 때에도 무조건 옳은 말만 한다고 좋은 것이 아니라 그 상황에 들어맞는 말을 해야 좋은 말이 되는 것처럼 말입니다. 예를 들어 성적이 잘 못 나와서 침울해하는 아이에게 '그러기에 평소에 게을리하지 말았어야지!'라고 말하는 것은, 말 자체는 맞는 말이지만, 그 상황에서는 답이 되기 어려운 말입니다. 그보다는 '성적이 잘못 나와서 속상한 모양이구나!'라고 말해주는 것이 정답일 수 있을 것입니다.

그렇다고 정답은 완전하고 오답은 불완전한 것은 아닙니다. 정답은 정답대로 완전하고 오답은 오답대로 완전합니다. 조건, 기준에 맞지 않을 뿐이지 답 자체가 불완전한 것은 아닙니다. 불완전한 답은 없습니다. 모든 답은 나름대로 타당한 이유가 있기 때문입니다. 출제자가 조건을 분명하게 제시하지 못했을 수도 있고 학생이 그것을 어긋나게 이해했을 수도 있습니다. 잘못 이해했으면 틀리는 것이 당연합니다.

제가 수업할 때에 학생들과 문답식으로 진행하는 경우가 많은데 학생들이 어떤 대답을 하더라도 모두 긍정적으로 인정하고 나서 왜 그런 대답을 했는지 물어봅니다. 간단하게라도 대답을 하면, 그런 관점으로 보면 그것도 답이 될 수 있겠다고 말해주고서 또 다른 대답도 들어봅니다. 어떤 대답도 수용하고 인정하니까 어떤 학생은 좋다고 하고 어떤 학생은 혼란스럽다고도 합니다만, 결과적으로는 모든 답을 완전한 것으로 인정하면서도 얼마든지 학습을 이끌어가거나 변별적인 평가를 할 수 있습니다.

학교에서 일반적 시행하는 선택형 평가는 획일적으로 주어진 기준에 맞는지 안 맞는지만 가려내므로 과정을 거의 고려할 수 없습니다. 시험 점수는 어쩔 수 없이 그렇게 내더라도 그것을 다루는 교사의 가치관과 태도가 그런 문제점을 보완해야 합니다. 그러므로 교사는 평가의 목적과 대상, 방법, 성적을 대하는 자세 등에 대한 가치관이 정립되어 있어야 합니다.

수행평가, 첨삭지도가 대안이다

평가의 종류는 기준에 따라 많지만, 서열 위주 평가의 문제점을 보완할 방법의 하나는 수행평가라고 생각합니다. '가장 효과적이고 위협적이지 않은 평가 방법은 과정을 거치면서 피드백을 통해 계속 수정해주는 방식이며, 교사와 학생 사이에 주거니 받거니 하는 상호작용이 양쪽 모두 강의 내용에 깊이 파고들 수 있는 가장 좋은 방법'[주2-11]이기 때문입니다.

수행평가도 지필평가와 함께 선택형으로 치는 일도 있는데 이는 수행평가를 제대로 하기 어려운 현재의 교단 실정 때문에 불가피한 면이 있기는 하나, 다른 방법으로 할 수 있도록 최대한 노력은 해야 할 것 같습니다. 수행평가는 공부 과정을 늘, 자주 평가하는 것이므로 교사와 학생이 지속적으로 소통할 수 있고 첨삭지도를 할 수 있습니다. 평가 과정이 그대로 맞춤식 개인지도가 됩니다.

예를 들어 '춘향전' 단원에 대해 평가를 한다면 일반적으로는 교사가 일방적으로 문제를 내어 『춘향전』에 대한 인지적 능력을 평가하는 것으로 끝납니다. 그러나 『춘향전』에 대한 학생 자신의 인지적, 정서적, 영성적, 상태나 태도, 수준 등을 스스로 평가하도록 하는(메타인지) 과정을 수행평가로 제시함으로써 보완하자는 것입니다. 교사는 학생 스스로 평가 계획과 기준을 세우고 실행한 과정을 평가합니다. 최종 결과는 어차피 단순한 수치로 나오게 될 것입니다. 그러나 그 과정에서 교사는 학생에 대해 더 세밀히 파악하여 피드백해줄 수 있고 학생은 자신의 내면을 파악하고 다스리는 힘이 부쩍 커질 것입니다. 『춘향전』과 자신을 통합적으로 알게 되지요.

수행평가에는 반드시 첨삭지도가 필요합니다. 자신이 제출한 과제를 어떻게 평가할지 궁금해하는 것은 누구나 마찬가지일 것입니다. 특히 학생들에게 교사의 평가는 큰 영향을 미칩니다. 점수를 준다면 훨씬 큰 관심을 보일 것입니다. 이런 점을 최대한 활용하여 학생들의 '내면관찰', 내면 다스리기, 내면의 힘 키우기 등의 교육 목적에 초점을 맞춰 첨삭지도를 해나간다면 공부를 제대로 하는 것은 물론 무한 창조, 자유, 행복을 누리며 살아가게 될 것입니다.

　지필고사도 물론이지만, 특히 수행평가에서는 학생의 반론권을 반드시 보장해주어야 합니다. 자기 평가나 또래 평가, 교사 평가 등으로 평가의 다면성이나 객관성이 확보되도록 제도적인 장치를 마련하더라도 모든 평가에는 평가자의 주관이 들어갈 수밖에 없으므로 거기에 대한 다른 의견도 얼마든지 있을 수 있기 때문입니다. 반론이 제기되면 학생은 학생대로 교사는 교사대로 평가의 근거를 제시하여 서로 수긍할 수 있는 결론을 내릴 수 있을 것입니다. 이렇게 하면 평가의 공정성과 함께 신뢰성도 확보될 수 있습니다.

성적이 낮은 특성의 학생이 있을 뿐, 열등생은 없다

성적 산출을 위한 평가 과정도 중요하지만, 성적이 나온 다음 성적을 분석하고 판단하는 자세도 중요합니다. 제일 중요한 것은 성적으로 학생들을 차별하지 않는 것입니다. 이걸 모르는 교사는 없지만 스스로 다짐하는 의미에서 적어봅니다.

성적이 좋지 않은 학생에게 오히려 관심과 애정을 더 많이 쏟아야 합니다. 우수한 학생은 공부하는 습관도 정착되어 있고 자존감도 어느 정도 높아서—이것 자체가 편견이긴 합니다—신경을 덜 쓰더라도 잘해 나가고 섭섭함도 덜 느낄 수 있습니다. 그러나 성적이 좋지 않은 학생은 오랫동안의 많은 핀잔과 무시로 마음에 상처가 많고 자신감과 자존감이 많이 떨어져 있습니다. 공부하는 방법도 잘 모르고 태도도 정착되어 있지 않을 경우가 많습니다. 그래서 도드라지는 행동을 하지 않으면 주눅이 들어 있습니다. 시험을 치고 나서 성적이 나올 때엔 더 예민한 시기입니다. 이런 때, 성적이 좋지 않은 학생들에게 오히려 더 많은 관심을 두면 좋을 것 같습니다.

'수학을 잘하는 학생'과 '축구 잘하는 학생', '요리를 잘하는 학생' 중에 누가 더 우수하고 완전한가요? 모두 우수하고 완전하겠죠. 특성만이 다를 뿐입니다. 박지성 선수가 수학을 못한다고 해서 그 선수를 열등하다고 생각하는 사람은 아무도 없을 것입니다. 수학 연구하는데 요리 못한다고 열등하다고는 생각하지 않을 것입니다. 특정 교과의 성적만을 기준으로 차별하기 때문에 우등과 열등이 있는 것이지 세상 돌아가는 데에는 모두 필요하고 소중한 존재입니다.

사람마다 특성이 다르므로 기준도 다르게 잡는다면 열등생도 없습니다. 학생 자신의 특성을 자세히 파악하여 특성을 잘 발현하면서 살아가도록 이끌어주면 개인적으로도 늘 즐겁고 자신감 넘치는 생활이 될 것이고 사회에도 크게 이바지하게 될 것입니다.

　학생의 오답을 긍정적으로 받아들일 필요가 있습니다. 틀렸다고 핀잔을 주거나 창피를 주는 것은 도움이 안 됩니다. 교사는 정답과 오답이 모두 완전하다는 것을 확실히 이해하고 학생을 대해야 합니다. 맞고 틀리고, 잘하고 못하고를 판정하고 지적하기에 급급하기보다는, 일단 어떤 답이라도 그것을 존중하고 인정하는 것이 필요합니다. 그다음, 학생이 그런 대답을 한 나름대로 이유나 논리가 있을 것이니 그것을 함께 점검해서 조건에 맞으면 맞는 대로 안 맞으면 안 맞는 대로 즐겁게 자신을 스스로 관찰해보고 바꿔갈 기회를 주는 것이 진정한 평가입니다. 이런 평가는 자신을 살피고 키우는 좋은 기회가 될 것입니다. 이것을 도와주기 위한 것이 오답 노트입니다. 오답 노트에 대해서는 제4장에서 자세히 다루겠습니다.

자기평가 능력을 길러야 한다

'평가'라고 하면 평가를 하는 사람이 따로 있고 받는 사람이 따로 있어서 일방적으로 평가를 하고, 받는 상황만을 생각합니다. 그래서 평가는 각종 시험이나 검사에서만 이루어지는 것으로 압니다.

　그러나 자신 스스로 평가하는 상황도 얼마든지 있습니다. 교사와 학생이 각각 자신을 되돌아보는 시간을 갖는다는 것은 자신의 삶을 진화시키는 매우 중요한 시간입니다. 운전할 때, 도로의 전후좌우 상황을 늘 판단하여 운전해가듯이, 자기평가는 자신이 제대로 살아가고 있는지를 감지하는 '센서sensor'라고 할 수 있습니다. 센서는 항상 작동되어야 합니다. 실제로는 자동으로 항상 작동되고 있지만, 더 세밀하고 지혜롭게 되도록 해야 합니다.

우리 사회는 남의 평가와 인정에 너무 민감하여 그것을 쫓아가느라 스트레스를 받는 경향이 강합니다. 이것은 남의 센서로 길을 가는 것과 같습니다. 가는 길이 모두 다릅니다. 대신 가줄 수도 없습니다. 자신의 길은 자신이 선택하여 가야 합니다.

교사는 냉철하고 엄정하게 자기를 평가해야 합니다. 스스로 자신의 수업을 모니터링 하고 학생들의 의견도 자주 들어봐야 합니다. 수업을 직접 녹음, 녹화해서 수업 내용과 진행 등을 점검해서 보완하기도 하고, 학기말에 시간을 내서 설문조사도 해봐야 합니다. 그 결과를 정리해서 알려주고 이후 수업에 반영합니다.

시험공부할 때가 자기평가 능력을 기를 수 있는 가장 좋은 시기입니다. 이때 학생들은 극도로 예민한 상태가 됩니다. 조급함, 불안, 초조, 걱정이 극에 달합니다. 그렇기 때문에 관찰할 거리도 많고 관찰하기도 쉽습니다. 자신의 기분이 어떤지 어떤 생각을 하고 있는지 교과 내용을 얼마나 이해가고 있는지 등을 스스로 평가하고 다스리며 공부한다면 훨씬 더 효율적으로 공부할 수 있을 것입니다.

성적이 나왔을 때에는 그 성적이 나오게 된 원인을 먼저 분석해봐야 하지만, 자신이 그것을 어떻게 받아들이는가도 평가해봐야 합니다. 어떤 점수가 나왔더라도 우쭐해하며 남을 무시하거나 우울한 마음으로 자신을 비하하는 것은 객관적인 평가는 아닙니다. 좋은 것과 나쁜 것을 가르는 흑백논리와 좋은 것만 취하려는 편협한 마음이 있기 때문입니다. 공부할 때는 목표를 세우고 정성을 다해야 하지만 성적이 나왔을 때는 목표를 내려놓고 결과를 그대로 받아들여야 합니다. 그것을 잘하는지 스스로 잘 평가해야 합니다.

자기 평가 능력을 기르기 위해 매시간 학습의 목표와 기준을 자신이 세우고 거기에 대한 성취 여부를 자신이 평가하는 연습을 꾸준히 해야 합니다. 그러면 자기 평가 능력도 길러지고 공부에 대한 동기 유발도 되며 다음 학습 계획을 세우는 자료도 얻을 수도 있어서 스스로 공부하는 힘을 기를 수 있습니다. 제 수업의 중요한 방법이 바로 '나의 학습목표 세우기와 수업소감 쓰기'인데 이것도 제4장에서 더 자세히 말씀드리겠습니다.

시험뿐만 아니라 모든 상황에서 자기 평가 능력을 반드시 길러야 합니다. 관점을 확대해보면 살아가는 것이 시험이고 평가이기 때문입니다. 자신 내면에 어떤 생각들이, 왜 일어나는지, 어떻게 바꿔볼 수 있는지 등을 스스로 평가하여 활용할 수 있어야 합니다. 자기 평가 능력이 길러진다면 자신의 내면을 늘 파악하고 다스릴 수 있기 때문에 항상 당당하고 의연하게 행복한 삶을 살아갈 수 있습니다.

주2-1 EBS 아이의 사생활 제작팀, 『아이의 사생활』, 지식채널, 2009, 22~23쪽 참조.

주2-2 송민영, 『홀리스틱 교육 사상』, 학지사, 2006, 82쪽.

주2-3 교육과학기술부, 『고등학교 국어(상)』, 두산동아, 2010, 16쪽.

주2-4 자세한 내용은 아름답고 푸른 지구를 위한 교육연구소(IBG)에서 출간된 '아름답고 푸른 지구를 위한 교육연구총서'의 각 과목 원론 도서 참고.

주2-5 노자, 『노자 도덕경』, 황병국 옮김, 범우사, 1986, 24쪽 참조.

주2-6 송민영, 앞의 책, 129쪽에서 재인용.

주2-7 교육과학기술부, 『고등학교 교사용 지도서 국어(상)』, 두산동아, 2010, 42~43쪽.

주2-8 프리초프 카프라, 『현대물리학과 동양사상』, 이성범, 김용정 옮김, 범양사, 1979, 158쪽에서 재인용.

주2-9 Catherine Twomey Fosnot 외, 『구성주의—이론, 관점, 그리고 실제』, 조부경, 김효남, 백성혜, 김정준 편역, 양서원, 2001, 302쪽.

주2-10 송민영, 앞의 책, 236쪽 참고.

주2-11 도니 탬블린, 『Ha Ha Ha! 유머교수법』, 윤영삼 옮김, 다산북스, 2006, 152쪽.

제3장

행복한 수업의
조건

모든 교육이론, 제도, 정책, 예산, 시설 등이 한 곳으로 모이는, 교육의 가장 핵심적인 공간이 바로 교실이며 수업입니다. 교육의 모든 것은 수업을 위해 있습니다. 수업은 교육의 뿌리이며 세포입니다. 수업이 살아야 교육이 살고 세상이 삽니다. 제1, 2장에서 살펴본 내용도 모두 이번 내용을 위한 것이라고 할 수 있습니다. 아무리 심오한 내용이라도 실천되지 않는다면 아무 소용이 없기 때문입니다.

그동안 교육과정도 여러 번 바뀌고 교육이론과 방법도 많이 적용되었습니다. 그러나 이런저런 수업들이 물결처럼 지나쳐 갔을 뿐, 교실 수업 모습은 개항기 이래 별로 달라진 것이 없는 것 같습니다. 컴퓨터와 대형 TV, 전자 칠판 등이 들어와서, 칠판 필기를 대신하는 정도가 달라졌다고나 할까요.

수업이 이루어지는 교실의 내면 풍경은 더욱 안타깝습니다. 학생들에게서 공부하고자 하는 동기나 열의를 찾아보기 어렵습니다. 왜 공부해야 하는지, 무엇을 하고 싶은지, 무엇이 되고 싶은지, 별생각이 없습니다. 수업 준비는 돼 있지 않고 수업 중에는 딴 짓을 하거나 짝꿍과 떠들지 않으면 졸고 아니면 아무 반응도 없이 고개 숙이고 앉아 있는 학생들이 적지 않습니다. 이런 학생들을 앉혀놓고 수업하기란 보통 괴로운 일이 아닙니다.

학생 처지에서 보는 교사 또한 재미없고 짜증 나기는 마찬가지입니다. 왜 배워야 하는지, 배워서 어디에 써먹는지 잘 가르쳐주지도 않고 아이들이 제대로 알아듣는지, 아이들의 마음이 어떤지, 아이들이 무얼 어려워하고 무얼 원하는지 생각하지도 않고 무조건 필기하고 설명하고 진도만 나가는 교사들. 질문하면 그것도 모르느냐고 핀잔을 주고, 대답하면 틀렸다고 창피를 주며, 합리적인 반론과 건의를 해도 건방지다고 무시하고, 새롭고 기발한 아이디어를 내도 쓸데없는 생각하지 말고 공부나 하라고 기를 꺾어버리는 교사들 또한 없지 않기 때문입니다. 이런 교사와 아이들이 한 교실에서 수업하고 있습니다.

답답하고 우울한 교실 풍경의 원인과 해결책은 무엇일까요? 근본적으로 사회 구조를 생각해볼 수 있습니다. 경쟁에서 이겨야만 생존할 수 있다는 착각에 사로잡힌 살벌한 사회 구조, 그것의 전초전이 되는 대학 입시, 서열적 경쟁을 더욱 부추기는 교육 정책, 학부모의 지나친 자식 사랑 등 원인은 매우 다양하고 복잡합니다.

근본적으로 이런 큰 틀의 개선을 위해 부단히 노력해야겠죠. 그러나 최우선적으로 중요한 것은 수업입니다. 사회구조나 교육 정책, 교육 환경 등이 어떻게 됐든 수업은 진행되어야 하기 때문입니다. 큰 틀의 문제 해결을 기다릴 시간이 학생들에게는 없기 때문입니다. 그러므로 문제의 해결은 교사가 수업으로 해야만 합니다. 할 수 있습니다. 이미 작은 몸부림이지만 여기저기에서 실천하는 모습을 볼 수 있습니다.

행복한 수업을 해야만 합니다. 행복한 수업은 수업하는 과정에서 학생과 교사가 모두 행복한 수업, 수업하고 나면 행복해지는 원리와 방법을 알게 되는 수업, 즉 자신의 내면을 끝없이 성장시켜 자신을 포함한 생명, 세상, 우주의 원리를 깨우쳐 삶 자체가 행복해지는 수업입니다. 이제 행복한 수업이 갖춰야 할 조건을 정리해보겠습니다.

　　여기서 수업은 교수敎授와 학습學習을 아우르는 개념으로 씁니다. 가르침과 배움은 함께 어울려서 이루어질 수밖에 없기 때문입니다. 교사는 수업을 하기만 하고 학생은 받기만 하는 것이 아니라, 교사와 학생이 함께 참여하여 상호작용하면서 수업을 함께 만들어가는 것입니다. 그래서 저는 교사가 수업을 '한다'는 개념보다는 수업을 '진행한다'는 개념을 좋아하며 그 말을 많이 씁니다.

01
행복한 수업은
소통이다

　평양에서 첫 록음악 공연, 윤도현밴드! 2002년 한일월드컵 때 '오, 필승 코리아!'로 온 국민을 흥분시켰던 윤도현밴드가 그해 가을 평양을 방문해서 공연하고 나서, 소감을 이야기하는 것을 TV와 신문에서 본 적이 있습니다. 한복과 양복을 말끔하게 차려입고 반듯한 자세로 엄숙하게 앉아 있는 나이 지긋하신 청중 앞에서 머리에 노란 물을 들이고 평퍼짐한 힙합바지를 입고 요란한 록밴드 공연을 시작하는 심정이 어땠을까요? 냉랭하고 어색한 분위기에 청중들이 눈에 들어오지 않을 정도로 긴장되었다고 합니다. 그러다가 자신은 '놀새때(오렌지족)'라고 북한말로 농담을 던지자 청중들의 뜨거운 환호와 박수가 나오고 안정을 되찾아 열정적인 공연을 할 수 있었으며 반응도 대단했

다고 합니다.^{주3-1}

내로라하는 한국의 대표적인 밴드인 윤도현밴드도 반응이 없으면 공연하기가 어렵습니다. 모든 것은 홀로 존재하는 것이 아니기 때문입니다. 자기만 실력 있으면 될 것 같아도 함께 어우러지지 않으면 실력 발휘가 안 됩니다. 이제 가수 윤도현도 반응이 없는 아이들과 수업해야 하는 교사들의 심정을 이해할 수 있을 것 같습니다.

수업에서 학생들의 적극적인 반응은 거의 없습니다. 교사나 학생이나 수업은 전달이고 설명이라고 생각하기 때문인 것 같습니다. 교사가 수업할 내용을 미리 준비해 와서 설명하면 학생은 필기부터 하고 설명 듣고 외우는 것이 전부라고 생각하는 것 같습니다. 매시간 진도에 따라 배우는 내용만 달라질 뿐 진행 방식은 똑같습니다. 지루한 수업이 반복될 뿐 행복한 수업이 되기는 어렵습니다.

행복한 수업은 입과 마음을 열고 소통하는 것부터 시작됩니다. 어떤 대학에서는 외국인 강사들이 모여서 한국의 대학생들의 말문을 여는 방법에 대해 연구까지 했다고 합니다. 우리말로 하는 토론에도 잘 참여하지 않는데, 영어로 하란다면 오죽할까요. 수업 진행에서 학생의 참여와 소통을 이끌어내는 방법, 기술은 매우 중요합니다.

수업에도 라포르가 형성되어야 한다 — 사제유친師弟有親

행복한 수업은 소통입니다. 소통이 없으면 행복한 수업은 없습니다. 소통 없는 가정에 행복이 있을 수 없는 것처럼 말입니다. 소통이 잘돼야 수업도 잘되고 행복해집니다.

소통이 잘되는 수업을 하려면 교사와 학생 사이에 '라포르rapport'가 형성되어야 합니다. 라포르란, 이미 잘 아시겠지만, 흔히 '라뽀'라고도 하지요. 일반적으로 상담자와 내담자 사이에 생기는 신뢰감, 친밀감을 말합니다. 『두산백과사전』에 보면 언어로 의사소통하는 수준을 넘어서 '마음이 서로 통한다.', '무슨 일이라도 털어놓고 말할 수 있다.', '말한 것이 충분히 이해된다.'라고 느껴지는 관계라고 정리돼 있으며 간단하게 '신뢰하기와 서로 도와주기에 기초하는 느낌'이라고 할 수 있습니다. 이것이 수업에도 필요합니다. 수업도 상담도 소통될 때 변화가 일어나기 때문입니다.

강의 잘하시기로 유명한 조벽 교수도 유능한 교사의 핵심 특성의 하나로 '깊은 믿음rapport : 학생들의 처지를 느낄 수 있는 감정이입empathy, 학생들과의 유대감, 그리고 학생들에 대한 배려'주3-2를 들기도 했습니다.

라포르가 생기게 하려면 교사가 먼저 학생에게 관심을 두고 학생을 믿고 받아들이고 지지해주어야 합니다. 그래서 친한 사이 즉, 좋은 관계가 되어야 합니다. 복도에서 만날 때에도 인사를 성의 있게 받아주고 근황을 묻기도 해야 합니다. 감기에 걸렸던 학생에게는 다 나았는지, 늦게 허겁지겁 뛰어오는 학생에게는 아침은 먹고 왔는지 물어보기도 해야 합니다. 이메일이나 문자로 관계를 유지하는 것도 좋고 인터넷에서 카페나 블로그, 클럽을 운영하거나 거기에 참여하는 것도 좋습니다.

라포르를 형성하는 데에 아주 중요한 것이 학생들의 이름을 외우는 것입니다. 새 학기가 되어서 제일 먼저 끝내야 할 일입니다. 이름을 외우지 않고 학생들과의 사이를 좋게 만들 수는 없습니다. 이름을 불러주는 것의 의미는, 김춘수 시인의 「꽃」에서 아주 잘 표현되었지만, 비로소 내 마음속에 상대방을 위한 방 하나를 마련하는 것입니다. 이제 그 사람의 의미와 영상들이 그 방 속에서 살기 시작합니다. 이름을 알지 못하면 그 사람을 기억하기도 그리워하기도 어렵습니다.

저는 이름 외우는 일에 자신이 없습니다. 요즘은 학교가 커지고 학생들이 많아서 더욱 고역이긴 하지만, 각자 나름의 비결을 잘 활용하시기 바랍니다. 단, 겉으로 드러나지 않고 눈에 띄지 않는 학생들에게 더 신경 써서 외워야 합니다. 성까지 붙여서 부르는 것보다는 그냥 이름만 부르는 것이 더 친근한 느낌이 듭니다. 기분 나쁘게 생각하지 않는다면 별명을 부르는 것도 좋습니다. 이름이 긴가민가할 때에는 확인하고 나서 불러야 합니다.

인사를 받아주면서 이름도 불러주고 짧은 대화도 나누면 더욱 좋습니다. 학생들의 그때그때의 상황을 있는 그대로 받아들여 줍니다. 학생들이 빵을 먹고 있을 때에 '아침부터 무슨 빵이냐? 그렇게 먹으니 살

찌지! 군것질하지 마! 지저분하잖아! 돌아다니면서 먹으면 안 돼!'라고 지적하면 학생들은 그 교사와 될 수 있으면 마주치지 않으려고 할 것입니다. 그러나 "배고픈가 보구나!", "아침 못 먹은 모양이지?", "맛있겠네!"라고 그 학생이 처한 처지를 그대로 알아주고 난 다음 타이른다면 더욱 친한 사이를 만들 수 있습니다. 친한 사이가 된다는 것은 라포르가 형성된다는 말과 같습니다.

소통은 내면소통부터

그런데 라포르 형성으로 의사소통이 이루어지게 하는 근본 바탕은 내면소통입니다.

소통이란 뜻이 잘 통하는 것을 말합니다. 어떻게 하면 뜻이 잘 통할까요? 서로의 뜻을 잘 이해해야 합니다. 교사는 학생이 보내는 유언무언의 뜻을 잘 이해해야 하고 학생은 역시 교사의 뜻을 잘 이해해야 합니다. 이렇게 간단한 일이 왜 잘 안될까요?

그 이유는, 상대방의 의사 표시가 불분명하거나 내용이 어렵기 때문일 수도 있지만, 상대방의 언행을 아예 받아들이려고 하지 않거나 자신의 감정이나 고정관념, 선입관대로 왜곡하여 받아들이기 때문일 수가 많습니다. 자신 마음이 불평과 불만, 분노와 짜증으로 가득 차 있는 상태에서 다른 사람과 이야기를 한다거나 수업을 듣는다면 그것이 제대로 이해될 리가 없습니다.

그러므로 소통이란 상대방과의 소통 이전에 자신 내면이 먼저 소통되어야 합니다. 줄여서 '내면소통'이라는 말을 쓰고 있습니다.[주3-3] 예를 들어 만약 잘 보고 있던 TV가 갑자기 나갔다면, 바로 방송국으로 달려가지는 않을 것입니다. 자기 집의 TV에 어떤 문제가 있는지부터 살펴볼 것입니다. 그것만 해결하면 TV는 다시 잘 나오게 됩니다.

우주는 서로 하나로 이어진 무한소통망입니다.[주3-4] 모든 것이 이미 서로 소통하고 있으면서 무엇과도 소통할 수 있는 준비가 항상 되어 있습니다. 항상 소통 상태이며 항상 준비 상태입니다. 각자의 내면만 소통되면 바로 우주와 소통됩니다.

그렇다면 소통이 안 된다는 말은 이치에 맞지 않습니다. 막혀서 답답한 마음이 전해지고 소통되고 있는 것입니다. 그러니까 그럴 때 마음이 답답한 것이죠. TV 수상기가 제 성능대로, 맞춰진 채널대로 화면을 보여주듯, 자신이 내면소통하는 수준대로 우주의 차원과 소통됩니다. 자신의 내면소통력이 약하면 좁고 갑갑한 무한소통망 속에서 살고, 강하면 넓고 높은 무한소통망의 우주에서 살아가게 됩니다.

교사가 먼저 내면소통력을 키워야 행복한 수업을 할 수 있고 자신도 행복해질 수 있습니다. 내면소통은 제1장에서 언급된 '기준을 자유롭게 쓰기'와 원리는 같습니다.

우선 자신의 감정과 기분을 잘 관찰하는 것부터 시작합니다. '내면관찰'의 단계입니다. 제삼자의 위치에서 자신을 스스로 관찰해야 합니다. 만약 어떤 학생이 자신에게 대들어서 굉장히 화가 났다고 하면 우선 자신이 화가 났다는 사실을 관찰하고 알아차려야 합니다. '내가 화가 났구나.' 혹은 '내가 화를 내고 있구나.'처럼 '나'란 주어를 분명히 하고 '~구나'라는 말투의 형식으로 생각하는 것이 좋습니다. 국어사전에 보면, '~구나'는 "화자가 새롭게 알게 된 사실에 주목함을 나타내는 종결 어미"라고 되어 있으므로 자신을 사실적으로 보는 데에 도움을 주는 말투입니다.

다음에는 그것을 참기보다는 그럴 수 있다고, 완전하다고 인정하고 받아들입니다. '완전성 이해' 단계입니다. 학생으로서 교사에게 대든다는 것은 충분히 화날 만한 불손한 행실이고, 화낼 만한 이유가 있어 화를 내는 것이므로 이것은 완전한 것이다, 문제가 될 것은 없다고 생각합니다. 학생 역시 그런 언행을 할 원인 인자가 있어서 그러는 것이므로 역시 완전하다고 받아들입니다.

그다음에는 감정을 불러일으킨 원인인 생각을 찾아냅니다. '생각 찾기' 단계입니다. 감정, 기분은 생각에서 일어나기 때문입니다. '학생은 교사에게 무조건 복종하고 공손하게 행동해야 해! 그것은 나를 무시하는 거야. 학생에게 무시당하고는 못 살아. 말도 안 돼.'라는 자신의 생각, 전제가 '화'라는 감정을 생기게 했다는 것을 알아내는 단계입니다. 자신의 생각과 전제가 강하면 강할수록 분노도 강하게 일어납니다. 이 단계가 제1장의 '기준을 자유롭게 쓰기'에는 없는 부분인데 제1장의 경우에는 기준이 미리 정해진 상황이라서 '내면관찰'에서 자신의 생각이 바로 확인될 수 있기 때문에 '생각 찾기'의 단계를 설정하지 않았습니다.

다음엔 제1장의 '내려놓기' 단계입니다. '내려놓기'가 확실하게 되지 않으면 자신의 생각을 다스려주기만 해도 감정은 다스려집니다. '다스린다'는 것은 '생각의 방향을 바꾼다'는 뜻입니다. '누구든지 몹시 화가 나면 상황판단을 하기 어려울 거야. 저 학생이 뭔가 굉장히 기분 상한 일이 있었던 모양이지? 화를 냈다고 나를 무시했다고 할 수 있나? 무시한다고 무시당하는 것도 아니고, 무시당하면 안 된다는 법이라도 있나? 무시 좀 당하면 어때?'라고 생각한다든가 "불손하고 불성실한 행동이 당신이나 당신의 강의에 대한 평가와는 전혀 상관이 없는 것이다. 학생들의 불성실한 행동을 너그럽게 인정하고 받아들여 주면, 심혈을 기울인 강의를 방해하진 못할 것이다."주3-5라고 생각의 방향을 바꾸면 아마 화는 가라앉을 것입니다. 그러면 슬기로운 해결책이 저절로 떠오릅니다. 격한 감정이 일단 꺾인 상태이므로 어떤 언행이든지 감정이 올라오는 대로 행동하는 것보다는 나은 것이 될 것입니다.

생각을 다스리는 것은 감정을 다스리려는 방편으로만 그렇게 하는 것은 아닙니다. 모든 것―여기서는 '화'―은 자신 내면의 틀로 만들어 낸 것일 뿐, 고정불변의 절대적인 것이 아니라는 이치대로 실천하기 위한 것입니다. '맞다/틀리다', '옳다/그르다'라는 이분법적 기준으로 생각할 것이 아니라 다양한 생각과 기준이 있을 수 있다고 생각해야 합니다. 생각과 기준을 다스리면 내면소통력이 점점 더 커집니다.

교사의 내면소통으로 평온을 되찾고 행복한 수업은 계속될 것입니다. 내면소통 과정의 네 단계를 정리하면 다음과 같습니다.

> **내면소통 과정**
> ① '내면관찰' → ② 완전성 이해 → ③ 생각 찾기 → ④ 내려놓기

교사가 이런 과정을 훈련하여 내면소통력을 길러야 함은 물론 학생들에게도 이것을 잘 안내하여 내면소통력을 기르도록 해야 합니다. 그럴 때 진정한 소통으로 내면이 성장하는 행복한 수업이 됩니다.

'내면관찰'은 수업일지로

교사는 수업이나 일상생활에서 자신의 기분, 감정을 늘 살피고 다스리면서 내면소통력을 키워가는 가운데 그 원리와 방법, 효과 등을 자세히 체득해야 합니다. 그러면서 그것을 학생들에게 알려주고 실습을 시켜야 합니다. 내면소통은 원리만 따로 설명해주는 정도로 충분하고 실제로 실천해보는 것이 가장 좋습니다.

내면소통은 '내면관찰'부터 시작됩니다. 우선은 수업 시간에 수업 내용과 연결해서 하면 좋습니다. 그 방법으로 저는 수업일지 형식의 '수업소감 쓰기'를 합니다. 자세한 방법이나 예시는 제4장에서 말씀드

리겠습니다. 원리를 어느 정도 알게 되면 일상생활에서 실천하는 방법도 매우 좋습니다. 이런 방법으로 일 년간 지속적으로 실천하면 학생들은 내면소통력이 길러집니다.

틀려도 되는 수업

다음엔 모든 것이 완전하다고 인정하고 받아들이는 실천을 해야 소통하는 수업이 됩니다.

"선생님, 틀려도 돼요?", "틀리면 어떻게 해요?" 이런 질문을 받을 때마다 가슴이 아픕니다. '틀리면 안 된다'는 강박감이 느껴지기 때문입니다. 정답이 고정되어 있다는 경직된 사고, 정답을 확인하지 못하면 답을 알 수 없다는 수동적 사고, 나 홀로는 정답을 알아낼 수 없을 거라는 의존적 사고, 자신의 답은 불완전하다는 비성찰적인 사고가 깔렸기 때문입니다.

학생들의 발표를 맞고 틀리고를 판정하는 데에만 초점을 맞추지 말고 어떤 말이라도 할 수 있도록 적극적으로 반응해주고 가치를 인정해주어야 합니다. 자신의 의견을 마음껏 말할 수 있는 분위기가 필요합니다. 앞에서 학생들이 입을 열지 않는다고 한 내용이 있었는데 그 이유 중에는 교사의 반응과 태도도 상당한 부분을 차지한다고 봅니다.

교사는 학생들의 모든 활동에 반응을 보일 때 특히 학생의 답변에 응답할 때 모든 것이 완전하다는 태도를 학생들에게 보여주어야 합니다. 교사 자신도 '완전성 이해' 능력을 기를 수 있고 학생들은 교사의 이런 태도를 보고 배울 수 있습니다. 더 나아가 학생들에게만 이렇게 하는 것이 아니라 대하는 모든 사람과 현상에 대해서 이렇게 하면 더욱 좋습니다.

　　아무리 엉뚱한 대답을 했어도 그것 나름대로 완전성이 있음을 이야기해주어야 합니다. 엉뚱한 전제와 틀로 바라보면 엉뚱한 결론이 나오는 것이 당연하고 완전한 것입니다. 고정불변의 정답이 있는 것이 아니라 상황에 따라 그때그때 결정될 뿐입니다.

　　'전통 음악의 특징'에 대한 글을 수업할 때, 이 글의 제재가 무엇이냐고 물으니, "음악!"이라고 대답한 학생이 있었습니다. 아이들이 가볍게 웃음을 터뜨렸습니다. 그러나 이때에도, "좋아요. 넓게 보면 음악이라고 볼 수 있지요. 범위를 조금 좁히면 어떻게 될까요?"라고 이어갔습니다. 그 학생의 표정이 매우 밝아졌습니다. 계속 열심히 대답을 하더니 다음에는 정확한 답을 맞혔습니다. 설문조사에서 제 수업의 좋은 점을 말하라고 했을 때 "틀린 것을 말해도 되니까."라는 대답이 나왔을 때 정말 기뻤습니다.

　　그렇지만 모든 학생들의 대답을 긍정해주니까 이런 문제를 지적하는 학생도 있습니다.

하늘국어 수업 방식이 답답하다(?)는 의견이 가끔 나온다. 아이들의 답변 중 99%를 모두 정답이라 하시니 당장 눈앞이 시험인데 어떻게 필기해야, 또 어떻게 머릿속에 입력해야 할지 답답하다는 것이다. 나도 그 부분에서는 동의를 했으나, 선생님께서 이 말을 보시고 수업 방식을 확 바꿔버리실까 봐 겁(?)이 나서 ㅋㅋ 다시 수정한 내 의견을 끼적거려본다. "아이들의 창의력, 사고력을 계발할 수 있게 하는 기발한 수업 방식은 유지해주시되, 저희들이 답답하지 않을 정도로만 정확한 답(가장 적절한 답)을 제시해주시면 감사하겠습니다."

1학년 1반 이현진 (07. 11. 6.)

상당히 정확한 지적입니다. 제 수업이 '창의력, 사고력을 계발할 수 있는 기발한 수업'이란 점과 '시험공부하는 데 필요한 정답을 정확하게 집어주지 않는다'는 점입니다. 당연하기도 하고 모순일 수도 있는 이 두 가지 요소를 해결하는 방법이 있습니다.

수업 시간에 스스로 생각하고 발표할 때는 마음껏 자유롭게 생각하다가 시험 칠 때에는 시험 문제가 요구하는 조건에 맞춰서 생각하는 방법입니다. 제2장에서 나온 '모든 것이 완전한 답이지만 정답과 오답은 있다'는 원리와 같습니다. 이 방법을 그때그때 학생들에게 분명하게 확인을 시키지 못하고 진행한 적이 꽤 있었던 모양입니다. 이런 지적이나 건의가 나오면 공책에 바로 의견을 달아주고 수업에서도 전체적으로 소개하고 설명을 해줍니다.

'내면관찰'과 '완전성 이해'가 되면 '생각 찾기'와 '내려놓기' 단계는 거의 자동으로 전개되어 가면서 공부의 어려움이나 감정의 부정적인 면을 스스로 해결하게 됩니다.

교과서 공부와 일상생활에 적용해본 내면소통

내면소통은 글을 읽고 수업 내용을 이해하는 것과도 직접적으로 연결됩니다. 저는 『고등학교 국어(상)』의 5단원 '능동적인 의사소통' 단원에서 '내면소통'에 대해 자세히 설명하고 이 용어를 일상적으로 씁니다.

다음 글은 5단원의 '(1) 유배지에서 쓴 편지'라는 소단원을 수업할 때 어떤 학생이 쓴 소감문입니다. 이 단원은 정조, 순조 때의 실학자인 정약용이 해남으로 유배 가서 아들들에게 당부하는 내용의 편지글인데, 읽기도 의사소통 활동임을 알고 그것을 연습하도록 설정된 단원입니다. '내면소통, 지은이와의 소통' 등을 학습목표로 삼고 활동해봤습니다.

처음에 편지를 읽을 때는 정약용이 매우 깐깐하게만 느껴졌다. 물론 나의 편견도 있었다. 내면소통을 하면서 편견을 없애고 글 자체로서 읽으니 사실은 정말 아들을 위하는 마음이 가득 담겨있다는 것을 느낄 수 있었다. (……) 확실히 내면소통을 하니까 의사소통이 더 수월해진 것 같다. 처음엔 그냥 이 사람이 깐깐해 보이고 너무 심하다고만 생각하고 짜증 난다고만 느꼈는데 편견을 없애고 방해와 왜곡을 없앴더니 같은 글인데도 전혀 다르게 느껴졌다.

1학년 4반 배현정 (07. 6. 18.)

자신의 편견이 글을 있는 그대로 이해하는 데에 장애가 된다는 걸 알고 그것을 해결하고 읽으니 글의 내용이 제대로 이해되고 글쓴이와도 의사소통하게 되는 과정을 잘 보여줍니다.

학생들이 어떤 글을 읽거나 과제를 수행할 때 제대로 해내지 못하는 이유 중의 하나가 시작하기도 전에 부정적인 마음을 갖고 있기 때문입니다. '이런 내용은 재미없을 거야. 이건 내가 제일 싫어하는 거야. 이런 거만 보면 짜증 나.' 등의 거부감을 해결해준다면 공부가 생각했던 것보다 재미있고 쉽다는 체험도 할 수 있을 것입니다. 수업도 마찬가지입니다. 수업에 대한 막연한 편견이나 거부감을 교사나 학생이 적절히 해결할 수 있다면 수업은 훨씬 더 행복해지고 내면은 더욱 성장할 것입니다.

다음은 내면소통의 원리를 일상생활에서 실천해본 사례입니다.

엄마와 대화를 할 때면 의사소통이 잘되지 않아 답답하다며 화냈던 것이 갑자기 생각났다. 그런데 선생님께서는 '나'를 먼저 돌아보라

셨다. 그래서 한번 생각해봤다. 내가 엄마와 대화할 때 먼저 신경질을

내지 않았는지. 처음부터 왠지 모를 것 같다며 엄마를 무시한 적이 없

었는지를. 놀랍게도 있었다. 구세대라며 내가 말하면 알아듣느냐며

내가 엄마에게 말하기 전에 신경질을 냈던 적이 ……. 정말 금 미안함

이 몰려왔다. 엄마도 이 세대에 맞춰 살아가기 힘들 텐데, 모르는 것

이 당연한 것인데 내가 성질을 내버린 것이다. 엄마도 나에게 너와는

대화가 되질 않는다고 말했던 때가 있었다. 그땐 모든 것이 엄마 탓일

거라고 생각했는데 ……. 원인은 나에게 있었다.

국어 시간에 수업을 들으면서 이렇게 반성하고 누군가에게 미안했던

건 처음인 것 같다. 배우기도 배우고 깨달음도 얻고! 역시 좋은 수업

이다.

1학년 2반 최아림 (07. 6. 14.)

이미 일어났던 일을 돌이켜본 것이긴 하지만, 답답하고 화내고 신

경질 냈던 자기 자신을 보고(① '내면관찰') 그것이 구세대이기 때문

에 내말을 알아듣지 못할 것이라는 생각에서 나온 것임을 알아냈습니

다.(③ 생각 찾기) 그러면서 엄마도 딸 세대에 맞춰가기가 힘들었을 것

이며 엄마가 자신을 잘 모르는 것이 당연하다고 생각이 바뀌게 되고

(② 완전성 이해, ④ 내려놓기) 바로 미안한 생각이 들면서 반성하게

됩니다. 엄마와 대화가 잘 안된 것이 엄마 탓이 아니라 자신 탓이라는

깨달음을 얻고 있습니다. 학생의 내면소통력이 커졌습니다. 내면소통

력이 커지면 외부소통(의사소통)은 저절로 됩니다.

　내면소통으로 행복한 수업을 만들고 행복한 수업으로 내면소통력을 길러갑니다. 내면소통력이 커지면 창의성과 주체성도 커지며 삶의 주인, 우주의 주인으로 자유롭고 행복하게 살아갈 수 있습니다.

02

행복한 수업은
놀이다

놀이하는 인간

오래전에 '애이불비哀而不悲', '정반합正反合'과 같이 학생들에겐 아직 조금 어려울 듯한 말을 꺼냈는데, 웬일인지 학생들이 모두 아는 티를 냈습니다. 반가운 마음에 어떤 뜻이냐, 어느 과목에서 배웠느냐고 물어봤더니, 그게 아니라 노래 제목이라고, 노래 가사에 나온다고 대답하더군요. 그때 저는 '그럼, 수업 내용을 모두 인기 가수에게 부르도록 하면 저절로 공부가 되겠네!' 하고 선웃음을 지었습니다. 학생들이 개그 프로그램에 나오는 유행어나 TV 드라마의 내용이나 인기 가수들의 신상과 근황에 대해 꿰고 있는 것처럼, 공부도 그렇게 재미있게 할 수는 없을까요?

놀이는 누가 시키지 않아도 저절로 몰입이 되어 시간 가는 줄 모릅니다. 가르쳐주지 않아도 금방 배우고, 모르는 것이 있으면 열심히 찾아서 배웁니다. 게임이나 만화를 좋아하는 학생이 일본어를 잘하게 되는 예도 많이 볼 수 있습니다. 요즘에는 컴퓨터 게임도 복잡하고 어려운데도 그것이 힘들어서 안 하는 학생은 없습니다. 자기 취향에 안 맞아서 안 하면 몰라도.

사실 놀이에는 아이와 어른이 다르지 않습니다. 어른들도 놀이에 빠져들기는 마찬가지니까요. 방법과 대상만 다를 뿐이죠. 인간에게 놀이는 중요합니다. 틈만 나면 놀거리를 찾고 그것을 위해서는 많은 돈을 쓰는 것을 꺼리지 않습니다. 놀이, 유흥, 오락, 연예, 스포츠, 게임 등의 산업 규모와 번성이 그것을 증명합니다. 최근에 나온 '닌텐도DS 라이트'라는 휴대용 게임기는 2007년 1년간 우리나라에서만 100만 대가 넘게 팔렸고, 2007년 9월까지 전 세계 누적 판매량은 5,364만 대로 5초에 한 대씩 팔린 셈이라고 합니다.[주3-6]

인간은 공부를 위해서 노는 것인지, 놀이를 위해 공부하는 것인지 모를 정도입니다. 공부 열심히 해서 돈을 많이 번 뒤, 따스한 햇살이 비치는 해변에서 긴 의자나 그물침대에 누워 시원한 바람을 즐기고 싶지 않은 사람이 거의 없을 것으로 보아 놀기 위해 공부하는 것이 더 맞는 것 같습니다. 퇴근을 위해, 휴일을 위해, 방학을 위해 피곤하고 괴로운 시간을 참고 견뎌내는지도 모릅니다. 그만큼 놀이가 인간을 이해하는 데에 매우 중요한 요소임을 알 수 있습니다. 하위징아가 '호모 루덴스(놀이하는 인간)'이라는 명명으로 인간의 특질을 규정하고, 인간의 문명과 역사를 살펴본 것도 그런 이유 때문일 것입니다.

제가 어렸을 때는, 남는 시간에 우리가 할 일은 노는 것뿐이었습니다. 학교가 끝나고 집으로 갈 때에는 책가방 갖다놓고 어디로 모일 것인가에 대해 작전을 짜곤 했습니다. 저는 산에 가서 놀다가 손가락이 부러지기도 했었습니다. 요즘은 어른 아이 할 것 없이 일과 공부에 찌들어 있습니다. 그렇다고 일이나 공부를 더 잘하는 것 같지도 않은데 말입니다. 놀고 있으면 괜히 불안해서, 집중하지는 못하면서 붙들고만 있는 것 같습니다. 앞으로는 노는 것도 학원에 다녀야 할지도 모릅니다. 그렇지 않으면 시간이 나지 않을 테니까요.

놀이는 개인적으로나 사회적으로 필요불가결한 것^{주3-7}입니다. 놀 줄 알아야 합니다. 공부 잘하는 학생은 노는 것도 잘한다는 말을 많이 합니다. 놀 때 사고력, 창의성이 길러집니다. 야영이나 축제 때, 장기자랑 같은 것을 준비하는 것을 보면, 이미 나와 있는 노래나 춤을 따라서 하는 경우도 많지만, 새로운 상황극—주로 교사를 흉내 내거나 우스꽝스럽게 만드는—을 만드는 경우가 많은데, '이렇게 하자, 저렇게 하자!' 하면서 갖가지 기발하고 재미있는 아이디어가 솟아나는 것을 볼 수 있습니다. 학생들의 눈이 빛나고 생기가 넘칩니다. 그러면서 창의성, 사회성, 주체성도 저절로 배우게 됩니다.

놀이와 공부는 하나다

학기말고사를 치고 나서 교실에 들어가면 학생들이 처음 하는 소리가 '쌤, 놀아요!'입니다. 이런 때 수업하기란 바퀴가 네모난 수레를 끄는 것 같습니다. 동기 유발이 전혀 안 되기 때문입니다. 학생들은 놀이와 공부를 완전히 상반된 것으로 생각하는 것 같습니다. 공부는 마지못해 하는 것, 되도록 회피해야 할 것으로 생각하는 것 같습니다. 공부 때문에 놀지 못하고 있다는 원망도 있는 것 같습니다. 이런 이분법적인 생각을 다시 생각해보도록 하는 것이 필요합니다.

저는 그럴 때를 대비해서 '그래, 놀자!'라고 해버립니다. 그러면서 특별히 준비한 영상 자료를 틀기 시작합니다. 잠시 어수선했던 분위기가 가라앉으면 그 시간에 할 내용과 목표 등을 말해주고 노는 것과 공부하는 것이 나뉜 것이 아니라는 말을 해줍니다. '대상이 무엇이든 거기에서 재미를 느끼면 놀이가 되고, 의미를 찾으면 공부가 된다. 재미와 의미는 나뉜 것도 아니고 상반되는 것도 아니다. 재미가 있으면 의미가 없고, 의미가 있으면 재미가 없는 것이 아니다. 물론 그럴 수는 있겠지만 얼마든지 함께 있을 수 있다. 결국은 자신이 찾아내는 것이니 재미와 의미를 둘 다 찾을 수 있으면 그것이 곧 놀이이자 공부다. 오늘 한번 찾아보도록 하자!'라는 요지로 말입니다. 지금까지 활용했던 자료로는 머라이어 캐리의 노래 〈히어로Hero〉의 뮤직비디오, 계획 짜는 법, 목표 세우는 법, 시간 활용법 등이나 『시크릿Secret』이란 책과 영상물, 애니메이션 〈나무를 심은 사람〉, EBS의 〈지식ⓔ〉 시리즈 등과 화제가 된 책들 소개 등입니다.

놀이와 공부는 나뉜 것이 아닙니다. 놀이 속에서도 공부거리를 찾아내고 공부도 놀이처럼 즐기면서 할 수 있습니다. 놀면서도 얼마든지 자신을 발견하고 지식을 익힐 수 있습니다. 궁극적으로는 놀이와 공부가 통합되어야 합니다. 그러면 그대로 행복한 공부, 행복한 삶이 될 것입니다.

공부와 놀이를 하나로 즐기게 하는 것이 행복한 수업의 목표입니다. 공부를 놀이처럼 즐기게 된다면 말려도 어떻게든 하려고 할 것이고, 모르면 찾아서 하게 될 것입니다. 공부도 놀이가 되고 놀이도 공부가 되도록 수업을 이끌어가고 싶습니다.

공부가 어떻게 놀이가 될 수 있을까 하고 의구심을 가지실 수도 있습니다. 그것은 대상에 달린 것이 아니라 대상을 대하는 마음가짐에 달렸습니다. 그러므로 우리의 마음가짐에 따라 얼마든지 해낼 수 있습니다.

재미있는 이야깃거리를 소개하는 TV 프로그램에서 일반인들이 해병부대로 들어가 유격훈련을 받는 과정을 본 적이 있습니다. 저도 군 복무를 할 때 겪어보았지만, 현역병의 신분에서 유격훈련은 두려움과 공포 그 자체인 끔찍한 지옥훈련입니다. 그러나 자진해서 참가비까지 내고 들어가는 사람에게는—심지어는 이 캠프에 참여하기 위해 다른 나라에서 온 사람들도 있었음— 색다른 놀이이며 즐거움이며 공부였습니다. 공부와 놀이가 정해진 것이 아니라, 어떤 생각으로 받아들이는가에 달린 것이라는 것을 깨닫게 해준 방송이었습니다.

몇 년 전 서울에 있는 중앙선거관리위원회에서 주관하는 〈참여식 수업 기법 강습〉을 자진참여해서 배운 적이 있습니다. 그때 김성학 강사의 첫마디가 "자, 이제부터 신나게 놀아봅시다!"였습니다. 연수를 갔는데 놀아보자고 하니까 조금 어이없기도 하면서 마음이 편해지기도 했습니다. 그날 놀면서 배우는 수업 기법을 많이 배웠습니다.[주3-8] 놀았지만 정말 유익했습니다. 학생들에게도 그렇게 해야겠다고 생각하고 많은 아이디어를 실제로 활용하기도 했습니다. 다시 한 번 감사드립니다.

그러면 어떻게 수업을 놀이처럼 할 수 있으며 궁극적으로 공부를 놀이처럼 하는 습관을 들이게 할 수 있을까요? 창의적 교수법의 전문가인 밥 파이크는 '학습은 재미와 직접적으로 비례한다'는 창의적 교수법의 원칙을 말하면서 "재미, 유머, 오락을 통해 참가자들이 즐거움을 느낄 수 있다면 학습 과정을 향상시키고 참가자들에게 더 많은 이익을 가져다줄 수 있다."[주3-9]라고 했습니다. 재미가 중요합니다. 재미있어야 놀이가 됩니다. 재미있게 수업해야만 합니다. 게임처럼.

언제 재미를 느끼나

그러면 사람들은 언제 재미를 느낄까요? 자신이 하고 싶어하는 일을 할 때 재미를 느끼겠죠? 어떤 일을 하고 싶어할까요? 누구나 자신에게 이로운 일을 하려고 할 것입니다. 이로움은 '즐거움'을 동반합니다. 즐거움은 정신적인 만족감입니다. 육체적으로 괴로운 훈련이나 도전을 견뎌내고도 보람을 느낄 수 있는 것은 정신적인 만족감으로 보상되기 때문입니다. 내일까지 꼭 끝내야 할 일이 있고 그것이 자신에게 이로운 일이라면 오늘 육체적으로 쉬고 싶더라도 그것을 참고 오히려 즐겁게 할 것입니다. 시간 가는 줄도 모르고 몰입하여 재미있게 해나갈 것입니다. 만약 하지 않는다면 그 일의 이로움이 그리 크지 않다고 판단했기 때문입니다. 이 과정은 거의 무의식적으로 자동으로 이루어지는 것 같습니다.

여기서 문제는 이롭다고 생각하는 것이 사람마다 모두 다르다는 점입니다. 어떤 사람에겐 괴로움이 다른 사람에겐 얼마든지 즐거움이 될 수 있으며 반대의 경우도 마찬가집니다. 앞에서도 이야기했듯이 남을 위한 희생적인 일들도 즐거이 해낼 수 있는 것은 그것이 만족감과 보람을 주기 때문이고 결국은 자신에게 이롭다고 생각하기 때문입니다. 심지어 시간을 낭비하는 쓸데없는 일처럼 생각되는 것도 그 사람이 생각하기에는 그것이 최선이라고 판단하고 선택한 것입니다. 무엇을 가장 이로운 것으로 생각하는가에 따라 삶의 모든 것이 달라집니다.

많은 친구와 긴밀한 관계를 맺으며 진행되는 수업 상황에서는 자신이 관심 속에서 인정을 받으며 성장하는 것을 가장 이롭게 생각합니다. 이것은 누구에게나 가장 강력하고 원초적인 욕구일 것 같습니다. 누구나 자신의 능력을 드러내어 인정을 받고 나아가 많은 사람의 주목과 존경을 받으며 주위의 사람과 조화롭게 살아가기를 원하기 때문이죠. 내 미니 홈피의 방문자 수나 내 글의 조회 수나 댓글에 관심이 가는 것도, 오랜만에 날아온 편지나 이메일, 짧은 문자 메시지나 안부 전화가 마음을 따뜻하게 하고 살아갈 힘을 주는 것도 모두 같은 이유에서입니다.

이런 이치를 수업 상황에 적용하여 재미있게 수업을 하려면 우선은 학생 자신과 관련되도록 진행하고 다음엔 어떤 이로움이 있는지 자세히 설명하고 이해시키면 됩니다.

자신이 관련되는 수업

학생 자신과 관련시키는 수업은 우선 교사가 학생들 모두에게 관심을 두는 것부터 시작하면 좋겠습니다. 관심은 세심할수록 좋지만 한 시간 수업 중간 중간에 눈길 한 번이라도 빠짐없이 골고루 주면서 외양뿐만 아니라 마음까지도 살펴볼 수 있으면 좋겠습니다. 될 수 있으면 구석진 곳이나 뒤에 앉아 있는 학생들. 수업에 참여하는 정도나 반응, 어려워하는 대목 그리고 눈빛의 의미 등까지 파악하여 수업이 끝나고 가까이 가서 웃으면서, "열심히 잘하던데!"라든가 "오늘 수고했다!"라는 피드백을 살짝 해주면 더욱 좋을 것 같습니다. 물론 적절한 칭찬이 가장 좋으며 편애하지 않는 마음이 중요합니다.

수업 형식 면에서는 학생들이 기여하고 참여할 수 있는 기법을 쓰면 좋겠습니다. 어떤 주제에 대해 간단하게 한마디씩 모두 돌아가며 모두 말하기[주3-10]를 하거나 아니면 쪽지를 나누어주고 의견을 간단하게 적어 내게 하거나 설문조사를 해서 그 결과를 공개하고 그것을 자료로 삼아 수업을 전개해도 좋습니다. 자신의 의견이 수업 자료로서 이바지하는 것을 보고 학생들은 매우 뿌듯해합니다. 자신이 관련되었기 때문이죠. 아니면 몇 가지 선택지를 주고 손을 들게 해서 진행해도 같은 효과를 볼 수 있습니다. 자신이 손을 들었기 때문에 저절로 참여가 이루어지고 관심도 두게 되지요. 그 밖에 말로 발표하는 것에 부담을 느낄 때에는 공책 필기나 활동지 작성 등에서 자신의 의견을 밝힐 기회를 많이 주고 적절하게 피드백해주면 저절로 수업에 참여하게 되면서 재미를 느끼게 됩니다.

직접 참여하도록 진행하면 더욱 적극적인 관련성과 재미를 느끼게 됩니다. 아무리 프리미어리그 축구가 재밌어도 동네 축구는 사라지지 않습니다. 비록 박지성만큼은 못해도 자신이 직접 뛰는 축구가 더 재미있기 때문입니다. 그러기 위해 학생들이 수업의 주인공이 되도록 무대를 마련해줍니다. 생각하게 하고 그것을 발표하고, 공유하는 내용으로 수업을 짭니다. 학생들을 수업의 구경꾼으로 내버려두어서는 안 됩니다. 그것도 보고 싶지 않은 구경거리를.

물론 이런 것을 귀찮아하고 싫어하는 학생도 있습니다. 학기말 설문을 받았는데 이런 내용이 있었습니다.

선생님이 해야 할 것을 왜 우리에게 시키는지 모르겠다.

잠시 충격을 받았었습니다. 새로운 단원을 시작할 때는 항상, 글과 소통하고 자신의 상태를 파악하는('내면관찰') 과제를 먼저 내는데 그것에 대한 불만인 것 같았습니다. 그 학생은 자기도 모르는 사이에, 글의 내용을 파악하고 분석하고 생각해보는 것은 교사가 해오는 것이고, 자신들은 그것을 깔끔하게 잘 받아 적고 외워서 점수만 잘 받으면 된다고 생각하는 것 같았습니다. 참여한다는 적극적인 동기는 아예 없이 시험에 나올 것만 효율적으로 대비하겠다는 생각이었던 것 같습니다.

이렇게 수동적인 구경꾼, 속기速記꾼, 암기꾼으로는 재미를 느낄 수 없습니다. 재미가 없으면 기억에 오래 남기 어렵습니다. 결국 공부를 잘 못하게 됩니다. 10년 넘도록 그런 수동적인 공부만 하다 보니 공부에 대한 생각이 뒤바뀐 것도 스스로 인식이 안되는 것 같았습니다. 이런 상태의 책임도 물론 100% 교사에게 있다고 봅니다. 과제를 해야 하는 이유와 방법, 하고 난 뒤의 이로움에 대해 교사가 충분히 알아듣도록 설명하지 못했기 때문이죠.

혼자 앞에 나와서 발표해야 하는 과제는 부담이 클 수 있으니 짝꿍과 아니면 모둠에서 의견을 말해보는 기회를 수업 시간마다 적어도 한 번 이상 해보면 좋습니다. 모둠에서 말하는 것은 비교적 편하게 자신의 의견을 말할 수 있어 좋습니다. 혼자 하는 발표는 한 학기나 한 학년에 한 번 정도 돌아가도록 계획을 짜면 좋을 것 같습니다. 이것은 부담은 크지만 장점도 많습니다. 많은 학생은 자신의 생각을 말할 수 있는 것을 좋아하며 발표 내용을 들어주고 그것에 관심을 두는 것에 기쁨과 재미를 느낍니다. 그때마다 자신감도 생깁니다.

자신에게 이로운 수업

다음엔 수업에 어떤 이로움이 있는지를 자세히 안내하여 깨우쳐 주면 수업에 재미를 느끼게 할 수 있습니다. 학생마다 이로움에 대한 기준이 다르므로 다양한 이로움의 사례를 말해줄 필요가 있습니다. 수업의 다양한 이로움을 세 가지로 정리할 수 있습니다.

첫째는 현실적인 대비입니다. 학생들에게 가장 시급한 것은 시험 성적일 것입니다. 수업을 잘 들으면 어떻게 성적이 올라갈 수 있는지 말해줍니다. 이것은 학습목표의 인지적인 측면과 관련이 있을 것입니다. 이것은 진학이나 취업 등의 진로와 직접적인 연관이 있으므로 매우 강한 유인책이 될 것입니다. 그러나 여기에 그치면 외재적 동기 유발에 머물게 됩니다. 성적 의존도만 높게 됩니다. 좀 더 이로운 것을 발견할 수 있게 해야 합니다.

둘째는 공부와 삶의 통합입니다. 학습 단원 제재를 자신의 일상생활, 삶과 관련되도록 하는 것입니다. 학습목표 중 사고력, 문제해결력과 관련이 있습니다. 수업에서 배운 내용이 일상생활의 문제를 해결하는 데에 어떻게 활용하고 실천할 수 있을지 스스로 생각하여 찾아내고 실행할 수 있도록 합니다. 비록 성적이 잘못 나오더라도 이것만 잘 알고 실천해도 큰 이로움을 얻을 수 있고 좀 더 행복하게 살 수 있습니다.

마지막으로, 가장 큰 이로움은 자신의 내면 성장, 자아실현, 자기완성과 연결하는 것입니다. 어떤 활동이라도 '내면관찰'의 자료로 삼게 합니다. 자신이 어떤 인식체계, 마음의 틀로 대상(학습 내용)을 바라보고 있는지 그 틀을 보고 받아들이고 내려놓고 창조하는 힘을 키우는 자료로 사용합니다. 그것을 바탕으로 삶과 생명의 이치를 찾아내 이치대로 자유롭게 살아가는 단계입니다.

이 단계에 이르면 전공과목의 구분이 무의미해집니다. 근원에 가까워졌기 때문입니다. 근원에 가까워질수록 서로 떨어져 있었던 것이 하나로 모이게 되어 있으니까요. 모든 것이 모여들고 펼쳐지는 근원은 우리의 마음입니다. 그러므로 자신의 마음을 살펴 그 이치를 알고 마음을 다스릴 수 있으면 곧 근원을 알고 다스릴 수 있습니다.

교과도 마찬가지입니다. 교과가 여러 가지이지만 그것은 모두 마음에서 나왔습니다. 그러므로 모든 과목을 잘하는 바탕이 마음이고 모든 과목의 귀착점이 마음입니다. 어떤 것을 전공하더라도 그것은 '마음의 이치'를 알기 위한 수단이자 기본 자료입니다.

우리 모두의 공통된 그리고 궁극적인, 누구도 피해갈 수 없는 필수 전공은 '마음'이고 그 마음이 벌여놓은 '인생, 생명, 우주'입니다. 교사든 학생이든 우리는 모두 '마음'과 '인생'이란 과목을 전공하는 학생입니다. 인생과 생명, 우주의 이치를 깨달아 행복하게 살아가기 위하여.

아무리 많은 것을 알고 부와 명예를 이루었어도 마음 혹은 인생, 생명의 이치를 알지 못하면 한순간에 무너집니다. 겉으로 보이는 생활로는 차이가 없겠지만, 마음은 허무와 허탈, 고뇌, 두려움 속에서 방황하게 됩니다. 깜깜한 산속을 횃불도 없이 걸어가는 것처럼 말입니다. 이때 산길을 환하게 비춰 앞길을 열어주는 것이 지혜의 빛입니다. 즉, 마음과 생명의 이치를 아는 것이 지혜의 빛입니다.

이것은 돈으로 살 수 없습니다. 부와 명예도 삶의 근본 문제를 전혀 해결할 수 없습니다. 자신의 내면에서 찾아내고 키워내야만 합니다. 부와 명예로도 살 수 없는 지혜의 빛을 밝게 키워가는 것이 비교할 수 없이 가장 큰 이로움입니다. 이런 이로움을 학생들에게 알려주고 이것을 키울 수 있는 방법을 알려 준다면 학생들의 내재적인 동기를 강하게 불러일으킬 수 있습니다. 모든 존재는 내면 성장, 자아실현, 자기완성이 자신에게 가장 이롭다는 것을 언젠가는 반드시 알게 돼 있습니다. 아니, 내면 깊은 곳에서는 이미 알고 있습니다.

『논어』에 보면 "아는 것은 좋아하는 것보다 못하고 좋아하는 것은 즐기는 것보다 못하다."[子曰, 知之者不如好之者, 好之者不如樂之者]라는 공자의 말이 있는데 여기서 제시한 세 가지의 이로움과 짝이 맞는 것 같습니다. 현실적 대비는 아는 것(지지자知之者)이고 공부와 삶의 통합은 좋아하는 단계(호지자好之者)이고 내면 성장의 이로움은 즐기는 단계(요지자樂之者)라고 할 수 있습니다. 단계가 올라갈수록 이해하기 어려워할 것입니다. 그러나 어려운 만큼 이로움은 훨씬 커집니다. 교사의 격려와 배려가 필요하겠죠.

이 세 단계의 이로움을 깊이 이해하고 준비해놓았다가 학생들이 필요를 느낄 수 있도록 자극하고 부추겨야 합니다. 이러고 보니 외판원 같은 느낌이 듭니다. 물건을 살 필요를 전혀 못 느끼는 초면객을 온갖 아이디어와 열정과 정성으로 결국은 고객을 만드는 외판원과 같은 역할을 해야 하니까요. '고객 만족'을 지나 '고객 감동'을 넘어 '고객 졸도'주3-11를 위해 노력하는 외판원처럼 애를 쓴다면 재미있고 이로운 수업은 얼마든지 이루어질 수 있지 않을까요.

제가 한 수업의 예를 약간만 들어보겠습니다. 고려시대의 노래인 〈청산별곡〉을 배운다고 할 때, 학생들이 고려 시대의 노래와 그 배경에 대해 자발적인 흥미를 일으키긴 어렵습니다. 시험 범위에 들어가니까 시험에 대비해서 도움이 될 것 같아 열심히 듣는 정도가 고작일 것입니다. 이런 학생들에게 다짜고짜 "오늘은 고려가요 〈청산별곡〉 배울 차례지요? 자, 책 펴세요!" 하고, 바로 본문으로 들어가서 설명한다면 학생들의 기분이 어떨까요?

그러나 선사 시대 유적지에서 나온 인체의 뼛조각 하나로 당시 사람의 골격, 건강, 환경, 문화까지 알아내는 고고학자처럼 〈청산별곡〉 하나로 고려 시대 사람과 만나서 그들의 삶의 애환을 들어보며 그들의 삶과 문화를 타임머신을 타고 간 것처럼 알 수 있다고 이야기해주면 어떨까요? 재미있는 시간 여행을 떠나는 것 같지 않을까요?

작품 내용을 함께 공부하는 동안에는 시험에 나올 만한 것 등을 중심으로 현실적인 대비가 되도록 진행합니다. 〈청산별곡〉을 배우고 난 뒤에는 이 노래가 단지 천 년 전에만 불릴 수 있는 것이 아니라 지금의 우리도 부를 수 있지 않을까 하는 질문을 던지면서 '나만의 〈청산별곡〉 짓기—〈청산별곡〉 패러디 놀이'를 해봅니다. 현실적인 괴로움을 피해 청산으로 가려 했던 고려인과 이 시대의 압박감을 피해 어디론가 훌쩍 떠나고픈 21세기 학생들이 만나는 순간이 되지 않을까요?

그리고 괴로움을 해결하는 방식까지 생각해본다면 자신의 현실과 내면을 성찰하게 되고 나아가 인간의 궁극적인 문제까지 관련시켜 내면의 성장과 자아실현, 자기완성으로까지 연결할 수 있게 될 것입니다.

교사가 먼저 재미있어 해야 한다

재미있는 수업을 하려면 교사가 먼저 재미있어 해야 합니다. 학생들에게 재미를 주려면 재밋거리를 만들어놓아야 합니다. 그러므로 교사도 앞에서 말한 세 단계의 이로움 중 어떤 이로움으로 수업을 하는지 생각해보아야 합니다. 시험 대비만을 위해서 한다면 첫 단계이고, 가르치는 내용 사이에서 어떤 법칙을 찾아내어 현실과 통합시켜 간다면 둘째 단계이고, 어떤 상황에서도 자신을 파악하고 다스리며 창조하고 즐길 수 있으면 셋째 단계이겠죠.

어떤 단계의 목적으로 가르치는가에 따라 교사의 즐거움과 재미가 달라질 것이며 그 수준대로 학생들에게 재미를 줄 수 있을 것입니다. 교사가 첫 단계의 재미에 머물러 있으면 학생들이 얻을 수 있는 재미도 그 정도일 것이고 교사의 단계가 올라가면 학생도 함께 올라가겠죠. 높은 단계는 낮은 단계를 포괄할 수 있지만 낮은 단계는 높은 단계를 아우를 수 없습니다.

교사가 먼저 신이 나서 낮은 단계부터 높은 단계까지의 갖가지 재미를 느껴야 합니다. 그러면서 학생들도 그런 재미를 느끼게 하려면 어떻게 진행을 해야 할까 하고 새로운 방법을 찾고 생각해내어 실천해본다면 얼마든지 재미있는 수업을 할 수 있습니다. 미리 충분히 생각하고 준비해서 시행착오는 최대한 줄여야겠지만.

자신이 목표를 정하는 수업

누구나 자신이 스스로 선택한 것에 재미를 느낍니다. 놀이의 중요한 특징은 자발성이기 때문입니다.주3-12 아무리 재미있는 것이라도 억지로 시켜서 하는 것은 흥미를 느끼지 못하고 계속 투덜대기만 할 것입니다. 그러나 자신이 선택하면 즐거워하게 마련입니다. 선택권은 의욕을 불러일으키는 매우 중요한 내재적인 요소라고 합니다. 자신이 처한

상황을 통제할 수 없을 때 사람들은 무관심하고 냉담해지며, 무기력한 감정을 느끼게 된다고 합니다.주3-13

그런데 학교 수업은 학생들에게 선택권이 없습니다. 7차 교육과정이 수준별, 선택형 수업을 특징으로 만들어진 것이지만 그것이 제대로 실행되지 않는다는 것은 교사인 우리가 더 잘 아는 것입니다. 이른바 '특기적성 수업' 또는 '보충수업'이라고 불리기도 하는 방과후학교 수업이라도 선택권이 있으면 좋겠는데, 학교별로 차이가 있지만, 그것도 학생의 선택권의 제한이 상당히 있는 것 같습니다. 이런 상황에서 학생들이 수업을 재미있게 여기기는 참 어렵습니다.

그래서 저는, 수업 자체는 선택하지 못했더라도 수업의 목표만은 자신이 선택하는 방법을 실천하고 있습니다. 게임에서도 '레벨 올릴 거야! 아이템을 모아야지! 마지막 판을 깰 거야! 신기록을 세워야지!' 하는 목표를 스스로 세우기 때문에 더 열심히 하는 것처럼 수업에서도 수업목표를 나름대로 자신이 세우면 조금이라도 즐겁게 참여할 수 있을 것 같아서입니다. 이것은 구성주의 수업 원리와도 잘 맞는 것이고 동기 유발에도 좋다고 생각합니다. 이것의 자세한 방법은 제4장에서 자세히 소개하겠습니다.

알아야 재미있다

사람은 자신이 이해하는 것에 재미를 느낍니다. 취향이나 능력과 관계 없이, 모르면 재미가 없습니다. 저는 미식축구가 참 재미가 없습니다. 그런데 미국사람들은 얼마나 좋아합니까. 그것은 미식축구를 즐기기 위한 천부적인 소질과 능력이 없어서가 아니라 규칙이나 경기 방법 등을 모르기 때문입니다. 만약 누가 차근차근 알려주면 아마 채널을 고정할지도 모릅니다. 많은 학생이 수학을 싫어하는데, 그것은 수학에 취향과 능력이 없어서라기보다는 내용을 도대체 이해할 수가 없기 때문입니다.

게임을 할 때에 키의 작동법이나 기본 규칙을 일단 배운 다음에 데모 버전을 많이 해보는 것처럼 학습에서도 내용에 재미를 붙일 수 있도록 기본 지식을 친절히 가르치고 훈련을 시켜야 합니다. 학습 과제를 이행하는 데에 필요한 기본 개념, 지식을 모르는 것이 있는지 살펴보고 만약 있다면 진도를 거슬러 돌아가기도 해야 합니다.

우리나라 수업은 무조건 앞으로만 나가는데 그래선 안 될 것 같습니다. 학생들이나 교사들은 모두 진도에 홀린 것 같습니다. 앞만 보고 폴짝폴짝 뛰는 강시처럼 '진도만 빨리 다 나가면 뭔가 이루어질 거야. 빨리 나가, 무조건 나가!'라는 주문에 걸려 있습니다. 진도를 빨리 나가지 못해 안달입니다. 무엇을 위한 진도인가요? 형식적인 책임을 면하기 위한 것인가요? 진도를 아무리 빨리 다 나가더라도 자신에게 진정한 이로움이 없다면 아무 소용이 없지 않은가요. 앞뒤로 왔다 갔다 하면서 입체적으로 진행해야 합니다.

모르는 것이 파악되면서 무언가가 보이기 시작하면 아주 큰 재미를 느끼게 됩니다. 이것이 내적 동기 유발의 아주 중요한 요소입니다. 이것만 되면 누가 시키지 않아도 달려들게 됩니다. 게임에 빠지는 것처럼.

다음은 분명치 않던 개념들을 확실히 파악하게 되면서 학습에 대한 의욕과 흥미를 느끼게 되는 학생의 실례입니다.

> 글의 문종(갈래)과 주제 같은 게 모호해서 헷갈렸는데, 수업 시간에 차근차근 제재 찾는 법부터, 그 제재로부터 문종과 주제를 찾는 방법까지 알게 되어 정말 정말 유익했다. 다른 글도 읽어보고, 제재와 주제 문종을 찾아보고 많이 연습해보고 싶다. 또 제재, 주제, 논제 같은 용어가 매우 헷갈렸는데 요번 수업을 듣고, 확실히 알게 된 것 같아 속이 시원하다. 중학교 때 국어 수업은 그냥 주제, 제재, 문종 같은 걸 그냥 선생님께서 가르쳐주셨고 난 그걸 외우기만 했었다. 그러는 동안 그 글에 대해, 또 그 수업에 대해 흥미가 떨어지기 마련이었다. 하지만 이젠. 달라질 것 같다.
>
> 1학년 3반 구민지 (07. 3. 19.)

도전적인 과제가 주어져야 한다

게임의 맵을 모두 다 외우게 되어 능숙해지면 그 게임은 더는 재미가 없어집니다. 좀 더 어려운 다른 게임을 찾아서 시작하면 처음엔 어려워서 힘들고 짜증도 나지만 조금씩 익혀가고 정복해가는 재미로 빠져들 수 있게 됩니다. 그러다가 그 게임도 모두 파악되면 또 다른 게임을 찾겠죠.

기본 지식을 익힌 다음에는 난이도가 약간 높아야 재미를 느낍니다. 게임이든 수업이든 너무 쉬우면 지루해하고 너무 어려우면 포기합니다. 30명이 넘는 학생들의 난이도를 모두 고려하긴 참으로 어렵지만 포기할 수는 없습니다.

알쏭달쏭한 문제를 주고 난 다음 답을 말하려고 하면 '말하지 마세요!'라고 하는 학생이 많습니다. 스스로 해보겠다는 뜻이죠. 이런 문제가 도전적인 문제죠. 어떤 암시나 도움도 주지 않고 스스로 해낼 기회를 많이 주어야 합니다. 어려운 문제일수록 스스로 해냈을 때 기쁨과 흥분은 큽니다. 이런 경험은 외부적인 보상이 없더라도 호기심, 성취 욕구 등의 내재적 동기가 유발되어 계속 공부하고 싶은 마음이 일어나게 됩니다.

이런 원리에 따르면 선행 학습은 학생을 지루하게 만드는 어리석은 짓입니다. 학교교육 과정에 없는 내용을 배우려고 하면 몰라도 학교 수업에서 다룰 내용을 미리 배우는 것은 뷔페식당에 가면서 밥을 실컷 먹고 가는 것과 똑같습니다. 우리가 영화를 보러 가기 전에 그 영화를 먼저 본 사람이 그 영화에 대해 자세히 이야기하려면 극구 입을 막아 못하게 합니다. 다 알면 재미가 없기 때문이죠. 줄거리가 빤한 TV 드라마나 범인을 미리 알아버린 탐정 추리소설이 재미없듯이 이미 알고 있거나 알고 있다고 생각되는 것을 수업 시간에 또 다루는데 호기심과 흥미가 유발될 리 없습니다. 사고력, 창의력도 피어날 수 없습니다. 우리나라 학생들이 전반적으로 무기력과 무료함과 피로감에 빠져 있는 이유 중의 상당한 부분이 선행 학습에 있다고 봅니다.

선행 학습이 아닌 예습을 반드시 하도록 진행해봅시다. 예습은 배울 단원을 자신의 힘으로 훑어보면서 내용에 대한 자신의 느낌이나 의견 등을 정리해보고 자신이 모르는 점, 더 알고 싶은 점을 찾아두는 정도로 충분합니다. 자신이 모르는 점이 있다는 것을 알면 저절로 궁금해하고 수업에 흥미와 관심을 가지게 됩니다. 이것은 그 수업의 학습 목표로 연결될 것입니다. 그리고 미리 자신의 의견을 세워두면 교사의 의견과 비교 대조하면서 공통점과 차이점과 그 이유, 근거 등을 발견하고 질문을 던질 수도 있습니다. 이런 과정에서 사고력은 저절로 쑥쑥 자랄 것입니다. 여기에 더 높은 단계의 이로움에 대해 교사가 말해주고 이끌어준다면 학생들은 재미를 느끼며 몰입하게 될 것입니다.

수업이야 게임이야?

놀이와 게임은 성격이 조금 다릅니다. 가장 큰 차이는 승부의 유무입니다. 요즘 학생들에게는 TV에서나 볼 수 있겠지만, 소꿉놀이나 그네 뛰기, 숨바꼭질 같이 승부가 없는 것을 놀이라 하고, 윷놀이나 공기놀이, 제기차기, 팔씨름, 씨름, 줄다리기 같이 승부가 나는 것을 게임(내기, 겨루기)이라고 할 수 있겠습니다. 그러나 같은 것이라도 함께하는 사람들끼리 규칙을 정해서 놀이로 할 수도 있고 내기로 할 수도 있겠죠. 일반적으로는 놀이를 더 넓은 뜻으로 게임의 뜻을 포괄해서 쓰는 것 같습니다.

사람은 이기고 싶은 욕심이 있어서 승부가 걸리면 더욱 몰입하게 됩니다. 승부를 가리려면 분명한 기준이 있어야 하므로 게임은 놀이보다 엄정한 규칙이 있게 마련입니다. 게임이나 놀이의 규칙은 강제하고 통제하기 위한 것이 아니라 놀이를 놀이답게, 더 재미있게 만드는 것입니다. 그래서 규칙이 잘 지켜지지 않으면 누군가는 '나 안 해!'라고 소리치게 되고 놀이판은 깨지게 됩니다. 합리적인 규칙을 정하고 적절히 운용하는 것이 게임에서 중요합니다.

수업에도 규칙을 세우고 잘 지켜가면 수업을 놀이처럼 재미있게 할 수 있습니다. 규칙은 학습목표와 연결되도록 잡으면 됩니다. 학생들과 상의해서 함께 잡아도 좋겠지요. 만약 본시 학습목표가 '근거를 들어서 주장하기'라면 강력한 근거를 대고 말한 사람에게 3점, 약한 것은

2점, 근거 없이 주장한 사람은 1점을 주기로 합니다. 판정은 교사가 내려도 좋고 학생들끼리 서로 하는 것도 좋겠습니다. 여기에다가 상대편의 주장을 잘 들어주고 공감이나 호응을 보이면 보너스 점수를 준다고 하면 듣는 태도와 집중도까지 길러줄 수 있습니다.

　학습 활동에 따른 규칙은 그때그때 정하면 되지만 수업의 일반적인 규칙도 정하면 좋습니다. 교실이라는 독립된 특수 공간에서만 적용되는 재미있는 규칙을 정하면 더욱 개성 있는 수업을 이끌 수 있습니다. 저는 저만의 규칙이 많이 있습니다. 박수로 인사하기, 포인트 적립 제도 등을 이용하기도 합니다. 일반적인 규칙은 가끔 바꾸는 것이 좋습니다. 아무리 재미있는 것도 계속되면 신선함도 재미도 없어지니까요.

　시상식으로 마무리합니다. 시상식엔 상품이 있어야겠죠. 상품 없는 시상식은 음향 효과 없는 공포 영화처럼 싱겁겠죠. 거창하게 순서를 마련해서 시상식을 하기도 하고 등위별로 상품을 나눠주기도 합니다. 상품은, 받는 사람과 받지 못하는 사람이 너무 차이가 나지 않도록 가벼운 것이 좋습니다. 저는 주로 사탕을 씁니다. 등위에 따라 개수를 달리하지요. 작지만 큰 효과를 볼 수 있습니다. 고등학생에게 멋쩍지 않을까 할지 모르나 상품 앞엔 나이도 무너집니다.

　독립된 학습 활동이 아닌 일제 수업에도 진단평가나 형성평가를 돌발퀴즈 식으로 진행하여 대답이나 발표를 한 학생에게 상품을 줍니다. 틀린 답을 말한 학생에게도 상품을 줍니다. 짝꿍이 있으면 짝꿍도 줍니다. 그래서 수업 때마다 늘 사탕 봉지를 준비해갑니다. 학기말이나 학년말에는 초콜릿 같은 특별 상품을 마련하기도 합니다.

상품(보상)에 대해 대부분의 학생이 매우 좋아합니다만 부정적인 의견을 말하는 학생도 있고 자긍심 같은 내적 동기를 해칠 수도 있으니 적절하고 슬기롭게 활용하면 좋을 것 같습니다.

학생들이 떠드는 것은 100% 교사의 책임

학생들이 떠드는 것은 물론 학생들에게도 원인이 있을 수 있습니다. 그러나 학생들에게 원인을 돌려서는 안 된다고 생각합니다. 우리는 전문가이기 때문입니다. 넘어져서 까진 상처나 가벼운 감기는 집에서 치료해줄 수 있습니다. 그러나 심각한 상처나 질병은 아무나 할 수 없습니다. 이미 학습 동기 유발이 잘돼 있고 공부 방법을 알고 태도가 정착된 학생을 가르치기는 쉬운 일이고 어떻게 보면 그런 학생들은 교사가 필요 없는 학생이라고 할 수 있습니다. 그렇지 못한 학생에게 교사가 필요합니다. 교사는 그런 학생들을 가르쳐야 합니다. 뛰어난 목수는 연장을 탓하지 않으며 의사는 환자를 탓하지 않습니다.

물론 교사가 일부러 지루하게 하려고 한 것은 아니겠죠. 교사는 수업 준비를 열심히 하고 신명나게 가르쳐 보려고 노력합니다. 그러나 학생들의 반응이 따라주지 않는 경우도 많습니다. 그러면 어떻게 해야 할까요? 지금까지 해오던 것과 반대로 바꿔보면 어떨까요?

지금까지의 수업은 어떠했나요? 가장 특징적인 것이 교사 중심의 수업이었을 것입니다. 교사가 가르칠 내용을 결정하고 설명하고 마무리하는 것이죠. 학생들은 구경꾼입니다. 재미있는 구경거리면 모르지만, 재미도 없고 안 볼 수도 없는 구경이라면 정말 괴로울 것입니다. 이제는 학생 중심으로 바꿔봅시다. 학생들이 수업을 싫어하거나 재미없어 하는 것은 자신과 별 상관이 없다든가 자신에게 별 이득이 되지 않는다고 생각하거나, 내용이 너무 어려워서 이해가 되지 않을 때인 경우가 많습니다.

무엇을 가르칠 것인가를 생각하기 전에, 어떻게 학생들을 주인공으로 만들어 참여시킬 것인가 학생들의 머리와 입과 손과 몸이 움직이게 할 것인가를 생각해야 합니다. 학생들이 재미있어 하면서도 핵심을 놓치지 않게 할 방법을 끊임없이 고민해서 만들어내야 합니다. 수업의 핵심 내용과 결론이 학생들의 입에서, '아, 그렇구나!'라는 탄성과 함께, 저절로 나오게 해야 합니다. 그렇게 하지 않으면서 아이들을 탓하면 안 됩니다. 학생들이 교사를 위해 있는 것이 아닙니다. 교사가 학생들을 위해 있는 것이며 근본적으로는 서로를 위해 있는 것입니다.

재미를 창조하는 능력을 기르는 수업

요즘 사람들은 재미도 물건을 사듯이 밖에서 만들어진 것에 의존해서 느낍니다. 그것을 위해 많은 시간과 돈을 기꺼이 투자합니다. 그 사이에 즐거움과 재미를 스스로 창조하는 힘을 점점 잃고 외부 의존도가 점점 심해집니다. 밖으로부터 끊임없이 즐거움을 공급받지 못하면 재미없고 우울해집니다. 비슷한 드라마가 계속 만들어지고 시청되는 것은 그런 이유 때문입니다.

즐거움과 재미를 자신의 내면에서 스스로 만들어낼 수 있어야 진정으로 즐겁고 재미있게 살 수 있습니다. 행복한 수업에서는 즐거움과 재미를 자신 내면에서 스스로 만들어내는 힘도 기르도록 해야 합니다. 만드는 원리는 앞에서 말한 3단계의 이로움과 같습니다. 모든 존재는 저절로 이롭게 살아가지만, 그 단계를 올림으로써 더욱 이롭고 행복해질 수 있습니다. 궁극적으로는 내면 성장과 자아실현이 가장 이롭다는 것을 알고 그것을 하나하나 이루어갈 때 자신 내면에서 자생적으로 즐거움과 재미가 샘솟아날 것입니다. 즐거움과 재미는 고정관념과 편견에서 자유로워지고 새로운 것을 창조할 때 생겨나는데 그것은 내면 성장으로 이루어지기 때문입니다.

저는 내면의 성장, 즉 내면의 힘을 키우기 위해 '세미나'라는 조금 특별한 수업을 진행하였습니다. 이에 대해서도 뒤에서 자세히 소개하겠습니다.

놀이는 우리의 교육 목적인 '나를 알고 나와 세상을 이롭게 하여 자유롭고 행복하게 사는' 길로 통합니다. 진정으로 놀고 있을 때는 언제나 자유롭고 행복하게 됩니다. 만약 자유와 행복을 느끼지 못하면 진정으로 노는 것이 아닙니다. 천상병 시인은 삶을 '아름다운 이 세상 소풍'이라고 했습니다. 삶을 소풍 놀이처럼, 수업을 놀이처럼 할 수 있다면 항상 자유롭고 행복할 수 있을 것입니다. 그것은 어떤 고정관념, 편견과 욕심과 집착을 가지지 않기 때문입니다. 과정에 정성을 다하고 결과를 겸손하게 있는 그대로 받아들이기 때문입니다. 그 가운데 내면의 힘이 커지고 깨닫는 것이 있게 마련입니다. 그것이 진정 행복한 수업입니다.

03
행복한 수업은
공연이다

함께 근무하셨던 음악 선생님은 수업이 끝나고 나면 이번 시간에는 흥행에 성공했다든가 아니면 별로였다든가 하는 말씀을 자주 하셨습니다. 유머 감각이 넘치면서도 좋은 발상이라고 생각합니다. 저도 늘 수업을 공연처럼 할 수 있다면 참 좋겠다고 생각합니다. 상상해보세요! 자신이 수업이라는 공연을 하면, 제작 스태프들이 적절한 부분에서 음악이나 음향을 넣어주고, 영상을 띄워주기도 하고, 대역을 맡아서 역할극을 해주기도 하고, 조명을 바꿔주기도 하는 수업을.

학생에게 설문조사를 해보면, 소설을 배울 때 교사가 직접 연기를 하거나 아니면 감정을 넣어서 목소리를 바꾸어 읽어주는 부분이 재미있었다는 반응이 많이 나옵니다. 저에게 배우가 되어도 좋겠다고 하고,

제 얼굴이 어떤 탤런트하고 아주 많이 닮았다고도 하면서 탤런트를 하란 말도 하곤 합니다.

교사의 연기가 학습 내용을 얼마나 이해하고 기억하게 하는가 하는 상관관계를 정확히 알 수는 없겠지만, 흥미가 유발되고 관심을 두게 하는 것에는 확실히 좋은 효과가 있는 것 같습니다. 저는 오래전에 학교 연극반 지도를 했었고 국립극장에서 연극 지도교사 연수를 받기도 했습니다. 그런 점이 수업하는 데에도 아주 많은 도움을 주고 있습니다.

대학 교직 과정에 '교육 공연(연기)'이란 강좌가 있었으면 좋겠습니다. 수업에 퍼포먼스 기법을 도입한 것으로, 발성, 발음, 걷기, 표정, 몸동작 연기, 마술, 레크리에이션 지도 등의 실습과 무대 공연에 대한 지식을 수업에 접맥시켜 공부하면 실제 수업에 큰 도움이 될 것입니다.

"조용히 해!"

수업을 공연이라고 한다면 반드시 흥행에 성공해야 합니다. 자신의 몸을 학대해서 웃음을 주는 저급 코미디가 됐든, 재치와 기지가 빛나는 고급 코미디가 됐든 관객을 감동시키지 못하고 흥행에 성공하지 못하면 그 공연은 막을 내려야만 합니다.

공연을 하는 배우가 관객이 존다고 해서 관객에게 화를 내거나 내쫓지는 못할 것입니다. 교사도 마찬가지입니다. 수업 시간에 학생들이 졸고 딴 짓을 하는 것은 교사의 수업(공연)이 시원치 않기 때문입니다. 교사는 수업 진행의 전문가입니다. 교사가 제대로 진행을 하지 못해서 떠드는 아이들에게 '조용히 해!'라는 말을 한다는 것은 전문가로서 가장 굴욕적인 말입니다. 교사가 얼마나 수업을 제대로 하지 못하면 학생들이 떠들까 하는 자책 때문입니다. 그 말이 꼭 필요할 때엔 안 할 수는 없지만, 원인은 분명히 알아야 하지 않을까요. 공연의 내용이 어떻든 의무적으로 볼 수밖에 없는 관제官製 관객이라고 해서 방심해서는 절대로 안 됩니다.

치밀하게 기획된 수업

수업을 공연처럼 하자는 가장 핵심적 뜻은 치밀한 기획을 하자는 것입니다. 공연은 재미와 감동을 주는 것이 중요합니다. 재미와 교훈이 함께 있어야 감동이 저절로 생겨납니다. 재미만 있으면 남는 것이 없고 교훈만 강조하면 지루해집니다. 그런 공연은 다신 보러 오려고 하지 않습니다. 학생들은 어쩔 수 없이 앉아 있는 관객이라서 몸은 못 떠나지만, 마음이 떠나갑니다. 마음이 떠나가면 귀가 닫힙니다. 귀가 닫히면 고개가 떨어집니다.

재미를 주는 원리는 앞에서 언급되었지만, 실제로는 치밀한 기획이 있어야 합니다. 치밀한 기획에서 제일 중요한 것은 관객이 무엇을 요구하는지 아는 것입니다. 관객을 잘 파악하지 못하는 공연은 절대 성공할 수 없습니다.

철저히 관객 중심, 학생 중심으로 생각해야 합니다. 사람은 모두 자기 위주로 생각하기 때문에 다른 사람의 처지와 심정을 이해하기 어렵습니다. 교사들은 모두 공부를 잘해왔던 사람들입니다. 그래서 학생들이 학습내용을 잘 이해하지 못하는 것을 잘 이해하지 못하는 수가 많습니다. 마치 제가 인기 가요나 가수를 모르면 이해할 수 없다는 듯 놀라는 학생들처럼 말입니다.

학생들이 어떤 것을 잘 모르고 어려워하는지를 늘 살피고 관심을 두어야 합니다. 그들이 어려워하는 부분을 해결하고 도와줄 방법을 생각해야 합니다. 그리고 어떤 것을 좋아하고 무엇에 관심이 있는지 평소의 언행이나 옷차림, 소지품, 책, 공책 등을 유심히 보면서 공감대를 넓혀 가도록 해야 합니다. 그것을 실마리로 해서 궁금증과 흥미를 유발할 수 있는 거리를 찾아야 합니다. 그래야 치밀한 수업 기획을 할 수 있습니다. 솔직히 모든 게 정신없이 빠르게 변하는 요즘 어린 학생들을 따라가는 것은 쉽지 않을 일이지만.

물론 이런 것들을 준비 안 한다고 해서 수업이 안되는 것은 아닙니다. 어떻게 하든, 잘하는 학생은 따라옵니다. 그러나 못하는 학생에게 기획되지 않은 지루한 수업은 고문입니다. 잘하는 학생에게는 고문은 아니지만, 고역 정도는 될 것이고 능률도 떨어질 것입니다.

매시간을 특강처럼

수업은 한 학기 또는 한 학년 단위로 연속적 과정으로 이루어지지만 매 수업을 특강을 하듯이 하면 좋을 것 같습니다. 전후 차시와 연속성은 가지되 한 시간 한 시간이 독립적인 짜임새를 가지도록 하는 것이지요. 그러려면 성공하는 영화나 공연이 그런 것처럼 각본과 짜임새가 탄탄해야 합니다. 핵심 주제가 있고 줄거리가 있어야 합니다. 수업의 부분들이 긴밀하게 이어지고 나오는 순서도 극적인 구성을 가져야 합니다. 같은 내용이라도 어떤 순서로, 어떤 매체를 활용하여 어떻게 제시하는가에 따라 효과가 엄청나게 달라지기 때문입니다. 사진들을 보여주더라도 어떤 순서로 보여주는가에 따라 반응은 달라집니다.

글이든 음악이든 드라마든 처음, 중간, 끝이 있습니다. 수업에도 도입, 전개, 정리가 있습니다. 이런 짜임새가 매 차시 수업에서 살려져야 하며 전개 부분에서는 더 세밀한 짜임새를 갖춰야 합니다. 그냥 밋밋하게 '책 펴라, 필기해라, 설명 들어라, 오늘은 여기까지'로 끝나는 수업은 재미는커녕 흐름의 맥도 잡을 수 없어서 내용을 파악하기조차 어렵습니다. 도입에서 강한 궁금증과 흥미를 불러일으키면서 시작하고 전개하면서 해결의 실마리를 제공하고 끝에 가서 궁금증이 해결되는 기본 줄거리가 있어야 합니다. 거기에다가 절정과 반전까지 더해지는 극적인 짜임새면 더욱 좋겠지요.

멀티 플레이어가 되자

"교사는 계획자이며, 모델이 되고, 안내자의 역할을 한다. 또한, 아동 발달의 관찰자, 촉진자이며, 아동이 기조에 가지고 있던 개인적인 관점에 도전"하여[주3-14] 생각의 범위와 깊이를 늘 새롭게 개척해나가게 해야 하는 면에서 멀티 플레이어가 되어야 하지만 수업 한 시간을 위해서도 교사는 그래야 합니다. 배우는 물론 사회자, 리포터 역할뿐만 아니라, 음향, 음악, 영상, 연출, 기획, 제작, 감독 역할까지 해야 합니다. 일인이역, 삼역 정도가 아닌 일인다역一人多役을 해야 합니다. 수업 시간에 보이는 것은 배우, 사회자, 리포터 등의 역할 정도일 것입니다. 수업에 들어가기 전에는 기획, 제작, 감독 등의 역할을 해야 합니다. 어떤 내용을 어떤 매체로 흥미를 유발할 것인지, 어느 대목에서 어떤 음악과 영상을 쓸 것인지, 어떤 질문을 먼저 던질 것인지 등을 면밀하게 준비해야 합니다. 다행히 요즘에는 컴퓨터의 성능이 좋으므로 컴퓨터로 멀티미디어 매체를 잘 활용하면 좋을 것입니다.

그리고 공연에 앞서 리허설을 하듯이 시간 나는 대로 최대한 많이 연습해서 능숙하게 공연할 수 있도록 준비해야 합니다. 사실 같은 수업을 여러 반에서 하는 경우, 맨 처음 한두 반은 리허설 수준이 되는 경우가 많습니다. 처음 반부터 능숙하고 자연스런 수업이 되도록 준비는 하지만 아무래도 조금 미흡해서 그 반 학생들에게 미안한 마음이 드는 경우도 많습니다. 수업 내용을 녹화 혹은 녹음해서 스스로 들어보면서 반성을 하면 자신의 수업 역량을 매우 효율적으로 키울 수 있습니다. 저는 MP3 파일로 녹음을 많이 했었는데 이 방법이 아주 좋은 것 같습니다.

행복한 수업은
제의다

졸업한 지 오래된 학생들을 만나서 학교 다닐 때의 수업에 대한 이야기가 나올 때, "품사의 종류를 잘 설명해주셔서 아직도 기억에 남아 있습니다."라고 말하는 학생은 거의 없을 것입니다. 수업 외의 재미있는 이야기나 인생에 대한 조언 아니면 개인적으로 자신의 마음을 위로하고 격려해주었다든가 칭찬해준 내용을 이야기하는 경우가 대부분일 것입니다. 양으로 보자면 지식적인 설명을 더 많이 했을 텐데 왜 그런 말은 거의 기억이 없을까요? 저도 중·고등학교 때 선생님이 설명해주신 교과 내용보다는 삶에 대해서 말씀해주신 내용이 훨씬 더 기억에 많이 남아 있습니다.

지식적인 내용은 쓰임새가 한정되어 있습니다. 대개는 시험 치기 위한 것입니다. 그래서 시험을 치고 나면 거의 증발되어 버립니다. 그러나 인생에 대한 이야기는 글자 그대로 인생살이 내내 써먹을 수 있는 내용입니다. 어려울 때마다 그 말이 생각나고 그것을 나침반으로 삼아 방향을 찾아가기도 하기 때문에 그런 말들이 오래 남는 것 같습니다.

시험만 잘 치게 하는 수업이 아니라 자신의 여러 가지 문제를 스스로 해결하고 인생을 살아가는 지혜를 깨닫게 하는 수업이 되어야 합니다. '그런 건 윤리나 도덕 시간에 하는 것이지 내 과목과는 상관없어!'라고 넘길 수도 있습니다. 모든 과목에서 그렇게 생각하고 만약 윤리나 도덕 시간에도 그런 문제가 제대로 다뤄지지 않는다면, 학생들이 살아가면서 겪는 괴로움, 좌절, 실망, 분노, 강박, 열등감, 불안, 우울 등의 심각한 내면의 문제들, 어떤 직업을 가지고 어떻게 살아야 하고 어떤 판단을 해나가야 하는지 등의 삶의 방향성과 가치문제들, 자신의 내면을 관찰하고 다스리는 공부 등은 도대체 언제 배울 수 있을까요? 우선 시급한 교과 내용만 따라가다가 정작 중요하게 배워야 할 것은 그 어떤 시간에도, 그 어떤 교사에게도 배우지 못하고 학교를 떠나게 되어도 아무 문제가 없는 걸까요?

단지 지식적 수준이 아니라 인격적, 영성적인 만남을 통해 영혼의 변화와 진화가 이루어지도록 해야 합니다. 영혼, 영성이란 전인교육이나 인성교육과도 통하는 개념입니다. 이론적으로는 홀리스틱 교육 사상과 공통되는 면이 많습니다.[주3-15] 세상을 눈에 보이는 것, 물질적, 감각적인 것만으로 보는 것이 아니라 이면적인 원리까지 깊이 탐구하여 실상을 바로 보도록 해야 합니다. 그렇다고 어떤 종교적인 색채를 강조하는 것은 절대로 아닙니다. 섣부른 종교적 교리는 인간을 자유롭고 행복하게 만드는 데에 오히려 방해가 될 수 있습니다. 우리의 교육 목적은 고정관념과 편견을 내려놓고 모두에게 이로운 생명의 원리로 나아가는 것인데 정반대로 종교에서는 자신들의 교리만이 옳다는 독선과 편견에 빠질 수 있기 때문입니다. 이것만이 옳다고 하는 순간 그것은 진정한 옳음이 아닌 편견이 되기 때문입니다.

지구가 아무리 네모라고 주장하고 평평하다고 믿어도 실제로는 둥근 것처럼, '나'는 '나'일뿐이라고 아무리 우겨도, 각자는 우주의 모든 것과 연관된 우주적인 존재이며 무한가능성을 가진 완전한 존재입니다. 이런 이치를 깨달아 아는 것이 더욱 중요한 앎입니다. 이것을 깨닫게 되면 더욱 창조적으로 자유롭고 행복하게 살게 됩니다.

자신의 이익과 우주의 이익이 생명의 원리로 하나되도록 해야 합니다. 자신을 내려놓고 다른 사람의 이익을 위해 사는 것이 곧 자신을 위하는 것이며 자신을 진정으로 이롭게 하는 것이 곧 모두를 이롭게 하는 것입니다. 즉, 학생을 위하는 것이 곧 교사를 위하는 것이며 교사 노릇을 제대로 하는 것이 학생을 위한 것입니다. 모든 것은 서로 하나이기 때문입니다. 이것이 우리의 교육이념인 홍익인간입니다.

이런 내용이 꼭 엄숙하고 성스러운 분위기 속에서, 특정한 내용의 제재로 다루어질 필요는 전혀 없습니다. 어떤 제재를 다루더라도 자신을 알고 내면의 힘을 키워가야 한다는 교육 목적을 추구한다면, 저절로 자신의 참모습이 세상의 모습과 똑같고 자신을 바꿈으로써 세상도 바꿔나갈 수 있다는 원리를 알게 될 것입니다.

수업은 진리가 전해지는 성스러운 의식이고 교실은 그것이 행해지는 성스러운 장소입니다. 그렇다면 수업은 제의祭儀이고, 교실은 굿당이고 법당이며 성당이고 교회입니다.

사람과 세상과 생명과 우주에 대한 철학과 지혜를 지닌 교사가 됩시다. 가르치는 기술과 전문적인 지식도 중요하지만, 그것만으로는 진정한 교사가 될 수 없습니다. 교사가 모든 지식을 빠짐없이 다 알 수도 없으며, 지식은 끊임없이 새로 생겨나므로 모두 전할 수도 없기 때문입니다. 교사는, 시공을 초월하여 인간이 가야 할 길을 알아내고 제시하고 학생들과 함께 걸어갈 수 있어야 합니다.

다음은 『허생전』을 배우고 나서 당시 사대부의 허위의식에 대한 허생의 비판을 자신의 삶에 가했을 때 그로부터 얼마나 자유로울 수 있을지 혹은 당당할 수 있을지를 생각하여 쓴, 학생 글의 끝 부분입니다.

한 단원 한 단원이 인생의 길을 열어주는 것 같아요!!

1학년 1반 김소영 (07. 11. 6.)

지금까지 행복한 수업이 갖춰야 할 원리와 조건을 네 가지로 정리했습니다. '소통, 놀이, 공연, 제의'로서의 수업은 학교급과 교과에 관계없이 모든 수업에 깔려야 할 필수 요소입니다.

주3-1 「평양서 첫 록음악 공연한 가수 윤도현」, 『경향신문』, 2002년 10월 10일자.

주3-2 조벽, 『조벽 교수의 명강의 노하우&노와이』, 해냄출판사, 2003, 38쪽.

주3-3 자세한 내용은 다음 책 참고. 배광호, 『언어로 이루는 자기완성』, IBG, 2006.

주3-4 배광호, 위의 책 참고.

주3-5 도니 탬블린, 『Ha Ha Ha! 유머교수법』, 윤영삼 옮김, 다산북스, 2006, 87쪽.

주3-6 「'닌텐도 돌풍' 게임史 새로 쓴다」, 『경향신문』, 2008년 1월 9일자.

주3-7 요한 하위징아, 『호모 루덴스』, 김윤수 옮김, 까치, 1981, 21쪽.

주3-8 신두철, 『참여자 중심의 교수기법』, 중앙선거관리위원회 선거연수원, 2003. 2004년에 발행된 중앙선거관리위원회 선거연수원 자료집 『민주시민교육방법론』 참고. 이것을 바탕으로 최근 김성학의 『강의를 풍요롭게 하는 방법』이란 책이 나왔음.

주3-9 밥 파이크, 『밥 파이크의 창의적 교수법』, 김경섭, 유제필 옮김, 김영사, 2004, 24쪽.

주3-10 김성학, 『강의를 풍요롭게 하는 방법』, 새로운디자인, 2009, 52~58쪽 참조. 이 책에 의하면 '번개'에 해당됨.

주3-11 문충태, 『고객 졸도 서비스』, 중앙경제평론사, 2009.

주3-12 요한 하위징아, 앞의 책, 19쪽.

주3-13 도니 탬블린, 앞의 책, 136쪽.

주3-14 Catherine Twomey Fosnot 외, 『구성주의─이론, 관점, 그리고 실제』, 조부경, 김효남, 백성혜, 김정준 편역, 양서원, 2001, 156쪽.

주3-15 자세한 내용은 다음 책 참고. 송민영, 『홀리스틱 교육 사상』, 학지사, 2006.

제4장

행복한 수업에는 브랜드가 있다
- 하늘국어 이야기

제 수업에는 이름이 있습니다. '하늘국어'입니다. 왜 '하늘'이라고 이름을 붙였느냐고, 주위에서 많이 묻습니다. 예뻐서, 발음이 좋아서, 넓고 편안하니까, 우주·진리를 상징하려고 등등. 모두가 답입니다. 대구외국어고등학교로 가던 첫해에 1학년 4반 담임을 맡았는데 그때 학생들과 정한 반 이름이 '하늘지기'였습니다. 그리고 다음 해에 맡게 된 동아리의 이름은 '새벽하늘'로 지었습니다. 그러니 어떤 통일성을 주고 싶어서 '하늘국어'라고 정했던 것 같습니다. 그리고 보니 하늘국어가 태어난 지도 벌써 10년이 넘었습니다.

애초에는 아이들에게 조금 재밋거리를 주려고 그런 생각을 했습니다. 네모난 칸 안에 꽉 들어차 있는 과목들 너무 삭막하고 답답했기 때문에. 그리고 국어 수업에 들어오는 교사가 여럿이다 보니, '국어1, 국어2' 혹은 '국어A, 국어B'로 불리게 되는 것이 조금 멋이 없고 혼동되는 면도 있어서 그랬던 것 같습니다. 그런데 아이들이 좋아하고, 또 시간표에도 버젓이 '하늘국어'라고 적어놓습니다. 절 부를 때도 '하늘국어 쌤'이라고 많이 부릅니다.

▶ 하늘국어가 적힌 학생들의 시간표

브랜드만 있다고 명품이 되는 것은 아닙니다. 이름에 걸맞은 무언가 다른 수업 내용이 있어야 합니다. 그런데 다행히 남다른 것이 많습니다. 그래서 이름이 생명을 갖게 된 것 같습니다. 일부러 다르게 하려고 한 것보다는, 학생들이 수업에도 재미있게 참여하고 공부도 더 잘하고 행복해졌으면 하는 마음으로 하다 보니 조금씩 색다른 수업이 된 것 같습니다.

이런 특성은 국어과 수업만이 아니라 다른 교과에서도 적용할 수 있기 때문에, '내면소통 수업', '메타인지 수업' 등과 같이 좀 더 일반화된 이름을 붙이려고 생각하고 있습니다.

01
하늘국어
수업 모형

제재에 따라 다를 수는 있으나 대개는 다음의 틀에 따라 진행합니다. 학생이 먼저 생각하고 발표하고 활동하고 실천하는 것을 위주로 진행합니다. 학생 활동이 있은 다음에야 교사의 정리가 뒤따릅니다.

① 대단원 관련 학습 활동 : 새로운 대단원에 들어가게 되면 먼저 대단원에 관련된 활동으로 내용을 미리 생각해보고 흥미를 갖게 합니다.

② 소단원 과제 제시, 학생수업 안내 : 소단원에서 학습할 과제를 제시합니다. 과제는 배울 제재에 대한 자신의 이해도와 생각을 스스로 관찰하고 정리하는 것이 주된 내용입니다. 과제의 내용이 곧 수업할 내용이 됩니다. 이때 학생들의 생각을 제한할 정도의 자세한 설명이

들어가지 않도록 주의합니다. 그리고 이 내용을 수업해야 할 학생들에게 안내 쪽지를 주어 미리 준비시킵니다. 기간이 너무 촉박하지 않도록 주의해야 합니다.

③ 과제 이행, 자신의 학습목표 설정 : 다음은 과제를 하면서 다음 수업 시간에 무엇을 학습목표로 정할 것인지—잘 모르는 것, 더 알고 싶은 것—를 스스로 찾아놓도록 합니다. '내면관찰'(메타인지)도 빠지지 않아야겠죠. 학생마다 수준과 특성이 다르므로 교사가 일방적으로 제시하는 것은 바람직스럽지 못한 것 같습니다. 학생 스스로 목표를 잡

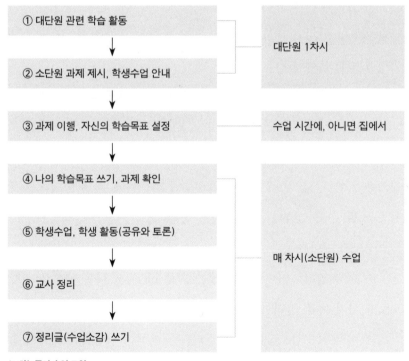

▶ 하늘국어 수업 모형

는다면 동기 유발이 훨씬 강하게 일어나며 과제 수행의 집중도도 매우 높아집니다. 자세한 것은 뒤에서 살펴보겠습니다. 여기까지 이전 수업 시간에 하도록 하든지 시간이 모자라면 숙제로 해오도록 합니다. 되도록 수업 시간 중에 하도록 하는 것이 좋다고 봅니다. 집중력이 높고 다른 자료를 참고할 수 없으므로 스스로 생각해서 해결해야 할 수밖에 없기 때문입니다.

④ 나의 학습목표 쓰기, 과제 확인 : 이후 소단원 수업에서는 처음에 학생들 스스로 그 시간의 학습목표를 쓰도록 하고 그동안에 교사는 과제를 대략 검사합니다. 했는지 안 했는지만 확인하고 자세한 첨삭은 거둬서 합니다. 학생들이 각자 자신의 학습목표를 쓰고 교사가 전시 학습 확인을 마치고 본시 학습의 유익함과 학습 요항을 이야기하는 데까지가 도입 단계입니다.

⑤ 학생수업, 학생 활동(공유와 토론) : 전개 단계에서는 예고된 순서에 따라 해당 학생이 학생수업을 진행합니다. 학생수업은 미리 수행한 과제의 내용으로 합니다. 학생수업 후 다른 학생들과의 간단한 질의응답과 토론을 진행합니다. 학생수업 대신 여러 가지 형태의 학생 활동을 할 수도 있습니다. 여기까지 하면 대개 수업 시간의 1/2에서 2/3 정도가 지나갑니다.

⑥ 교사 정리 : 나머지 시간에는 학생수업에서 나온 내용을 바탕으로 교사가 보완, 정리합니다.

⑦ 정리글(수업소감) 쓰기 : 정리 단계에서는 수업소감을 쓰게 합

니다. 처음 세운 학습목표를 얼마나 달성했는지, 그 근거는 무엇인지 어떻게 보완할 것인지, 수업 내용에 대해 알게 된 점과 느낀 점은 무엇인지 특히 자신에 대해 알게 된 점, 느낀 점, 실천할 점은 무엇인지 쓰게 합니다. 질문도 있으면 쓰도록 합니다.

기본적으로 이런 틀로 한 해 수업을 진행합니다. '학생이 수업을 한다'는 다소 역발상적인 특이한 수업이 어떻게 알려졌는지 기자에게서 연락이 와 취재를 하기도 했습니다.(『매일신문』 2008년 11월 11일자 기사 참조) 기사는 "'하늘국어' 경북여고 배광호 교사—학생이 강단서 수업 진행 … 열공 분위기 활활—"이란 제목으로 하늘국어의 수업 과정을 간략히 소개하고 진행의 어려운 점과 입시 대비에 지장은 없는지 등의 문제를 다뤘습니다. 다음날엔 사진기자까지 와서 수업의 여러 장면을 찍었습니다. 비록 한 장밖에 안 실렸지만요.

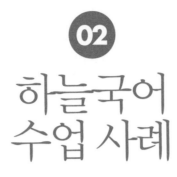

02

하늘국어
수업 사례

첫 수업 – '수억 겁을 기다려온 재회'

'수억 겁을 기다려온 재회', 하늘국어 첫 수업의 수업 제목입니다. 다른 건 몰라도 이 제목만은 오랫동안 기억하는 학생이 많습니다. 『범망경 梵網經』이란 불교 경전에 보면, 전생에 1천 겁 동안 좋은 인연을 맺으면 같은 나라에 태어나고, 2천 겁은 하루 동안 길을 동행하고, 1만 겁은 스승과 제자의 인연이 된다는 내용이 나온다고 합니다. 사제의 인연이 부모 자식이나 형제자매의 인연보다 더 깊다는 속뜻을 생각하니 교사 혹은 스승의 자리에 숙연해지는 감이 있습니다. 이런 의미를 살려가기 어려운 시대이긴 하지만 이렇게 소중한 만남이 되고자 하는 마음으로 이 제목을 쓰고 그 뜻을 설명하면서 첫 수업을 시작합니다.

첫 수업은 매우 중요합니다. 한 해 수업의 방향은 첫 수업에 달렸습니다. 첫 수업에서 분명한 방향과 방침을 제시하면 그렇게 이루어지고, 그것이 불분명하면 갈피를 잡을 수 없이 한 해가 갑니다. 한 해의 수업은 결국 첫 수업의 연역적 전개라고 볼 수 있습니다. 첫 수업에서 한 해 수업의 목표와 방침을 확실하게 이야기하고 이후부터는 그것을 구체적으로 실천해가는 것으로 일 년이 돌아간다고 보면 됩니다. 조소 작품을 만들 듯, 첫 수업을 뼈대로 하여 한 해 동안 여러 가지 활동으로 살을 붙여나갑니다. 뼈대가 부실하면 작품 만들기가 어려울 것입니다.

공부의 목적과 행복에 대하여

인연의 소중함에 대해 이야기한 후에는 공부의 목적에 대해 묻고 답합니다. 이 책의 맨 처음에 소개한 수업 장면입니다. '공부의 궁극적인 목적은 행복이고 행복하려면 내면의 힘과 실력이 있어야 한다. 내면의 힘은 기준이나 목표를 세우고 없애기를 자유롭게 하여 행복에 이르는 힘이고 실력은 자신의 무한 가능성을 키워 현실적인 문제를 해결하는 힘이다. 각 과목은 내면의 힘과 실력을 길러가기 위한 구체적인 훈련 자료로써 의미가 있다.'라는 내용을 핵심으로 하여 이끌어 갑니다.

발표 중심의 수업 방침 안내

다음은 수업 진행 방침을 말합니다. 발표가 많다는 것, 학생수업, 세미나(개인 연구)를 해야 한다는 것, 학생 발표로 수업이 진행된다는 것 등을 분명히 강조합니다. 이 부분에서는 약간의 불평과 짜증스런 탄성이 나오기도 합니다. 학생들로서는 당연한 반응이므로 이유와 취지를 자세히 알려서 이해시킵니다.

첫 수업에서는 큰 방침만을 말하고 자세한 일정은 수업을 진행해 가며 구체적으로 안내합니다. 그 밖에 지켜야 할 점, 수행평가 기준, 진도 계획, 참고 서적까지 알려줍니다. 대학의 교수 요목과 비슷한 것이라 할 수 있죠. 명상과 '우정의 안마'라는 다양하고 재미있는 순서도 안내합니다. 이에 대해서는 뒤에서 다시 말씀드리겠습니다.

만약 유인물을 만들어 설명한다면 유인물은 설명하고 난 다음 나누어주는 것이 좋습니다. 유인물을 먼저 나눠주면 그것을 보느라 집중을 잘 안 하기 때문입니다.

공책 장만 안내

그다음엔 공책을 두꺼운 것을 '장만'하라고 합니다. '준비'나 '마련'이란 말을 쓰지 않는 것은, 공책이 그만큼 많이 쓰이고 중요하기 때문입니다. 겉에는 공책의 제목을 지어서 쓰고, 자신의 이름도 크게 적고, 표지 뒷면에는 공책 제목과 자신 이름의 뜻을 적어오도록 합니다. 공책 제목을 붙이면서 과목에 대한 관심을 더욱 깊게 둘 수 있으며 창의적인 표현을 해볼 기회도 가질 수 있습니다. 자신의 이름의 뜻을 쓰면서 자신에 대한 소중함, 정체성도 생각할 수 있습니다. 공책을 거둬서 검사할 때 의미에 대해 의견을 적어주고, 좋은 작품은 시상합니다.

첫 수업은 특강으로 진행합니다. 나의 학습목표 세우기와 공책 정리방법으로 이루어지는 둘째 수업까지도 그렇게 합니다.

다음은 첫 수업의 간략한 지도안(매뉴얼)입니다.

첫 수업 매뉴얼

1. 목표 ❶ 공부의 목적, 각 과목의 목표를 알고 목표의식을 분명하게 갖는다.

❷ 수업 진행의 방침을 알고 수업 준비를 잘한다.

2. 적용 가능 교과, 학년 모든 과목, 모든 학년

3. 준비물 교사 – 안내 인쇄물, 시각 자료

학생 – 기본 필기도구

4. 소요 시간 35분 정도

5. 진행 방법 특강 형식, 질의응답식

6. 평가 ❶ 공부의 목적, 교과의 목표를 분명히 알고 목표의식을 가졌는가?

❷ 수업 진행방침을 알고 수업 준비를 잘해올 수 있는가?

인사하는 방법도 재미있게

요즘에는 이렇게 하는 경우가 거의 없지만, 예전엔 교사가 교실

에 들어가면 반장의 구령으로 일제히 인사하는 집체 훈련식 시작이 많았습니다. 수업 방법과는 직접 관계가 없지만 인사하는 방법을 다르게 하면 좋을 것 같습니다. 저는 이렇게 합니다.

교사가 교실 문을 열면 일제히 손뼉을 치게 합니다. 그러면 교사는 박수에 답례로 인사를 합니다. 교단에 서면 박수가 그치고 그것으로 인사가 된 것입니다. 이 방법은 제가 아는 다른 교사의 예를 듣고 따라 한 것인데 효과가 좋습니다.

이것을 설명한 다음에 중요한 것은 "자, 그럼 실습을 해보겠어요." 하며 반드시 실습을 해야 한다는 점입니다. 그렇지 않으면 그냥 재미로 하는 줄로 알 수 있기 때문입니다. 그래서 교실 문밖으로 나갔다가 다시 근엄하게 들어오는 장면을 연기하면서 연습을 해야 재미도 있고 잊지도 않습니다. 다음 시간에 학생들이 잊고 손뼉을 치지 않으면 교실 밖에서 기다렸다가 들어갑니다. 잊는 경우는 거의 없었습니다.

이런 시작은 수업의 재미와 개성이 됩니다. 수업 시작부터 분위기를 집중시키고 활기 있게 만드는 좋은 효과가 있습니다. 작은 것 하나에도 환호하고 싶은 학생들의 기분도 맞춰줄 수 있을 것 같습니다. 단, 너무 소란스러우면 옆 반의 수업에 방해가 될 수 있으니 적당한 것이 좋겠지요.

'마음 듣기' 실습 활동
시간 여유가 있으면 첫 수업 때 하고 만약 시간이 없으면 다음 시간에 도입으로 '마음 듣기' 실습 활동을 합니다. '마음 듣기'는 '경청'을 우리말로 예쁘게 바꾼 것인데 '듣기' 앞에 '마음'을 붙인 것은 '자신의 마음을 비우고 상대의 마음까지 듣는다'는 뜻을 좀 더 드러나게 하고 싶어서입니다. 학교 수업에서나 일상생활에서의 마음 듣기의 중요성을 알고 잘 들을 수 있게 하는 활동으로 과목에 관계없이 할 수 있습니다. 듣기를 하지 않는 과목은 없기 때문입니다.

우선은 듣기의 중요성에 대해 설명합니다.[주4-1] 듣기는 의사소통의 가장 기본적이며 중요한 활동입니다. 게다가 학교생활은 거의 수업으로 이루어져 있고 수업은 듣기 활동이 대부분입니다. 그러므로 듣기를 잘한다면 저절로 공부를 잘할 수 있게 됩니다. 잘 들으면 다른 사람에게 좋은 인상을 주고 친한 사이를 만들 수 있고 말도 잘할 수 있다는 것을 알려줍니다.

잘 들으려면 우선 자신의 편견이나 선입견을 내려놓고 상대방을 있는 그대로 모두 인정하고 받아들이려는 마음을 가져야 합니다. 그리고 그런 마음을 몸으로 표현해야 합니다. 몸을 상대방으로 향하고 눈을 맞춥니다. 눈을 똑바로 바라보는 것이 부담스러우면 눈썹 사이나 턱 끝 혹은 목을 쳐다봐도 됩니다. 들으면서는 고개를 끄덕여 공감을 표하고 맞장구도 쳐주면서 가벼운 질문을 던지기도 합니다. 이것을 '듣기의 삼박자(눈맞춤, 고개 끄덕이기, 맞장구)'라고 부릅니다. 그러면 상대방은 매우 편안한 마음으로 즐겁게 말할 수 있게 되고 두 사람의 사이가 매우 좋아집니다. 상대방의 마음을 있는 그대로 받아들이면 상대방의 마음과 내 마음이 서로 하나가 되기 때문입니다. 이런 원리를 실습 활동으로 직접 느껴보고 체득하게 합니다. 이것은 상담심리 실습에서 경청하는 연습을 응용한 것입니다. 이런 내용을 안내하는 시각 자료를 준비하는 것이 좋습니다. '1. 마음 듣기의 뜻, 2. 마음 듣기의 중요성, 3. 마음 듣기의 마음가짐(마음 비우기), 4. 마음 듣기의 몸가짐(듣기의 삼박자), 5. 실습 순서'의 내용을 담습니다. 글씨만 있는 것보다는 그림도 들어가는 재미있는 자료를 만들면 좋습니다.

다음은 수업 시간에 바로 쓸 수 있도록 〈마음 듣기 실습〉의 진행과정을 정리한 매뉴얼입니다.

마음 듣기 실습 매뉴얼

1. 목표 ❶ 듣기의 중요성을 3가지 이상 안다.

❷ 마음을 비우고 상대방의 말을 그대로 인정하고 받아들인다.

❸ 듣기의 삼박자를 몸으로 실천하며 듣는다.

❹ 마음 듣기로 상대의 마음을 정확하게 이해한다.

2. 적용 가능 교과, 학년 모든 과목, 모든 학년

3. 준비물 교사 – 안내 시각 자료, 타이머

학생 – 기본 필기도구

4. 소요 시간 15분~20분(안내+활동+소감문 작성)

5. 진행 방법 2인 1조 활동

❶ 두 사람이 서로 무릎을 맞대고 마주 앉는다.

❷ 한 사람이 다른 사람에게 주어진 주제(아침에 일어나서 학교 올 때까지 있었던 일, 자신이 좋아하는 것들, 행복했던 순간들 등등)에 대해 말한다. 듣는 사람은 듣기 방법을 잘 실천하면서 듣는다.

❸ 1분이 지나면 교사는 타이머의 신호음을 들려주거나 손뼉을 친다. 그러면 듣던 학생은 고개를 획 돌려서 딴청을 피운다. 그래도 말하는 사람은 계속 말해야 한다.

❹ 1분이 지나면 교사는 신호를 한다. 그러면 딴청을 피우던 학생은 다시 말하는 학생을 쳐다보고 잘 들어준다.

❺ 1분이 지나면 손뼉을 쳐서 끝낸다.

❻ 역할을 바꾸어서 한차례 더 한다.

❼ 활동 소감을 바로 공책에 적도록 한다.(3분간)

❽ 몇몇 학생의 소감을 들어보고 교사가 마무리한다. 자발적으로 발표하도록 하거나 적당한 학생을 지명한다.(활동하는 동안에 가장 적극적인 모둠을 잘 봐두었다가 발표를 시키고 상품을 주는 것도 좋다.)

6. **평가** ❶ 듣기의 중요성을 잘 알았는가?

　　　　❷ 자신의 마음을 비우고 경청하였는가?

　　　　❸ 듣기의 삼박자를 실천하며 들었는가?

　　　　❹ 상대방의 마음까지 정확히 이해했는가?

───────────────────────────

　이 정도로 첫 시간을 마무리합니다. 약간 빠듯한 감이 있습니다. 그래도 끝나기 전에 수업의 핵심을 제목만이라도 간단하게 짚어주고 수업소감을 간단히 적게 합니다. 공책 쓰는 방법은 다음 시간에 자세히 안내하므로 우선은 자유롭게 적어보도록 합니다.

다음은 첫 수업에 대한 학생의 소감입니다.

고등학교에 입학에서 긴장된 마음으로 의자에 앉아서 국어 수업 시간을 기다리는데 종이 치자마자 선생님께서 들어오셨다. 밝은 인상, 꼽슬꼽슬한 머리, 거기다가 한복까지. 들어오시자마자 시작되는 3분간의 마음 정리(명상). 왠진 모르겠지만 선생님의 수업이 기대되었다. 우리의 국어를 맡으신 배광호 선생님은 스스로 '국어 수업의 브랜드화'를 외치시며 선생님의 수업을 '하늘국어'라 하셨다. 그리고 우리가 이렇게 한 교실에서 만난 것이 '수억 겁의 인연'이라시면서, 수억 겁이 얼마나 큰 수인지도 가르쳐주셨다. 일 년 동안 어떤 식으로 수업이 진행되는지 안내되어 있는 프린트를 받고 약간 놀라웠다. 개인이 앞에 나가서 하는 '학생수업'도 있고 개인 연구 발표를 하는 세미나 시간도 있었다. 완전히 우리가 수업을 이끌어 나가는, 발표, 토론 중심의 수업이었다. 내가 평소에 발표력이 부족해서 약간 무섭기도 하였고, 한편으로는 이런 차별화된 수업을 받으니 기쁘기도 하였다.

1학년 6반 박진만 (05. 3.)

공부하는 법을 배우는 공부

하늘국어 공부는 공책을 중심으로 이루어집니다. 공책은 수업 시간마다 정리하는데, 크게 세 부분으로, 수업 시간마다 '나의 학습목표'를 각자 세워서 적는 부분, 수업 내용을 '자유 필기'하는 부분과 수업이 끝나고 나서 수업 내용을 정리하는 '수업소감' 부분으로 되어 있습니다.

나의 학습목표 세우기

하늘국어에는 특이한 것이 많다고 합니다. 그중의 하나가 매시간 수업의 학습목표를 자신이 세우는 것입니다. 목표 세우기는 동기 유발과 성공에 매우 중요합니다. 그러므로 교사는 매 수업에 학습목표를 설정합니다. 그러나 학생 스스로 세워 보는 것이 더 좋습니다.

●**왜 스스로 학습목표를 세워야 하나**　요즘엔 운전하면서 길 찾기가 쉬워졌습니다. 내비게이션(길 도우미)이라는 기계 덕분입니다. 내비게이션이 제대로 작동하려면 목적지를 정확히 입력해야 합니다. 흔히 '찍는다'라고 하죠. 목적지를 입력하면 경로가 나타납니다. 정확한 길을 따라 적절한 속도로 운전할 수 있게 됩니다. 물론 엉뚱하게 안내를 할 때도 있지만, 거기에도 그럴 만한 이유는 있게 마련입니다. 목적지를 잘못 입력했거나 자료가 갱신되지 않았다든가 하는.

수업목표를 세우는 것은 목적지를 입력하는 것과 같습니다. 목표를 세워야 무엇을, 어떤 단계를 거쳐 어떻게 공부해야 할지, 공부를 제대로 하고 있는지 등을 스스로 판단할 수 있습니다. 수업목표가 없으면 목적지 없이 혹은 목적지를 입력하지 않고 차를 모는 것과 같습니다. 어디를 달리고 있는지는 알 수 있지만, 다음은 어디로 어떻게 얼마나 가야 할지는 알기 어렵습니다. 그냥 길만 따라가게 됩니다.

길거리를 다니는 모든 차가 모두 내비게이션을 달았다고 가정할때, 각 내비게이션에 나와 있는 경로가 똑같은 사람은 거의 없을 것입니다. 출발지와 목적지가 모두 다르기 때문입니다. 학생들의 인지적인 측면만 보더라도, 각자가 아는 지식의 양이나 질이 모두 다릅니다. 출발점이 모두 다르다는 말입니다. 이런 상태에서 같은 시간 동안, 같은 속도로 달린다고 가정해도 그들이 도달할 수 있는 거리는 서로 다릅니다. 그런데 실제로는 각자의 속도도 모두 다릅니다. 학습 내용의 이해 능력이 모두 다르다는 말입니다. 출발점이 뒤에 처져 있는 학생일수록 속도는 느립니다.

출발점이 앞선 학생들은 더욱 빠른 속도로 달려나가고 그렇지 않은 학생들은 그 경주를 포기하고 싶은 마음으로 허덕이며 할 수 없이 뒤따라 달릴 수밖에 없는 형국입니다. 그러므로 수업이 진행될수록 학생들 사이의 거리는 더 많이 벌어지게 됩니다. 학습의 출발점도 다르고 속도도 다른 학생들에게 똑같은 목적지에 도달하라고 요구하는 것은 명백한 억지입니다. 좌절감과 무기력함만을 심어줄 뿐입니다.

이런 문제를 해결하는 방법 중에, 가장 먼저 할 수 있는 것이 자신의 학습목표를 스스로 세우는 것입니다. 목표가 밖에서 주어지는 것보다 자신 스스로 세웠을 때 더욱 강한 동기가 유발되기 때문입니다. "답을 찾아야 하는 중요한 질문을 던지거나 혹은 스스로 도달하고자 하는 목표를 설정했을 때"[주4-2]나 "자신 스스로 흥미롭고 매력적이거나 중요하다고 느끼는(지적 물리적 예술적 실용적 혹은 관념적) 문제들을 풀려고 시도할 때, 교육에 대한 자율권과 통제권이 자신에게 있을 경우"[주4-3]에 가장 효과적으로 학습한다고 합니다.

자율권과 통제권이 자신에게 있다는 것은 요즘 강조하고 있는 자기 주도적 학습의 '주도권'과 같은 내용입니다. 노울즈는 자기주도 학습을 "타인의 조력 여부와는 관계없이, 학습자가 스스로 자신의 학습 욕구를 진단하고, 학습목표를 설정하며, 학습에 필요한 인적, 물적 자원을 확보하고, 적합한 학습전략을 선택, 실행할 뿐 아니라, 자신이 성취한 학습결과를 평가하는 데에도 주도권을 갖는 과정"[주4-4]이라 하였는데 학습목표를 자신이 설정하는 것이 핵심이라 할 수 있습니다. 학습결과의 평가는 다음의 '수업소감 쓰기'에서 이루어지게 됩니다.

자신이 직접 목표를 세우면 내적 동기가 강하게 유발되고 자신이 세운 목표에 대한 내용에 대해서는 더욱 집중하게 됩니다. 그러면 참여도가 높아질 것이며 학습 내용에 대한 흥미와 이해도 저절로 커질 것입니다. 목표 달성이 되었을 때 성취감과 보람을 더욱 크게 느끼게 되며 이런 경험이 반복되면 스스로 목표와 계획을 세우고 자기주도적으로 공부하는 태도가 정착될 것입니다. 나아가 자신의 삶에도 바람직한 변화를 가져올 것입니다. 이런 면은 학생들의 수업소감에서도 확인할 수 있습니다.

이처럼 자기 자신에게 맞는 목표를 세우고 그것을 적어보는 것은 매우 중요한 일인 것 같다. 내 인생에도 그렇지만 수업 시간에도 말이다. 내 수준에 맞는 학습목표를 세우고 그것을 그 수업이 있기 전 공책에 적어 두었다가 수업을 들을 때 그 목표를 이루기 위해 귀를 기울인다면 저절로 공부가 될 것이다. 또한 여기다 수업이 끝난 후 내 목표를 평가하고 느낌이나 내 생각을 써보는 시간을 가진다면 복습도 되고 내 목표에 대한 성취도도 알 수 있어서 정말 제대로 된 공부가 가능할 것이다. 따라서 나는 앞으로 에빙하우스Hermann Ebbinghaus의 망각 곡선에서 '20분만 지나면 42%를 망각해버리는 한 인간' 이기에 망각의 동물이 되지 않기 위해서 수업 시간마다 기자가 된 기분으로 임할것이며 수업 전후에는 반드시 내 수업일지를 열심히 써야겠다고 다짐해본다.

1학년 1반 하정빈 (07. 3. 9.)

정말 특이한 수업이다. 고리타분하기만 했던 지금까지의 국어 수업들로부터 만들어진 편견들을 날려야겠다는 생각부터 들었다. 선생님 말씀 하나하나가 인상 깊은 훈계도 마음속에 박히기 시작했다는 사실이 내게 말해준 것은, 이제 국어도 '내가 좋아하는 과목' 안에 들 수 있겠다는 확신이었다. 이 수업은 오직 흥미를 유발하기 위해서가 아니라, 자신도 모르게 수업 활동에 열심히 참여하는 '은밀한 열정'을 유발하기 위함인 것 같다. 무미건조하게만 느껴졌던 일상생활들이 새롭게 보이기 시작했다는 사실이 날 대견스럽게 한다. 지금부터 나도 이 수업의 절제된 자유분방함에 빠져 '은밀한 열정'을 스스로 유발해볼까나?

1학년 1반 이현진 (07. 3. 9.)

내가 세운 목표를 달성하여 뭔가 이 시간에 했다는 뿌듯함과 열심히 들었다는 느낌이 든다. 원래 국어가 지겹고 따분했는데 즐거운 마음으로 수업을 할 수 있을 것 같다. 자기가 직접 목표를 세우니 그걸 듣기 위해 수업에 더 집중을 하고 귀를 더 기울이게 되고 좋은 방법인 것 같고, 수업 시간에 적극 참여하여 국어 성적을 많이 올리고 싶다.

1학년 2반 최송아 (07. 3. 15.)

오늘 국어 시간은 또한 굉장히 신기하기도 했다. 내가 학습목표에 적은 것도 저번 수업소감 질문에 쓴 내용을 선생님께서 차례대로 설명해주시는 것이 아닌가? 나는 혹시 선생님께서 내가 적은 걸 보셨나 하고 착각할 뻔 했다. 내가 궁금한 걸 설명해주시고 또 문종 찾는 법, 주제 찾는 법같이 유용한 것을 가르쳐주셔서 고마웠다. 계속 이렇게 수업하면 나날이 글 쓰는 실력도 늘고, 무엇보다 즐거운 국어 시간이 될

것 같다. ^^

1학년 4반 권인경 (07. 3. 16.)

'책 읽고 독후감 쓰자.'라는 목표를 세우니까 책도 읽게 되고 공부도 누가 시키지 않아도 스스로 하는 것 같아서 스스로가 흐뭇하다.

1학년 5반 전경혜 (07. 3. 27.)

이상은 주로 학년 초에 쓴 수업소감입니다. 이런 수업 방식이 지속적으로 어느 정도 계속되면 학습한 내용을 일상생활에 실천하려는 현상이나 목표를 세워 공부하려는 태도가 다른 과목에까지 전이되는 바람직스런 모습도 보여줍니다.

이렇게 하늘국어 공책을 쓴 지도 어느덧 7개월쯤 되어간다. 그런데 나도 모르게 좋은 습관이 생겨버린 것 같다. 원래 무슨 일을 할 때마다 다짐 같은 것을 적곤 했는데. 내가 무슨 공부를 하는지 무엇에 대해 공부를 하고 있는지에 대해 적는다는 점이다. 이번에 시험공부를 하면서 느꼈는데. 정말 그동안 공부를 해도 내가 무엇을 공부하는지 모르고 공부해서 배워도 배운 것 같지 않고, 공부를 해도 공부를 한 것 같지 않았다. 그것도 10년 동안이나 말이다. 그런데 하늘국어 시간에 학습목표를 적다보니 무의식중에 나도 다른 공부를 할 때 무엇을 배우는지 그런 것들을 적거나 해서 나도 놀라웠다. 그래, 내가 무엇을 공부하는 지도 모른 채 그냥 지식들을 마구잡이로 머릿속에 집어넣기만 하려고 했던 나의 이 성급한 실수에 너무 후회가 된다. 그래서 다른 아이들이랑 똑같이 수업을 들어도 이해도 잘 안되고 그랬던 것 같다. 하늘국어 공책, 진짜 처음에는 싫었는데 지금 보니 나도 모르게 변화된 점이 많은 것 같다. 이렇게 글을 적다보니 마치 무슨 독자후기(문제집)을 적는 느낌이 든다. ㅎㅎ 앞으로 남은 기간 좋은 생각들 많이 적고 싶다.

1학년 2반 이수현 (07.10.18.)

● **학습목표를 어떻게 세워야 하나**　학생들이 학습목표를 세우는 것은 어려운 일입니다. 교사들에게도 쉽지 않은 것을 학생들에게 하라고 하는 것은 알맞지 않다고 할 수도 있습니다. 학생들도 처음에는 어려움과 당혹스러움을 나타냅니다. 교사가 학습목표를 제시한다면 학습목표 설정과 진술에 관한 이론을 섭렵하고 교육과정을 자세히 분석하여 친절하고 이상적인 목표를 제시할 수 있을 것입니다. 문제는 아무리 잘 세워진 목표라도 아이들의 학습 동기를 유발하지 못하면 의미가 없다는 것입니다. 어설프더라도 동기를 유발하고 재미있게 참여하여 학습 성과를 올리는 방법이 더 좋다고 생각합니다. 그러므로 학생은 교사가 제시한 학습의 핵심 요항을 참고로 하여 자신의 수준에 맞는 자신의 목표를 스스로 정하도록 진행하는 것이 좋습니다.

　그래서 저는 '나의 학습목표 세우기'에 대한 수업을 미리 합니다.

둘째 수업 한 시간을 잡아서 이 내용으로 진행합니다. 교과에 상관없이 모든 과목에서 할 수 있습니다. 유인물도 만들어서 나누어주고 시각 자료도 만듭니다. 학생들이 세우는 학습목표는 전체 교육과정을 고려하여 단원을 깊이 분석하고 나서 잡는 것이 아니라, 예습하면서 모르는 것, 더 알고 싶은 것을 찾아내어 그것을 다음 수업의 학습목표로 삼도록 합니다.

목표는 교과 내용을 이해하는 측면과 자신을 성찰하고 생활에서 실천할 수 있는 측면으로 나누어 최소한 두 가지 이상을 쓰도록 권장하는 것이 좋습니다. 지식 중심의 공부만이 아니라 자신의 내면이 성장하고 삶이 행복해지는 수업을 하려면 목표의식부터 분명해야 하기 때문입니다. 그러나 어디까지나 권장일 뿐입니다. 그 밖의 자신이 잡고 싶은 것을 자유롭게 잡아도 좋다고 말해줍니다.

학생 대부분은 학습목표를 구체적으로 자세히 적지 못합니다. 교과 내용 이해에 대한 목표를 잘 세우지 못하는 이유는 자신이 무엇을 잘 모르는지 파악이 잘 안되었거나 학습 동기 유발이 약하기 때문인 경우가 많습니다. 예를 들어 그냥 '글의 내용을 잘 이해한다.' 정도로 쓰는 경우가 많은데, 이것은 글의 내용의 각 단계 즉, 어휘, 문장, 문단, 짜임새, 표현법, 추론 방식, 주제 의식 등의 세부 요소를 알지 못하기 때문입니다. 교과마다 공부해야 할 요소가 교육과정 해설 책자에 정리되어 있으므로 그것을 학생들에게 알려주고 활용하도록 하면 자신이 어떤 단계의 어떤 능력이 모자라는지부터 잘 파악할 수 있을 것입니다.

내면 성장이나 실천면의 목표 세우기는 더욱 어려워합니다. 이제까지의 수업을 그런 면과 연결하여 생각해본 적이 없었기 때문인 것 같습니다. 그러나 우리 내면에는 무엇이든 해낼 가능성이 있으므로 교사가 신경을 쓰고 꾸준히 일러주면 점차 생각의 넓이와 깊이를 더해가게 됩니다.

실제 수업에서는 유연하게 적용해나가는 것이 좋을 것 같습니다. 어떤 학생이 '졸지 않기'를 목표로 잡은 적이 있습니다. 좀 더 구체적으로 잡아 보라고 했더니 자신에게는 그것이 중요한 문제라고 합니다. 생각해보니 그것만 되어도 상당한 학습 효과가 저절로 거둬질 것 같아서 그 생각을 존중해주었습니다.

다음은 학습목표를 잘 세운 예입니다. 목표가 매우 구체적 행동과 수치로 설정된 점이 좋으며 지은이의 입장이 되어본다거나 자신을 돌아보고 생활에 실천하려는 태도를 보이는 면이 특히 좋은 점이라고 봅니다.

[학습목표]

1. 이 글을 쓴 지은이의 입장이 되어 왜 이 글을 쓰게 됐으며 무엇을 독자에게 말하고자 하는지를 각각 한 가지씩 써볼 수 있다.

2. 이 글에 쓰인 비유적 표현을 세 가지 이상 찾아보고 그 뜻을 글의 전반적인 내용과 관련하여 써본다.(예를 들면 황소개구리, 참개구리 등)

3. 영어에 치우쳐 우리말의 소중함을 몰랐던 나 자신을 반성하고 우리말을 바로 세우고 공부하기 위해 내가 할 수 있는 일 세 가지를 찾아본다.

1학년 1반 하정빈 (07. 3. 16.)

다음은 한 학생이 스스로 학습목표를 적절히 잡아가는 과정을 보여줍니다.

이번 시간의 목표는 '황소개구리와 우리말'을 완벽히 아는 것이었는데, 목표를 너무 크게 잡은 것 같다. (……) 오늘 수업은 몰라서 한번 알고 싶다는 마음가짐으로 배워서 그런지 더 집중이 잘되었다. 지금까지는 이런 걸 잘 못 느꼈는데, 오늘, 자기가 몰랐던 것을 배울 때 더 집중이 잘되는 걸 느꼈다. 앞으로 예습을 더 철저히 해서 모르는 것을 더 많이 생각해와야겠다.

(07. 3. 22.)

이번엔 내가 지금까지 적었던 학습목표 중에 제일 잘 썼다고 말할 수 있다. 저번엔 목표를 너무 광범위하게 잡았었는데, 오늘은 딱 알맞았다. 우선, 문단별로 중심내용을 알자! 라고 했는데, 내용별로 서론, 본론, 결론으로 나누고, 각 문단의 중심내용을 깔끔하게 책에 정리했다. (……) 목표를 그냥 막연하게 적는 것보다 구체적으로 적으니까

목표 달성을 수치로 나타낼 때에 더 확실하게 나타낼 수 있어서 너무
좋았다.

(07. 3. 27.)

가면 갈수록 높아가는 퍼센트?! 오늘은 내 학습목표를 100% 달성했
다. 목표를 잘 세워서 그런지, 내가 수업을 열심히 들어서 그런지는
몰라도 오늘은 목표대로 잘되었다. (……) 우선 오늘은 내가 정했던
학습목표를 120% 완수했다는 점에서 너무 뿌듯했다. '하늘국어'
라는 수업을 듣기 전에 난 한 번도 목표를 정해놓고, 공부를 한 적이
없었다. 그래서 처음에 목표를 정하는 게 너무 귀찮기도 하고, 왜 하
는 건지 이해도 안 갔다. 그런데 오늘! 목표를 달성했을 때의 이 기분
을 느껴보니까 쬐~금 알 것 같기도 하다. 게다가 오늘따라 글씨도 예
쁘게 써지는 것 같다. 후훗♪ㅋㅋ 그리고 오늘 선생님이 수업하실
때에는 쌤 말씀대로 따로 적지 않고, 내 과제 밑에다 적어봤다. 정말
그렇게 하니까 내가 한 내용과 다른 것은 금방 비교해서 생각하게 되
고, 같은 내용은 두 번 보게 되어서 도움이 많이 되었다.

1학년 5반 한가을 (07. 4. 10.)

처음에는 어려움을 표하지만 시간이 가면서 긍정적인 변화를 보
이는 경우도 많습니다. 다음 글도 7개월 사이에 한 학생에게 일어난 변
화를 잘 보여줍니다.

수업목표를 세우는 게 너무 어렵다. 뭘 배울지도 모르는데 스스로 목표를 정한다는 것이 이렇게 어려울 줄이야. 목표가 고갈됐다.

(07. 3. 19.)

오늘은 정말 열심히 수업을 들은 것 같아서 흐뭇하다. 그리고 내가 세운 학습목표 또한 다 달성하였다. 궁금했던 것을 다 알고 새로운 것을 많이 배우는 건 정말 뿌듯하고 좋은 기분을 들게 하는구나~ 하고 생각했다. 그래서 앞으로 학습목표를 세울 때 좀 더 신경 써서 세워야겠다. 그래서 이번 시간처럼 학습목표 달성률도 높이고, 수업 능률도 높이고 싶다. 늘 오늘 같은 성취감을 갖는다면 공부하는 게 정말 즐거울 것 같다. 뭔가 공부의 즐거움을 느낄 수 있는 실마리를 찾을 것 같다. 이제 실마리를 한 개씩 풀어나가면 목표에 다다를 수 있을 것 같다. 자신감이 불끈 생긴다. 나도 허생과 같은 의미 있는 일을 해내야겠다.

1학년 3반 박성미 (07. 11. 5.)

처음에는 상당히 어려워합니다. 그 이유는 무얼 배울지 몰라서 아니면 무얼 모르는지 몰라서 그렇다고 하는 학생이 많고 가끔 관심이 없어서라고 말하는 학생도 있습니다. 무얼 배울지 모른다는 어려움에 대해서는 교사가 미리 안내를 잘하면 될 것이고 무얼 모르는지 모른다는 말은 매우 안타까운 말이긴 하나 메타인지적 능력을 더 키우도록 차근차근 연습을 시키면 될 것입니다. 하지만, 어떻게든 해보려는 노력을 계속하면서 스스로 방법을 터득해가게 됩니다. 자신의 한계를 넘어서는 희열을 경험하면 강한 내적 동기가 유발됩니다.

한 교실에서 40명 가까운 학생이 공부하지만, 목표는 각자 세워서 맞춤형 개별학습이 되도록 이끌어가야 합니다. 이것이 학생들의 학습 동기를 유발하고 학습 흥미를 높이는 매우 중요한 방법입니다. 수준별 학습과 자기주도적 학습도 모두 이루어질 수 있습니다.

이런 방법을 처음 생각한 것은 동기 유발의 목적에서였습니다. 교사가 일방적으로 목표를 제시하고 배울 내용을 제시하는 것이 아무래도 흥미가 떨어지고 자발적인 동기 유발도 약한 것 같았습니다. 그래서 학생들이 더욱 적극적으로 학습에 참여하고 학습 내용을 의식적으로 분명하게 자신의 삶과 통합시키는 방법을 찾다가 이런 방법을 생각하게 되었습니다. 구성주의 교육이론에서 힘을 얻은 바도 많습니다.

자유 필기

학생수업, 교사 정리 등 수업 시간에 일어났던 모든 것을 마인드맵, 만화, 말풍선, 편지 식, 일기 식 등의 다양한 형식으로 자유롭고 재미있게 정리하도록 합니다. 교사가 제시한 것을 그대로 필기하면 감점을 하기도 했습니다. 자신이 이해한 것을 자신의 언어와 방식으로 다시 쓰면서 더욱 깊이 이해할 수 있습니다. 다음처럼 학생 각자의 취향과 재주를 잘 살린 공책들을 볼 수 있습니다.

▶ 1학년 4반 배아영 학생 공책에서　▶ 1학년 5반 배샛별 학생 공책에서　▶ 1학년 1반 이현진 학생 공책에서

다음은 자유 필기에 대한 학생들의 반응입니다.

오늘은 선생님께서 알려주신 대로 마인드맵을 이용하여 공책 정리를
하였다. 형식 격식 자리 위치 상관없이 그냥 가지로 뻗어 적으니 빨리
빨리 적을 수 있고 가지에 순서를 적으니 헷갈리는 일도 없다. 공책을
넉넉하게 쓰니 한 줄 한 줄 빽빽하게 쓰는 것보다 눈에 더 잘 띄고 구
분이 확실하다. 앞으로 적는 속도를 높이는 마인드맵에 익숙해지면 내
용정리와 이에 대한 나의 생각 정리도 할 수 있었으면 좋겠다.

1학년 2반 구율리 (07. 3. 22.)

오늘 공책 필기 방법을 아주 약간 바꿔봤다. 공책 정리나 필기를 할
때 많은 색깔을 쓰지 않는 나로서 다른 아이들처럼 색채를 이용하기
보다 밋밋한 공책 정리에서 수업 내용 부분과 소감이나 질문 부분

을 구분하기로 했다. 그래서 생각해낸 것이 말풍선! 앞으로 이렇게 조금 조금씩 필기법을 바꿈으로써 효과적으로 복습하고 예습해야겠다.

1학년 4반 손고윤 (07. 4. 20.)

예전에는 하늘국어 정리가 그저 귀찮고 짜증이 났었는데, 나름 정리 방식도 바꿔보고 그림 첨가도 하고 편지 식으로 쓰니까 이제는 재미있다. ~~ 마치 비밀일기 쓰는 것 같아 재미있다.

1학년 1반 김효지 (07. 5. 11.)

up-grade된 하늘국어만큼 공책도 up-grade시켜보려고 color 펜도 쓰고 나의 더욱 다양한 생각들도 적고 있는데, 잘되고 있는지 모르겠다.^^ 그리고 자유롭게 무엇이든 쓰고 할 수 있다는 것이 갈수록 좋다.

1학년 2반 이수현 (07. 5. 16.)

오늘 정말 길게 썼구나. 얼쑤. 키키키 종교만 나오면 할 말이 많아서. 그런데 이 공책이 이런 글을 막 적어도 되는, 아무런 제한이 없는 공책이니까 일기처럼 편하고 좋다.

1학년 1반 김방울 (07. 9. 7.)

수업소감 쓰기

수업소감은 '수업일지'라고 불리는 경우가 더 많은데, 일지라고 하면 정해진 틀이 있는 것 같은 느낌이 들어서 이런 이름을 붙였습니다. 자신의 자유로운 생각을 더 많이 적도록 하는 의도이긴 하지만 기본적인 틀이 있습니다. 쓰는 내용과 형식은 창의적으로 하되 이 틀은 반드시 지키도록 합니다. 그 틀은 '① 학습목표 평가, ② 평가의 근거, ③ '내면관찰', ④ 보완 대책, 실천 계획, ⑤ 질문' 등의 다섯 가지로 되어 있습니다.

① '학습목표 평가'는 자신이 세운 학습목표를 어느 정도 이룩했는지 스스로 평가하여 적는 것입니다. 써놓은 학습목표 옆에 적도록 합니다. 평가는 백분율로 해도 되고 막대그래프로 나타낼 수도 있고 별점 등급을 줄 수도 있는 등 각자 특색 있게 하도록 합니다.

② '평가 근거'에서는 글자 그대로 자신이 평가한 결과의 근거, 이유를 쓰는데 주로 그 시간에 자신이 알게 된 것과 느낀 것이 정리됩니다.

③ '내면관찰'에는 수업을 하면서 혹은 끝난 뒤에 자신의 기분, 느낌, 생각, 태도, 행동 등을 관찰하여 쓰도록 합니다. 하늘국어의 특징적인 활동으로 내면의 힘, 메타인지력을 키우기 위한 매우 중요한 활동입니다.

④ '보완 대책, 실천 계획'은 목표를 달성하지 못한 부분을 어떻게 보완할 것인지에 대한 계획이나 배운 내용을 생활에서 어떻게 실천해

볼 것인지 쓰는 부분입니다. 처음에는 시간마다 쓰도록 했으나 힘들어 하는 것 같아서 1학기 1차 지필고사가 끝난 뒤부터는 소단원 혹은 대단원이 끝날 때에만 쓰도록 했습니다.

⑤ '질문'에는 수업 시간 안에 해결되지 못했으나 미처 질문하지 못했던 점을 적는 부분입니다. 처음에는 사고력을 키우기 위해 시간마다 적도록 했으나 역시 힘들어서 질문이 있을 때에만 해도 되도록 했습니다.

그러니까 앞의 세 항목은 필수 사항이고, 뒤의 두 항목은 권장 사항이 되었던 셈입니다. 처음부터 이렇게 구별을 두어서 하면 연습이 아예 안 될 수 있으므로 처음에는 다섯 가지를 모두 꼭 하도록 하다가 점차 여유를 주는 것이 좋을 것 같습니다.

다음은 학생들의 수업소감입니다.

오늘은 가장 중요한 부분을 배워서 쓸 말이 너무 많아 수업이 마치기만을 기다리면서 쓸 내용을 잊어버리지 않게 쪽지에 적어두었다. 이런 내 모습을 보니 너무 대단한 발전을 한 것 같다. 매일 수업소감 쓸 게 없어서 고민하고 은근히 스트레스도 받고 그랬는데 오늘은 정말 내 자신이 너무 놀랍다.

아까 순애가 만득이를 오해했다고 책에 나와 있었는데 순애가 너무 자기 혼자만 생각해서 그런 것 같다. 아까 이 내용을 쓰려고 쪽지에 메모해뒀는데 선생님이 수업 마칠 때쯤 말하셔서 좀 아깝다. 조승희 얘기

도 적으려고 했는데 선생님이 먼저 말씀하시고ㅠ (……)

1학년 2반 이수현 (07. 4. 23.)

이 학생은 뒤이어 버지니아 공대의 총기 난사 사건과 다문화주의
일본의 위안부 문제에 대한 의견 등을 썼으며, "집에 가서 다문화주의
에 대해 좀 더 자세히 찾아봐야겠다."라고 마무리했습니다. 적극적이
고 자발적인 탐구 학습 동기가 유발되고 있음을 확인할 수 있는 좋은
예라고 봅니다.

이렇게 하나하나 이 공책에 적고 생각과 느낌을 적으니까 수업 시간
에 집중이 더 잘되고 능률도 높아지는 것 같다. 오늘 수업만 해도 그
렇다. 저번 시간에 '인생무상'을 궁금했었는데 이번 시간에 선생
님께서 '인생무상'에 대해 설명해서 정말 놀랐었다. 나와 선생님
의 생각이 통한 것 같아서 ^_^* 하여튼 그래서 선생님께서 인생무
상을 설명하실 때 정말 나도 모르게 그것에 빠져들었다. 정말 신기
했다.

1학년 1반 안소윤 (07. 9. 7.)

전에는 쓸 것도 없고 수업소감 쓰는 게 고역이었는데 마음가짐을 다시
하고 수업을 들으니 수업소감의 재료가 널리고 널린 것이 아닌가?! 신
기했다. 그리고 더 이상 수업소감을 쓰는 것이 힘들지 않았고 오히려

쓸 것이 많아 종이가 모자랄 지경이었다.

1학년 4반 최혜린 (07. 12. 3.)

시간이 갈수록 학생들의 수업소감이 길어지고 깊어지는 것을 확연히 느낄 수 있습니다. 처음에는 단 몇 줄을 적는 것도 힘들어하던 학생들이, 일주일에 두 시간씩 일 년 동안 꾸준히 하게 되면, 크게 어렵지 않게 공책 한 쪽을 채우게 됩니다. 생각하는 힘과 글 쓰는 실력이 저절로 늘게 됩니다. 늘 자신을 돌아보며 내면의 힘을 키우는 것은 물론 글쓰기 공부와 논술 대비도 저절로 이루어지는 셈입니다. 이것은 모든 과목에서 필요한 능력이며 각 과목에 맞게 응용하여 적용하실 수 있을 것입니다.

어려운 점은, 수업소감을 쓰는 데에 시간이 많이 필요한데 그만큼 충분히 여유를 줄 수 없다는 점입니다. 되도록 수업 시간 중에 최소 3~5분이라도 시간을 주어서 정리할 수 있도록 노력은 하지만 잘 안될 때가 잦습니다. 그렇다면 학생들은 매시간 과제를 주는 것과 같으므로 상당한 부담을 느낍니다. 시간 운영에 신경을 쓰는 방법밖에 없습니다.

공책 검사

매시간 시작할 때 학생들에게 자신의 학습목표를 쓰게 하고 그동안 교사는 공책을 검사합니다. 이때는 내용을 자세히 살펴볼 시간은 전혀 없으므로 지난 시간의 수업소감을 써놓았는지만 확인합니다. 그래야 미루지 않고 정리를 하게 됩니다. 예쁜 도장을 마련해서 찍어주면 좋아합니다.

공책 검사를 하면서도 그냥 사무적으로 해나가거나 꼬투리를 잡는 것이 아니라 안부를 묻기도 하고 공책 내용에 대해서 잘했다든가 예쁘다든가 수고했다든가 등의 짧은 말을 해주면서 하면 친밀감을 형성하는 데에 좋습니다. 한 달에 한 번 정도 거둬서 자세히 읽고 첨삭을 해줍니다. 질문에는 간단하면서도 확실한 대답을 반드시 해주어야 합니다. 검사를 대강하면 공책 정리 학습은 제대로 이루어지지 않습니다. 처음에는 대강하던 학생들도 검사를 잘해주면 약간의 감동을 하면서 열심히 하기 시작합니다.

다음은 첫 검사를 받고 나서 학생들이 적은 수업소감입니다.

예전에는 모든 선생님들이 공책 검사를 할 때 내용은 대충 보고 사인만 했었는데 하나하나 다 보시고 답변을 해주시니 기분이 좋았다. ^o^

1학년 3반 이현경 (07. 3. 19.)

보통 선생님들께서 공책을 검사하시고 나면 맨 끝에 간단한 말씀이나 사인 정도가 다인데 이번에는 공책을 받아보고 조금 놀랐다. 내가 쓴 글 밑에다가 한마디 한마디 적어주셨기 때문이다. 꼭 어릴 적에 일기를 검사받은 기분이었다. 진짜 오랜만에 느껴보는 그 기분이란…….

1학년 1반 황영희 (07. 3. 23.)

공책 검사를 하면 학생들의 학습 준비도나 이해도를 알아볼 수 있고 수업에 대한 반응 등을 모니터링할 수 있으며 학생과의 대화 통로로도 이용할 수 있습니다. 수행평가 항목으로 삼아서 반영하면 좋습니다. 수행평가로 할 때에는 미리 평가 요소와 기준을 자세히 정해서 알려주면, 그것 자체가 공책 필기 방법의 안내도 되고 평가하기도 쉽습니다.

　　그런데 시간이 꽤 많이 걸린다는 어려움도 있습니다. 그러나 공책 검사를 하면서 학생 상태도 더욱 자세히 파악할 수 있고, 그것을 바탕으로 다음 수업에 대한 계획도 더 구체화할 수 있어서 충분한 보상을 받습니다. 공책으로 학생과 소통하고 학생들이 변해가는 모습을 발견하게 되면 오히려 기쁨을 얻게 됩니다. 학생 중에는 한 달이란 기간이 너무 뜸해서 좀 더 자주 검사해주었으면 하는 학생도 있습니다. 자신의 궁금증을 바로 해결하고 교사와 더 긴밀하게 소통하기를 바란다는 뜻이겠죠.

　　학생들의 소감문이 점점 좋아지면서 혼자 읽기 아까운 글도 많았습니다. 그래서 각자 자신의 최고 소감문을 하나씩 파일로 작성해서 내도록 하고, 편집위원을 뽑아서 문집을 내기도 했습니다.

　　다음은 2005년 1학년 하늘국어 수업소감을 모은 문집 〈ㄱ(기역) 하니? 하늘의 심장박동을〉입니다.

▶ 2005년 1학년 하늘국어 수업소감 문집

오답 노트

●성적은 우리나라 교육 문제의 블랙홀   시험과 성적의 문제는 우리나라
교육의 블랙홀입니다. 교육에 관련된 모든 논의와 노력을 무력화시키
는 막강한 힘을 가지고 교육의 중심에서 살아 있습니다. 창의력, 사고
력을 증진시키고 내면 성장으로 행복하게 사는 방법이 있다고 아무리
외쳐도 그것이 성적을 올리는 데에 이바지하지 않는다면 학생과 학부
모로부터 외면당하게 됩니다. 이런 현상은 부와 명예 획득, 신분 상승
혹은 기득권의 유지, 고착, 확대 등이 최고의 행복이라고 생각하고, 그
것을 이룰 수 있는 가능성이 가장 높고 합법적인 방법이 교육이라고

생각하기 때문입니다. 행복에 대해서는 제1장에서 자세히 살폈으므로 더 말씀드리지는 않겠지만, 이런 외부 지향적인 행복관도 인정하고 수용합니다. 부와 명예가 행복을 보장하지 않듯이 부와 명예가 없어야 행복이 보장되는 것도 아니라고 생각하기 때문입니다. 어느 쪽이든 조건에 매이는 것은 마찬가지니까요. 어차피 그것들은 행복과는 상관이 없으니까요.

시험이나 성적도 마찬가지입니다. 성적이 좋아야만 행복한 것이 아니라면 성적이 나빠야만 행복한 삶이 되는 것은 아닙니다. 성적을 획일적 잣대로 서열적으로 살벌하게 매기고 경쟁을 시켜야만 학력이 향상되고 학생을 잘 평가하고 잘 선발할 수 있는지는 매우 회의적이고 연구가 필요하다고 생각하지만, 어쩔 수 없이 아직은 성적을 내야 하는 상황이라면 성적을 잘 활용하여 성적에 매이지 않으면서도 내면 성장을 가져오고 행복해지는 방법을 찾아야 합니다.

●**시험은 아는 것만으로 치는 것이 아니다**　수능시험 날이 가까워지면 수험생이 있는 집에서는 비상이 걸립니다. 일찍 자게 해서 시험 당일과 같게 신체 리듬을 맞추게 합니다. 몸에 좋고 머리 회전을 돕는 보양식도 더 세심하게 등장합니다. 수험생에게 부담될 만한 사건은 알리지 않고, 신경 쓰일 말도 잘 하지 않습니다. 친척이나 친지들은 격려 전화를 하기도 두렵습니다. 괜한 부담을 느끼지 않을까 하여 전화를 안 하려고 하다가도 그래도 안 하면 관심을 써주지 않는다고 섭섭해할까

봐, 대신 전해달라고 부모에게 살짝 전화를 하곤 합니다.

물론 집집이 모두 같진 않겠지만 거의 비슷하지 않을까 합니다. 시험 당일엔 마음을 진정시키는 약물까지 등장합니다. 이러다간 수능시험장에서도 약물 검사를 해야 하지 않을지 모르겠습니다.

왜 이런 소동들이 일어나나요? 시험이 아는 것만으로 치르는 것이 아니라는 경험상의 교훈 때문입니다. 무슨 일이든 모든 것이 통합되어 일어납니다. 그러므로 지식적인 것도 잘 갈무리를 해두어야 하지만 정서적, 신체적 상태도 잘 준비되어야 합니다. 너무 긴장하거나 무성의한 것은 아닌지, 들떠 있거나 처져 있지는 않은지, 아침에 있었던 불쾌함을 떨쳐버리지 못하고 있지는 않은지, 신체적으로 불편한 곳은 없는지 등등. 평소의 시험에서도 이런 점이 잘 파악되고 해결되어야 합니다. 한마디로 '내면관찰', '내면소통'이 잘돼야 시험도 잘 보게 됩니다.

●시험은 '내면관찰'의 가장 좋은 기회   오답은 시험을 치기 때문에 나옵니다. 그런데 시험은 학창 시절 중에 가장 부담되는 상황입니다. 해야 하는 공부의 양이 한꺼번에 몰린다는 스트레스 상황도 원인이지만 남보다 잘해야 한다는 경쟁 상황, 시험 뒤에 도사리고 있는 비교, 비난, 추궁 등의 절차는 성적이 좋든 나쁘든 누구에게나 큰 걱정과 두려움을 안겨주게 마련입니다. 그러므로 평소에는 나타나지 않는 자신 내면의 여러 가지 요소가 의식 세계까지 솟구쳐 올라옵니다. 불안, 초조, 우울, 강박, 걱정, 공포 등, 흔히 시험 불안이라 말하는 증상들입니다. 이런

것들이 다스려지지 않으면 공부에 집중할 수 없습니다. 그러므로 시험 기간에 '내면관찰'로 자신을 더욱 세심히 관찰하고 내면소통시킬 필요가 있습니다. 이것은 시험을 준비하는 기간뿐 아니라 시험 치는 시간, 시험 마치고 난 이후까지 항상 필요합니다. 나아가 일상생활이나 졸업 후의 일반 사회생활에서도 똑같이 요구되는 능력입니다.

시험 치고 나서 '내면관찰'을 할 수 있는 자료가 오답입니다. 오답은 많은 단서를 품고 있습니다. 몰라서 틀렸다고 간단하게 생각할 수도 있지만, 시험 치던 당시의 상황은 물론이고, 시험공부하던 자세, 평소의 사고방식까지 찾아낼 수 있습니다. 오답은 우리 몸에서 열이 나는 현상과 같습니다. 몸에 이상이 있으면 열이 나는데, 열나는 원인이 단순하지 않고 복합적이지만 그것을 잘 추적해 치료하면 건강을 되찾을 수 있습니다. 마찬가지로 오답을 통해 자신의 공부에 대한 여러 가지를 진단하고 해결책을 알아낼 수 있습니다. 그러므로 오답은 보물이 됩니다. 이런 이야기를 학생들에게 해주면 학생들은 시험을 치고 나서, "이번 시험에서는 보물을 많이 얻었어요!"라고 농담하곤 합니다.

이런 과정을 체계적, 과학적으로 할 수 있도록 한 것이 '오답 노트'입니다. 오답 노트는 흔히 사용되는 방법이고 많이 권하는 것이지만, 저는 오답을 자신의 성적 향상은 물론 내면 성장으로까지 이어지도록 지도하고 있습니다.

●오답 노트 만드는 법 　오답 노트에 대해 특별히 자세한 안내 유인물

을 준비해서 자세히 설명하고 시험 끝날 때마다 거둬서 첨삭해주면서 개인적인 지도가 될 수 있도록 하고 수행평가에도 반영합니다. 앞에서도 이야기했듯이 유인물을 먼저 나누어주고 설명하면 안 됩니다. 그것을 쳐다보느라 집중하지 않기 때문입니다.

틀린 문제마다 세 가지를 쓰는 것이 핵심입니다. '① 나의 답과 이유(생각), ② 정답과 출제자의 의도(문제의 요구 조건 분석), ③ 교훈, 대책'입니다. 각 문제를 하고 나서는 종합적으로 '④ 오답 코드의 통계'를 내고 '⑤ 종합 분석과 대책'을 씁니다.

'① 나의 답과 이유'는 기억나는 대로 솔직하게 쓰면 됩니다. 그냥 찍었다고 하는 학생도 있는데, 찍더라도 논리나 이유는 있는 법이니 왜 하필이면 그 답을 찍었는지를 써야 합니다. 정말 아무 생각 없이 푼 경우에는 다시 풀어서 맞히면 안 해도 됩니다. 그러나 다시 풀 때도 틀렸다면 그때의 생각을 쓰면 됩니다. 자신의 내면을 관찰하는 실습이 저절로 이루어집니다.

'② 정답과 출제자의 의도'는 정답을 적고 나서 왜 그것이 정답이 되는지, 그 어떤 해설이나 힌트를 보지 말고 그 이유나 근거를 스스로 계속 생각해야 합니다. 며칠이 걸리더라도 생각날 때까지 놓지 말아야 합니다. 한 문제를 너무 오래 끄는 것 같지만, 이렇게 해서 한 가지 유형을 정복하면 그런 유형을 다시는 틀리지 않게 되기 때문에 오히려 시간을 절약하게 됩니다. 물론 자기를 보는 능력과 사고력도 늘어납니다. 그런데 이것을 쓰라고 하면 모의고사인 때에는 해답지에 나와 있는 해설을 그대로 씁니다. 그래도 이건 양반이라고 해야 하나요? 그냥 해설을 오려다 붙이는 경우가 있는데, 그렇게 하면 오답 노트는 안 하는 것이 낫습니다. 이것은 해설을 보고 수학 문제를 풀어보는 것과 같습니다. 자신의 실력을 키울 수 없습니다.

'③ 교훈, 대책'은 '자신의 생각'과 '출제자의 의도'가 왜 차이가 났는지 어떻게 하면 고칠 수 있는지를 최대한 자세히 적습니다. 지식적인 측면뿐 아니라 평소의 공부하는 태도나 자신의 사고방식을 어떻게 바꿔나가야 하는지까지 적습니다. 나중에 실수를 반복하지 않도록 잘 정리해야 합니다. 이것이 내면 성장으로 이어지는 단계입니다. 오답 노트는 공부해 나가면서 자주 살펴보기 위한 것인데 그때 읽어보는 부분이 바로 ③번 항목입니다. 그러므로 공책 각 쪽의 제일 하단에 몰아서 규칙적으로 쓰면 찾아 읽기에 편리합니다. 이렇게 복잡한 것을 어떻게 하느냐고 생각할 수도 있습니다. 하다 보면 자신이 성장하는 것을 경험하게 됩니다. 자신의 성장을 싫어하는 사람은 아무도 없습니다.

'④ 오답 코드의 통계'는 오답 분석을 과학적으로 할 수 있는 매우 좋은 방법입니다. 오답 코드표를 만들어놓고 틀린 문제마다 코드를 부여하여 통계를 내서 전반적인 상태를 파악하는 것입니다. 자신의 약점과 보완책을 한눈에 파악할 수 있는 좋은 자료가 됩니다. 오답 코드는 과목마다 다르겠지만 대개 원인, 내용, 행동(사고력) 영역[주4-5]의 세 부분으로 구성할 수 있을 것입니다. 코드표는 교사가 만들어놓지만 각 문제에 코드를 부여하는 것을 교사가 해줄 필요는 없습니다. 학생이 스스로 코드를 부여하면서 문제 분석력을 키울 수 있기 때문입니다.

다음은 제가 만든 언어영역의 오답 코드입니다.

원인 영역	내용 영역		행동(사고력) 영역
	대분야	소분야(장르)	
심리 상태 (P)	듣기 (L)		어휘, 어법 (어)
	쓰기 (W)		
	문학 (Li)	고시가 (Op)	사실적 사고 (사)
		현대시 (Mp)	
문제 이해력 (U)		고시가 · 현대시 복합(Po)	
		고소설 (On)	
		현대소설 (Mn)	
		수필 (E)	논리적(추론적) 사고 (논)
배경 지식 (S)		희곡, 시나리오 (Dr)	
	비문학 (D)	언어 (La)	
		인문 (H)	비판적 사고 (비)
		사회 (Sc)	
미해결 (N)		과학 (Sci)	
		예술 (Ar)	창의적(유추, 종합적) 사고 (창)
		기술 (T)	

▶ 수능 언어 영역 오답 코드표

만약 침착하지 못해(P) 현대시(Li/Mp)의 비판적 사고(비) 유형의 문제를 틀렸다면 오답 코드는 P Li Mp 비 가 됩니다. 통계를 낼 때도 이 코드표를 그대로 쓰면 됩니다.

'⑤ 종합 분석과 대책'은 원인, 내용, 사고력 분야별 취약점과 보완 대책을 씁니다. 각 문제 분석에서는 나오기 어려웠던 시간 배분, 내면적 신체적 상태 등도 종합적으로 쓰면 좋습니다.

오답 노트를 작성할 때 중요한 것은, 시험 치고 나서 가장 이른 시간 내에 해야 한다는 점입니다. 시간이 오래 흐르고 나서 하면 효과가 없습니다. 오답을 내게 된 이유를 자신의 생각을 점검해서 찾아내는 것이므로, 자신이 그 문제를 풀었을 때의 기억이 사라지면 찾아낼 수 없기 때문입니다. 오답은 결국 자신의 내면을 관찰하는 단서입니다. 자신을 잘 알아야 공부도 잘할 수 있게 됩니다. 저는 정기고사와 모의고사가 끝나면 바로 다음날 오답 노트를 작성해서 내도록 과제를 제시합니다.

개중에는 오답이 너무 많아서 힘든 학생이 있습니다. 이때에는 최소 기준을 정해주는 것이 좋습니다. 너무 힘들면 포기할 수도 있으므로 열 문제까지만 해오도록 했습니다. 한편 만점을 받은 학생은 소감만 써서 내게 합니다.

다음은 한 학생의 오답 노트 내용입니다.

문제 49. | P | D | Ar | 창 |

1) 내 생각, 심리 상태

내가 택한 답 : ④

판단 근거 : '클레의 음악 이미지 변형 기법은 이 이미지가 원래 음악에서 발견할 수 없는 새로운 특성을 획득하게 되고 그럼으로써 음악에는 존재하지 않는 관계성이 만들어진다.'라는 내용과 관련지어 생각해볼 때 음악에서 발견할 수 없었던 새로운 특성을 〈작품해설〉에서 찾아야 한다. ⓑ와 ⓓ 중에서 고민했으나, 시간이 5분밖에 남지 않아서 답지와 문제지를 최종 비교해야했으므로 마음이 촉박하여 오답을 하게 된 것 같다.

2) 출제자의 의도

정답 : ②

요구 조건과 해당 근거 : '음악에는 존재하지 않는 관계성'은 클레가 〈5성부 다성음악〉을 창작하면서 새롭게 발견하게 된 것인데, 이는 음악에서는 발견할 수 없는 특성이다. 〈작품 해설〉에서 보면 각진 모양의 무수한 선들 속에서 ⓑ와 같은 상징성을 설명하고 있는데, 이는 음악을 그림으로 변형한 과정에서 해설자가 새롭게 발견한 것이다.

3) 교훈, 고칠 점

시간이 촉박하더라도 문제에만 전념할 수 있는 집중력이 무엇보다 중요한 듯하다. 대체로 끝에 가서 마음이 흐트러지기 쉬운데 한결같은 마음으로 문제를 푼다면 시간 때문에 잘못된 판단을 내리지는 않을 것이다. 또한 마음을 급하게 먹지 말고 약간의 여유로움을 가질 수 있다면 문제를 푸는 데에 더 효과적일 것이다. 역시 공부나 시험에서도 마음공부는 꼭 필요한 듯!

〈코드 통계〉

원인	내용 영역	대분야	소분야	행동 영역
P 1	L 1			어 1
	W 2			
	Li 4	A 2	Po 2	사
U 7			No 1	
	M.A	M 3	E	논 1
			Dr 1	
S 1	D 3	La 1		비 4
		H		
		Sc 1		
N		Sci		창 3
		Ar 1		
		T		

〈종합 분석과 대책〉

다른 건 몰라도 듣기만큼은 자신 있다고 생각을 했었는데 전반적으로 시험 문제가 어려워지면 듣기 역시 소홀히 할 수 없음을 절실히 깨닫게 된 시험이었다. 여태까지 모의고사를 보면서 거의 대부분이 듣기, 쓰기에서 매력적 오답이 존재하지 않아 답을 찾아내기가 쉬웠는데, 이번에는 읽기는 물론이요, 쓰기까지 헷갈려서 뒤쪽의 문제에 써야 할 시간을 앞쪽의 문제에서 써버린 게 아닌가 하는 생각이 든다.

이번 시험과 저번 시험을 비교해봤을 때 코드 통계에서 가장 많이 차이나는 점은 원인 부분이었다. 저번에는 '심리 상태(P)'가 가장 큰 원인이었는데, 이번에는 비교적 마인드컨트롤은 잘 되었으나 문제의 난이도가 꽤 있다 보니 '문제이해력(U)'이 가장 큰 원인으로 되었던 것 같다.

코드 통계에서 내용 영역 부분을 보게 되면 문학 부분에서 취약함을 알 수 있는데, 이번 시험이 비문학보다 문학이 어렵게 나와서 그 영향을 받은 듯하다.

*소감

이번 4/11 전국연합학력평가를 보면서 신속하고 정확하게 지문 내용을 파악할 수 있는 능력이 아직은 부족함을 느꼈다. 이런 독해력은 저절로 키워지는 것이 아니기 때문에 평상시에 문제를 풀면서 꾸준히 노력해야 함을 다시 한 번 느끼게 된 계기가 되었다. 또한 무엇보다도 이번 시험에서 가장 핵심은 '바쁘더라도 약간의 여유를!!'이 아닐까? 시간이 촉박하더라도 올바른 답으로 가기 위해 다시 한 번 생각해보는 마음의 여유를 가질 수 있도록 마음수련이 필요할 듯하다.

▶ 하정빈 학생의 오답 노트 중에서

다음은 학생들의 '종합 분석과 대책'에 쓴 소감의 일부입니다.

이번 모의고사 오답 노트를 작성하면서 '아, 오답 노트를 작성하지 않았으면 어쩔 뻔 했나?'라는 생각이 들었다. 나는 논리적 사고와 창의적 사고를 필요로 하는 문제에 너무 약한 듯하다.

3학년 12반 최정이 (08. 4. 15.)

오답 노트를 함으로써 내가 어느 부분이 미약한가를 정확히 알아 개선하는 데에도 큰 도움이 되었다. 일단 큰 발전으로는 '쓰기' 부분을 들 수 있다.

3학년 12반 박상미 (09. 9. 14.)

여러 가지 학습 활동[주4-6]

학생수업

●**무한 가능성이 피어나는 교실**   "들은 것은 잊어버리고, 본 것은 기억만 되나 직접 해본 것은 이해된다(Tell me and I'll forget; show me and I may remember; involve me and I'll understand)." 공자의 말이라고 알려져 있는 이 격언[주4-7]과 가르치는 것은 배움의 반이란 뜻의 '효학반效學半'에서 더 나아가 "배울 수 있는 가장 좋은 방법이 가르치는 것"이란 말 등은 학생이 수업해야 하는 근거를 잘 제시합니다. 구성주의 이론에서도 "학습이란 학생들 스스로 수행해야 하는 구성적 활

동"으로서 교사가 할 일은 "학생들에게 지식을 나누어주는 것이 아니라 학생들 스스로 지식을 구성해갈 수 있도록 기회와 동기를 부여하는 것"[주4-8]이라 하였습니다.

하늘국어의 체계는 같은 내용을 세 번 반복하게 되어 있습니다. 맨 처음엔 학생 스스로 생각하고 정리하는 단계, 둘째 단계는 학생수업으로 공유하면서 한 번 더 생각해보는 단계, 마지막으로 교사 정리로 종합하여 정착시키는 단계입니다. 세 번 반복하는 만큼 진도가 늦어질까 걱정이 되실 수도 있으나 실제 운용해보면 학생의 참여도와 집중도, 이해도가 높아지기 때문에 큰 차이는 나지 않습니다.

학생수업은 인지적인 계발은 물론이고 누구나 가진 무한 가능성을 실제로 발현하여 자신 있게 공부하고 행복하게 살아가게 하기 위한 것입니다. 해보기 전에는 자신의 가능성이 어느 정도인지 알 수 없기 때문입니다. 과제를 스스로 생각하여 발표하는 것이 핵심으로 되어 있으므로 사고력과 탐구력. 말하기 능력과 발표력, 자신감도 키울 수 있고 시각 자료를 반드시 만들어야 하기 때문에 핵심 파악과 자료 제작의 능력, 창의력을 기를 수 있으며 질의응답 순서에는 예상되는 질문과 반론에 대비함으로써 다양한 각도에서 생각하는 힘도 키울 수 있습니다.

●**학생수업은 어떻게 진행하나**　학생수업은 말 그대로 학생이 수업하는 것입니다. '발표'라는 용어를 쓰기도 했었지만, 그것은 제한적인 느낌이 들었습니다. '수업'이란 용어로 '처음, 중간, 끝'이 분명하고 독립적

으로 완결된 발표를 유도할 수 있었습니다.

학생수업은 과제로 낸 것을 발표하고 공유하는 방법의 하나입니다. 과제 전체 혹은 일부가 학생수업의 제재가 됩니다. 학생수업을 하는 학생과 다른 학생들이 해야 하는 과제는 똑같습니다. 단지, 수업을 맡은 학생은 다른 학생들에게 설명할 수 있도록 완전히 익혀 와야 한다는 점이 다릅니다.

학생수업은 '① 학습목표 제시, ② 맡은 부분 설명과 자신의 생각 발표, ③ 토론 및 질의응답, ④ 마무리'의 순서로 되어 있습니다. 주어진 시간은 10분씩이며 7분 정도를 자신이 사용하고 3분 정도는 토론 및 질의응답을 진행해야 합니다. 반드시 시각 자료를 한 장 이상 만들도록 합니다. 프레젠테이션 프로그램을 사용해도 되고 문서 편집 프로그램으로 해도 되고 컴퓨터를 이용하기가 어려운 학생은 괘도나 그림 자료, 인쇄물을 마련해도 되도록 합니다. 학생 각자가 처한 사정을 최대한 모두 고려해야 합니다.

토론 및 질의응답을 원활히 진행하기 위해 지정토론자를 정해둡니다. 그리고 한 학기에 지정토론자로 질문한 것을 빼고 한 번 이상은 반드시 자진해서 질문하도록 합니다. 만약 하지 않으면 수행평가 점수에서 감점합니다. 지정토론자의 경우, 미리 알려지면 질문과 대답을 서로 맞추는 수가 있으므로 수업 시간에 바로 발표하는 것이 좋을 것 같습니다.

수업 발표가 끝나고 나서는 발표자(학생 선생님)에게 '마음쪽지'

를 전달하도록 합니다. 예쁜 쪽지를 그날 수업할 사람의 인원수대로 미리 준비해두도록 안내하고 수업에 대한 간단한 평과 격려의 말을 거기에 적어서 주도록 합니다. 학생 상호 간의 피드백이 이루어지도록 하면서 친밀감도 높이려고 해보았는데 반응이 아주 좋았습니다. 받은 쪽지를 공책에 깔끔하게 붙여놓은 학생도 꽤 있습니다.

다음은 '마음쪽지'를 공책에 정리한 모습과 소감입니다.

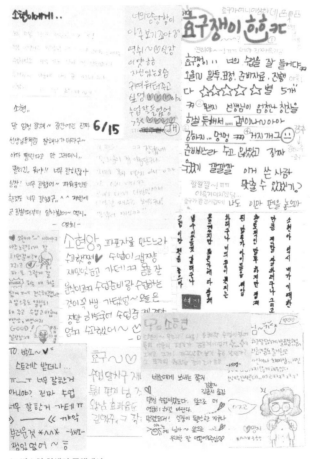

▶ 박소현 학생의 공책에서

학생 선생님에게 마음쪽지를 쓰게 하는 것은 선생님께서 잘하신 일이라는 생각이 든다. 처음엔 쓰기 귀찮고 싫었는데 점점 쓰다 보니 '선생님께서 좋은 일을 시키시는구나.' 하면서 즐거운 마음으로 쓰게 되었다. 평소에 말도 잘 못 붙여보고 서먹서먹했던 아이들과도 직접 얼굴을 마주 보면서 말하는 게 아니라서 더 편하게 대할 수도 있고 친한 아이들과 마음쪽지를 주고받게 되면 즐거움이 한층 더 늘어가는 것 같다.

1학년 1반 하정빈 (07. 9. 4.)

교사는 발표할 순서를 미리 짜서 알려주고 교과 진도에 따라 일주일쯤 전이나 적절한 시기에 미리 자신이 수업해야 할 내용(단원의 예습 과제)을 해당 학생에게 알려줍니다.

다음은 『고등학교 국어(상)』의 '2단원 짜임새 있는 말과 글'의 '(2) 나의 소원' 부분에 대한 학생수업을 미리 안내한 쪽지입니다.

번호	이름	날짜	수업 단원	교과서의 해당 부분
		3/22(월)	2.짜임새 있는 말과 글 (2) 나의 소원	75쪽, (1)~(3) 단락
일러 두기			* 수업 순서 : 인사 – 도입 – 1.학습목표제시 2.어려운 낱말설명, 3.각 문단의 중심 문장과 근거 4.문단의 기능과 근거 5.소감, 내면 변화 6.질의, 토론 – 마무리 인사 * 바른 답을 말해야 하는 것이 아님. 자신의 생각을 솔직하고 창의적, 논리적으로 말하면 됨 *시각자료 제작 * 수업 – 7분 질의토론 – 3분 * 지정 토론자는 당일 발표 * ppt는 인터넷 메일이나 usb를 이용하여 수업 시작 전에 선생님의 노트북에 복사해 놓음 (ppt는 2003 버전임)	

▶ 학생수업 안내

수업 시간에는 그날 학습목표를 판서하면서 수업할 학생과 지정 토론자의 이름을 함께 써놓습니다. 듣는 학생들은 '마음쪽지'를 쓸 종이를 준비하고, 자신이 해놓은 과제와 비교하면서 질문할 거리를 생각하도록 안내한 다음 시작합니다.

시간이 길어지면 다음 수업할 학생에게 지장을 줄 수 있고 전체 수업에도 차질이 생길 수 있으므로 큰 글씨로 '3분 남았음'이라고 쓴 카드를 가지고 있다가 끝나기 3분 전에 슬며시 제시합니다. 아니면 타이머를 이용하여 신호음으로 알려주어도 됩니다. 이렇게 해도 무시하고 시간을 초과하는 열정적인 학생도 가끔은 있지만, 시간 관리에 큰 도움이 됩니다. 듣는 학생들은 공책에 마인드맵으로 정리하고 평가하도록 합니다.

학생수업이 끝나면 반드시 교사의 의견을 이야기해주어야 합니다. 그러기 위해 학생수업 시간에 일어나는 모든 내용을 간략하게 기록하고 평가해야 합니다. 무조건 칭찬해서도 안 되고 무조건 지적만 해서도 안 됩니다. 칭찬이든 지적이든 분명한 근거를 제시해야 합니다. 학생수업의 과정을 기록하고 평가하는 양식은 242쪽에 있습니다.

학생수업에서 일어나는 모든 일을 간략하게 적는 데에는 노란 파일을 이용하는 것이 매우 좋습니다. 반별로 파일을 마련하여 단원명, 날짜, 교시, 반, 번호, 이름, 지정토론자 번호, 이름 등을 수업 들어가기 전에 써놓습니다. 발표 내용은 처음, 중간, 끝으로 나뉜 가운데 부분에 마인드맵으로 메모합니다. 질문 상황은 왼쪽 부분에 정리합니다. 지정

토론자는 물론 자유질문자의 번호, 이름과 질문 내용과 답변까지 모두 적습니다. 횟수를 통계 내어 학년말에 시상할 수도 있습니다.

그리고 오른쪽 칸에는 평가를 합니다. 평가 기준은 우선 자세, 발음, 성량, 시선 처리, 진행의 자연스러움 등의 형식적 요소와 수업목표

2007. . ( )교시		단원명:	평가			
1-( )( )( ) 질문 1.지정토론자 ( )( )	처음, 학습목표		자세, 옷차림			
			움직임, 손동작			
			발음			
	중간		성량			
			말투,억양,유창성			
			속도 적절성			
			시선 처리			
			내용 외우기			
			어법 등 기타			
			시간 준수			
			목표, 제재 제시			
			핵심 파악			
			근거 제시(구체성)			
			짜임새, 연결			
			시각자료 적절성			
			요약, 마무리			
			청중과 소통			
	끝		창의성			
			내면관찰(진정성)			
			질의응답			
특기			등급	하, 중하, 중, 중상, 상		

▶ 학생수업 기록 및 평가지

의 제시, 자기주도적 과제 해결 여부, 내면화의 정도, 용어의 적절성, 시각 자료의 적절성 등의 내용적 요소로 잡습니다. 모든 기준은 미리 알려져야 합니다. 평가 항목 옆의 작은 세 칸은 '상, 중, 하'로 체크하는 칸이고 그 옆은 필요에 따라 상세한 근거를 메모하는 칸입니다. 특기에는 주로 칭찬할 내용을 적습니다. 등급은 점수를 주기 위한 평가인데, 저는 5단계로 매겨서 수행평가에 반영하고 있습니다.

가장 중요한 평가 기준은 자신의 생각인지 아니면 참고서를 보았는가입니다. 너무 막막해서 참고서를 보는 수도 많이 있습니다. 참고서와 내용이 같다고 해서 보았다는 증거가 될 수는 없으므로 그 학생에 대해 참고서를 봤다고 단정해서 지적할 수는 없습니다. 그러나 상대적으로 조금 어색하고 투박해도 자신이 스스로 생각해서 하는 말에 대해서는 아주 큰 칭찬과 가중치를 둡니다. 그러면 저절로 그런 방향으로 이끌어집니다.

학생수업을 진행하면서 가장 큰 방해가 되는 것이 참고서와 인터넷입니다. 자신의 생각을 먼저 정리한 다음에 그런 것들과 비교해보는 것은 도움이 될 수 있지만, 그렇지 않고 그런 것들을 먼저 보고 정리해오는 것은 학생들의 사고력, 탐구력을 스스로 죽이는 결과가 됩니다. 소화제를 계속 먹으면 소화액이 나오지 않게 된다고 합니다. 자신이 스스로 하기 전에 다른 것에 의존하게 되면 자신의 생명력이 죽게 되는 것이 자연의 섭리입니다. 이 점을 강조해서 자신의 무한가능성을 스스로 발현시키고 확인하는 기회가 되도록 이끄는 것이 가장 중요합니다. 그러므로 과제를 제시할 때 참고서에 나와 있지 않은 것, 주로 자신의 생각을 쓰는 것을 많이 내면 좋을 것입니다.

학생수업 때에 나오는 모든 내용은 다음 수업의 매우 유익한 수업 자료가 됩니다. 이 내용이 교과서보다 훨씬 좋은 교재가 됩니다. 학생 선생님이 발표한 내용이나 질의응답에서 나온 내용에 대해 교사가 보완하고 정리해주면 학생들은 더욱 열심히 듣게 됩니다. 이렇게 하면 개인별 맞춤형 수업을 할 수 있습니다.

이런 방식으로 수업을 진행하다 보면 학생이 미처 준비를 못해오는 난처한 일이 벌어지는 수도 있습니다. 이땐 진도를 나갈 수가 없습니다. 순서를 약간 바꾸더라도 준비된 학생수업만 듣고 그 내용에 대해서만 교사 정리를 하든지 아니면 미리 준비해둔 자투리 특강을 합니다.

●수업소감에 찍힌 학생수업의 마음 풍경　학생수업을 듣는 학생들은, 일단 새로운 수업 방식에 흥미를 느끼게 됩니다. 학생수업 내용과 자신이 한 내용을 비교하면서 더욱 흥미를 느낄 수 있습니다. 교사에게 질문하기에는 쑥스럽고 부담되지만, 학생수업에서는 부담 없이 질문할 수 있습니다. 수업 발표 이외에 누구나 지정토론자 1회, 자유질문자 2회의 참여를 반드시 하게 되어 있으므로 참여도도 높아지고 청중으로 참여하는 학생도 자신감과 발표력을 키울 수 있습니다. 학생들의 다양한 반응에서 이런 효과를 확인할 수 있습니다.

다음은 학생들의 전반적인 반응이 어땠는지 대강이나마 알 수 있는 글입니다. 대부분의 학생이 처음엔 학생수업을 매우 부담스러워하지만 끝내고 나서는 큰 성취감과 자신감을 느끼게 됩니다.

처음 학생수업을 한다고 했을 때, 친구들 거의 전부가 '이게 뭐야' 하는 눈치였고 친구들끼리 이야기할 때, 학생수업에 대해 말이 나오면 불평이 이만저만이 아니었다. 나 역시도 새로운 활동에 거부감을 느꼈는지 처음에는 학생수업에 대해 부정적인 편이었다. 그리고 수업 방식에서도 이때까지 해오던 방식과 달라서 '이래서 우리 1년 내내 잘 할 수 있으려나' 하고 걱정이 태산이었던 게 사실이다. 그런데 벌써 1학기가 다 지나가고 2학기가 시작되었다. 말도 많고 탈도 많은 1학기가 지나고 나니 그런 생각에도 조금씩 변화가 생기기 시작한 것 같다. 과연 이렇게 학생수업을 함으로써 얻는 게 무엇인가 했던 것들을 조금씩 느끼는 것 같다. 학생수업을 먼저 한 친구도, 나처럼 상대의 수업을 들은 친구도 모두 점점 만족스러워하는 것 같다. 오늘 학생수업으로 한 시간을 채우다 보니 내 수업 소감에도 학생수업에 관한 이야기를 많이 적은 것 같다. 만약 내가 선생님이 된다면(나의 장래 희망이 선생님은 아니지만…….) 나의 제자가 되는 아이들에게도 이 학생수업이라는 방식을 채택하고 싶다. 내가 이 수업을 하면서 느끼고 배운 점은 내가 수업을 하고 난 뒤에 모든 것을 정리해서 다시 써야지. 궁금하시겠다~.ㅋㅋ

1학년 1반 황영희 (07. 9. 4.)

다음은 학생수업에 대한 한 학생의 생각이 어떻게 변화해갔는지 잘 보여주는 글들입니다. 처음에는 시간 낭비라고 부정적으로 생각하다가 두 달 가까이 지난 뒤에는 약간의 여유를 보이고, 자신이 스스로 수업을 하고 난 뒤에는 큰 만족과 자신감을 느끼고 적극적으로 참여하게 됩니다.

학생수업을 하는 시간은 매우 바쁘게, 매우 빠르게 흐른다. 전에는 학생들이 수업하면서 정작 '시간만 낭비다.', '선생님의 수업을 듣고 싶은데!'라고 생각해왔다. 하지만 지금 생각해보면, 학생수업 진행자가 발표하고 친구들과 웃으면서 나눴던 내용들이 잘 생각난다.

(07. 4. 3.)

학생수업도 이젠 익숙해졌다. 전에는 친구들이 앞에서 발표하는 그 자체를 보는 데에만 시간을 허비했는데, 지금은 자료를 보면서 제때에 정보를 입력하고 의문도 갖고 비판까지 하는 여유가 생겼다.

(07. 4. 27.)

학생수업을 여러 번 하니 이제야 적응이 된다. 빙 둘러 생각할 수 있는 사고도 생겼고, 질문거리를 적지 않게 만들어낼 수 있는 여유도 생겼다.

(07. 5. 8.)

학생수업의 효과에 대해 별 기대를 하지 않았지만 효과는 대단했다.
아니 후유증이라 해야 하나, 집으로 가는 버스 안에서 "반갑습니다,
여러분~" ㅋ 도움이 정말 많이 되어서, (기억이 새록새록) 이젠 학
생수업을 듣는 학생으로서 공감(?)하며 들을 수 있을 것 같다.

1학년 1반 이현진 (07. 5. 22.)

또 수업을 하던 때의 긴장감과 끝낸 뒤의 뿌듯함도 잘 나타나 있
습니다.

오늘 수업은 선생님 수업이 하나도 없고 학생수업만 있었는데 아이들
이 만들어온 프로젝트를 보며 대단하다는 생각이 들고, 떨고 있는 아
이들을 보니 긴장되는가 보다 하는 생각이 들었다.
내가 학생수업의 선배로서 그 기분을 안다. 처음 딱 앞에 서는 순간 약
40명의 눈들이 하나같이 나를 주목하는데 긴장을 안 할 수가 없었다.
또 모르는 질문에 얼마나 당황스러워했던가! 그래도 그나마 나는 아이
들의 평가를 받지 않았지만 "오늘 평가를 하기 위해 두 눈에 쌍심지
를 켜고 보는 아이들이 얼마나 부담스러웠을까?" 하는 동정심이 생
긴다. (솔직히 내가 눈에 쌍심지를 켰다. ㅜ.ㅜ) 하지만 이런 게 바
로 자신감 회복이고, 색다른 경험이다. 나중에 사회생활에도 도움이
될 것 같아 참 괜찮은 수업 방식인 것 같다. 그래도 내 차례가 올까 나
는 두려움에 떨고 있다. ㅋㅋ 다음에는 또 세화가 어떤 수업을 할지

무척 기대된다.

1학년 4반 배아영 (07. 3. 26.)

학생수업을 싫어하는 친구들도 더러 있던데 난 개인적으로 이 획기적인 수업 방식이 참 마음에 든다. 나는 이미 수업을 끝내서 그런가? 오늘 친구들을 보니, 내가 학생수업 준비하던 때가 생각이 난다. 비록 이틀간이었지만, 정말 열심히 했었는데! 그때 당시에는 나도 엄청난 불평을 했었지만, 다 끝내고 나니 어찌나 뿌듯하던지. 거기다가 친구들이 보내준 마음쪽지는 더욱 힘이 되었다. 그래서 늘 보고 힘을 얻으려고 공책에 붙여뒀다.*^_^* 내가 마음쪽지 받았을 때, 큰 힘을 얻어서 그런지 나도 친구들에게 마음쪽지를 열심히 써주게 된다. 친구들도 나와 같은 그런 기분을 느꼈을까? 히히 *>o<*

1학년 1반 박소현 (07. 9. 4.)

역시 말이 좀 빨랐던 같다. 아니 빨랐다. 특히 교과서 정리 때는 너무 빨리 지나가서 애들이 정신없었을 것 같더라. 긴장해서 무작정 그냥 빨리 마치고 싶어서 그랬나. 아무튼 그게 아쉬웠다. 발음이 안 좋다는 지적. 웅얼거리는 말투 때문이다. 어렸을 때 고치도록 노력해야지. 발표력도 있고 잘하고 PPT도 괜찮았다고 말해줬다. 약간 떨었는데 친구들 눈엔 다 보였나 보다. 떨었다고 해주니. 그래도 좋은 말 많이 들어 좋았다. 새벽 네 시가 넘도록 한 보람이 있었다. 마음쪽지가 하나하나씩 올 때마다 기분이 너무너무너무×2 좋다. 이런 기분이구나. 그런데 나 가끔 귀찮다고 못 해주고 안 해줬던 적도 있었는데 이제부터 그러지 말아야지. 이렇게 좋은 걸 처음 한 친구들은 못 느꼈다니 아쉽다. 비록 모두에게 받은 쪽지는 아니지만 이것 하나하나가 그 어떤 장문의 편지글보다 값진 것 같다. 그만큼 이번 학생수업은 너무 보람 있었다. 소설 쓰는 것도 엄청 보람 있고 뿌듯했었는데 학생수업도 그 못지않게 배운 게 많았다. 처음엔 이런 것까지 해야 하나 하고 생각했는데 직접 해보니까 선생님께서 왜 이렇게 시키시는지 조금은 알게 된 듯하다. 이번 기회로 『허생전』 공부가 완벽하지는 않지만 적어도 내 부분만큼은 확실히 알고 배우게 되었다. 아무튼 학생수업 너무 좋다.

1학년 1반 조은아 (07. 10. 19.)

병원에 갔다가 온답시고 수업을 너무 늦게 들었다. 『허생전』을 좀 더 알 수 있었던 시간이었는데 처음부터 듣지 못하여 아쉬웠다. 학생수업으로 이미 익힌 후였지만 다시 정리를 해야 도움이 되는 것 아닌가. 그래도 다른 수업처럼 바로 선생님이 혼자 수업하고 넘어가는 수업 방식이라면 나는 단원 앞부분의 내용을 아예 몰랐을 것이다. 마침 내가 『허생전』 학생수업을 했던 참이라 전보다는 더 내용을 알 수 있었고 수업에 늦게 들어왔더라도 금세 이해할 수 있었다. 어떤 면이든 이런 일이든 먼저 짚어보고 수업하고 공부하고 이해한 후 다시 정리하는 이 수업은 여러 모로 큰 도움이 되는 듯하다. 배울 것도 많고 앞으로도 이런 수업을 계속하여 조금이나마 나에게 도움이 되어 모두 하늘국어를 좋아했으면 좋겠다.

1학년 1반 조은아 (07. 10. 23.)

재미있고 생기가 넘치는 교실 분위기도 느껴집니다. 자신이 미리 해보고 난 뒤 비교하면서 공부하는 즐거움과 세 번 반복하는 체계의 유익한 점에 대해서 써놓았군요. 당연한 일이겠지만, 자신이 수업했던 부분에 대해서는 더욱 확실히 이해하고 기억하고 있습니다. 그래서 교사가 수업할 때보다 학생이 수업할 때의 참여도와 흥미도가 더 높습니다.

오늘 수업은 너무 재미있었다. 학생수업 시간은 어색함도 없고 웃음이 끊이지 않는 수업 시간이어서 너무 좋았다.

1학년 3반 권진아 (07. 3. 27.)

두 번째라 그런지 잘하는 듯하면서도 약간은 어색하기도 하였다. 그렇지만 내 의견과 다른 점을 비교할 수도 있었고 부족한 내용은 보충할 수도 있었다. 그런 점에서 학생수업은 참 좋은 것 같다. 또 친구들이 선생님이 되니깐 재미있기도 하였다.

1학년 1반 신혜윤 (07. 3. 30.)

처음에 선생님께서 학생수업 이란 걸 한다고 하셨을 때 정말 재미없고 저게 나에게 무슨 도움이 될까? 이런 생각도 했었는데 요즘 들어 느끼는 게 책의 내용을 쉽게 까먹지 않는 것 같고, 친구들이 발표하고 퀴즈를 풀고 내용 정리한 것을 보면서 웃을 수 있고 머리에 쉽게 잘 이해되도록 집어넣을 수 있는 것 같아 이제는 이 시간이 좋다. 시험공부에도 많은 도움이 될 것 같고 나는 국어책의 소설 이야기들을 잘 기억해두고 있지 않는 성격인데, 「그 여자네 집」이나 「봄·봄」은 머릿속에 계속 남아 있어서 나도 놀랐다. ㅋㅋ 내 머릿속에 지금 내용들이 생생하게 생각난다. 학생수업 너무 재미있었고 유익했다.

1학년 1반 심효진 (07. 4. 27.)

하늘국어 시간이 좋은 이유가 학생수업을 하기 전 과제물을 풀며 스스로 공부를 먼저 한다는 점이다. 내가 먼저 공부하니까 친구들이 발표할 때 내 것이랑 비교할 수 있고 나와 다른 점을 비교하고 질문하여 알 수도 있고 몰랐던 점을 보완할 수도 있으니…….

1학년 4반 나초연 (07. 5. 18.)

역시 규리 수업은 기대한 만큼 유쾌하고 재미있었다. 또 내가 생각지 못한 정보를 많이 얻을 수 있었다. 선생님과 학생수업 내용을 비교하면서 한 번 더 되짚어보았고 또 다른 사실을 알았다. '알아가는 재미' 꽤나 쏠쏠하다. 가끔은 (정말 아주×100) 공부가 즐거울 때도 있는 것 같다. 같은 작품에서 이렇게 많은 것을 알게 되다니 새삼 재밌고 놀랍다. 앞으로는 어떨지 기대된다.

1학년 4반 배현정 (07. 10. 26.)

편하게 질문할 수 있어서 좋다는 의견도 있고 지정토론자로서 더욱 집중하는 모습도 보이는군요.

두 번째 학생수업이라서 그런지 더 자연스러워지고 '선생님이 아니니까 뭐······.' 하는 이런 마음도 없어졌다. 무엇보다도 질문을 편하게 할 수 있어서 좋은 것 같은데, 쑥스러움이 많아서 아직 번쩍 손을 들기엔 내공이 부족하다고나 할까······.

1학년 5반 김혜빈 (07. 3. 29.)

나는 금회의 지정토론자였는데 다른 건 몰라도 금회의 수업에는 평소보다 더 집중하게 되는 것 같았다. 금회의 수업 내용을 듣고 거기에 관련된 질문을 해야 했기 때문에 귀가 저절로 쫑긋 섰다.

1학년 1반 하정빈 (07. 4. 3.)

그리고 친구들이 공부하는 법도 알게 되고 서로 더 잘 이해하게 되기도 합니다.

학생수업 할 때마다 애들마다 참 스타일이 다르다는 것을 알게 된다.

재는 공부를 저렇게 하는구나, 글을 저런 방법으로 정리하고 이해하는 구나 하는 것들을 말이다. 특별히 교과의 글을 배우는 게 아니라, 공부하는 법을 배우는 시간인 것 같다.

1학년 1반 김소영 (07. 11. 23.)

●답은 내 안에서 나온다　학생수업은 모르는 것을 계속 자문자답하면서 스스로 답을 알아내는 연습을 하는 것이 핵심입니다. 자신 스스로 찾아낸 답이 소중합니다. 남이 찾아놓은 정답을 아는 것보다 나만의 답을 스스로 찾아내는 것이 중요합니다. 그 답이 비록 오답일 때도 있겠지만, 답을 찾는 힘만은 확실히 길러지기 때문입니다. 이 힘만 있으면 상황을 파악하고 그것에 맞게 적용하는 능력을 기르면 항상 답을 알아내어 슬기롭게 처리할 수 있는 사람이 됩니다. 이런 과정을 반복하면 자신의 내면에 모든 것을 알아내고 해결할 수 있는 무한가능성, 만능해결사가 있음을 믿고 활용할 수 있게 됩니다.

실력보다 과제의 난이도가 높아지고 피드백도 받을 수 없는 상황이면 불안을 느끼게 되고 몰입하기에 불리한 상태가 되지만 그래도 해결하려고 계속 애를 쓰면 자신의 지적 능력이 최대로 발휘되는 몰입 상태가 지속된다고 합니다.[주4-9] 학생수업이라는 어려운 과제를 이리저리 고생하고 애쓰면서 학생들은 몰입 상태를 체험하게 되고 드디어 해냈을 때, 큰 희열과 자신감을 느끼고 공부하는 재미를 체험하게 되면서 내적 동기 유발이 강하게 일어나게 됩니다. 학생들의 무한가능성이 아름답게 발현되는 순간입니다.

세미나

●**잊을 수 없는 내면 성장 프로젝트**　졸업생들을 만나 얘기를 들어보면 하늘국어 수업 시간에 가장 기억에 남는 것이 세미나라고 합니다. 자신이 한 세미나의 제목과 내용은 물론이고, 같은 반 친구들의 세미나 내용과 재미있었던 일화까지 생생하게 기억하고 있을 정도입니다.

세미나 수업은 '나만의 내면 성장 프로젝트' 수업이라고 할 수 있습니다. 자신 스스로 목표와 주제, 제재를 정해서 발표합니다. 주제와 제재의 제한은 거의 없습니다. 실제로 학생들이 발표한 내용을 보면 문학, 미술, 음악, 영화, 뮤지컬, 만화, 체험, 역사, 교육, 국제관계 등 다양한 분야를 다루었습니다. 진행 방법의 제한도 없습니다. 자신이 하고 싶은 대로 마음껏 창의적으로 할 수 있습니다. 다양한 멀티미디어 자료를 이용한 프레젠테이션은 기본이고 악기 연주를 직접 하기도 합니다. 어떤 내용을, 어떤 방법으로 하든지 존중합니다. 그래야 무한가능성과 창의력이 마음껏 살아나게 됩니다. 좋아하는 학생도 있고, 막연해하거나 답답해하는 학생도 있고, 귀찮아하는 학생도 있습니다. 그러나 그 결과에는 거의 모든 학생이 만족스러워 했습니다.

●**세미나 수업 진행 방법**　① 목표와 방법, 적용 가능 학년 : 세미나 수업은 학생수업을 확장한 것이라고 보면 됩니다. 목표와 방법이 '학생

수업'과 같으나, 학생수업보다 자발적 탐구와 창의적 사고력을 더 많이 요구합니다. 주어지는 시간은 한 사람 앞에 20분씩, 15분 정도 발표하고 5분 정도 토론 및 질의응답을 진행합니다. 한 시간 수업(50분)에 두 사람씩 발표하고 나머지 앞뒤 시간은 준비와 교사 강평으로 채워집니다.

초·중등학교에서 어느 과목이든지 그 과목의 특성을 살려서 할 수 있는 활동입니다. 제 과목은 국어였지만 국어 과목과 관계없이 어떤 내용이든지 마음대로 하도록 하였습니다. 어떤 제재를 다루더라도 국어 교육의 목적인 자신의 내면의 힘을 키우고 논리력, 사고력, 언어 사용 능력을 키우는 것이 의식적, 무의식적으로 달성될 수 있으므로 전혀 문제가 없다고 봅니다. 특히 통합교과적 시각을 가진다면 얼마든지 학년과 교과, 과목에 구애되지 않고 할 수 있다고 봅니다. 그러나 좀 더 구체적인 범위를 정해서 각 과목과 관련된 내용으로 해도 좋을 것 같습니다. 영어 교과라면 영어로 몇 분 정도 세미나를 한다든지, 수학이라면 수학에 관련된 체험이나 사회나 과학이면 관련된 내용에 대해 탐구 계획을 세워 연구한 결과를 발표하게 해도 좋을 것 같습니다.

② 안내하기 : 3월 둘째 주에 세미나 수업에 대한 안내 인쇄물을 준비해서 10~20분 이상의 시간을 할애하여 자세히 안내합니다. 가장 중점적으로 강조해야 할 사항은 세미나 수업의 목적입니다. 학생 대부분은 발표를 부담스러워합니다. 남 앞에서 말하는 것도 그렇고, 공부하는 시간을 빼앗긴다는 선입견이 강하기 때문입니다. 그러나 세미나 수

업은 들인 시간보다 훨씬 더 큰 감동과 이익을 줍니다. 해보면 압니다. 그리고 교사에게도 큰 도움이 됩니다. 누구에게나 무한한 가능성이 있음을 확인할 수 있고, 학생들의 관심사와 문화를 더욱 자세히 이해하고 할 수 있으며 더 가까이 갈 수 있고, 교사까지 감동시키는 발표도 많기 때문입니다.

하늘국어 세미나 안내

'세미나로 확인하는 내면의 힘'

내 안에 무한한 능력과 가능성이 있다. 스스로 생각하고 쓰고 발표하자.

1. 목적 ❶ 자발적인 연구와 터득으로 자신 내면에 무한한 가능성과 능력이 있음을 스스로 확인하고 체험하여, 교과 공부는 물론 삶에 있어서의 모든 문제를 주체적으로 해결해나가는 지혜를 키워감.

❷ 교과 공부와 자신의 실제 삶과 연결시킴으로써 공부의 참의미를 찾아감.

❸ 이해력, 사고력, 자신감과 발표력을 키워 논술, 구술 면접에 대비함.

❹ 지식과 지혜의 공유로 더불어 성장하는 기회를 체험함.─지식과 지혜의 폭발적인 창출 효과

2. 준비 방법과 지킬 일

❶ 제재 ─ 자신의 삶에 큰 의미와 감명을 준 시, 소설, 수필 등의 문학 작품이나 영화, 연극 등

❷ 발표 방식 – 논문 발표 식

❸ 논문 내용 구성 방식 – 독창성을 가장 중시. 대체적으로 다음 순서로 하면 좋을 듯함.

　◇ 제재의 내용을 간단히 요약 · 정리하여 소개, 제재에 나타난 필자의 전제의 틀과 의도 등을 파악(20%)

　◇ 자신이 주체적으로 비판하고 독창적 창의적으로 해석(40%)

　◇ 자신의 내면적인 삶에 어떤 의미와 감동, 변화를 주었는지 그 내용을 정리하여 발표(40%)

　　제재의 내용이 주主가 아니고 나의 해석과 감동 체험이 주체가 되어야. 작품이 나에게 감명을 주는 것이 아니라 나의 마음과 눈이 열려 있을 때 감명이 일어나듯.

❹ 자료 인용의 경우에는 출처를 분명히 밝히되 되도록 최소한(10% 미만)으로 해주세요.

❺ 준비하면서 의문 나는 점이나 더 알고 싶은 점, 필요한 자료 등이 있으면 언제든지 문의.

❻ 지정토론자나 듣는 학생들은 조금이라도 의심이 나거나 더 알고 싶은 부분이나 생각이 다른 부분은 적극적으로 질문. 발표 학생은 예상되는 질문에 대한 답변을 준비. 발표자와의 일문일답의 질의응답도 좋지만 전체 토론으로 연결되는 것을 더욱 권장.

❼ 지킬 일

　◇ 발표계획서 제출 일자 : 3월 넷째 주 월요일 8교시 이전까지 하늘국어

카페에서 양식을 내려받아 출력하여 제출.

◇ 중간보고서 제출 일자 : 발표일 일주일 전까지.(처음 제재를 바꿔도 됨)

◇ 발표 후 발표내용 요약서와 발표 소감 제출 : 발표 후 3일 이내. 발표
내용은 반드시 컴퓨터 파일(아래아한글이나 파워포인트 프로그램으
로 작성)로 작성하여 제출.(파일명 : 10101김○○.hwp 혹은 1101김○
○.ppt) 발표 전에 모든 내용이 파일로 작성되어 있어야 하며 발표 후
에 '발표 소감'만 첨가하여 제출.

3. **발표 시간 및 일정** 발표 15분 정도, 질의응답 및 토론 5분 정도, 한 사람에 총
20분 정도. 사정에 따라 조금 바뀔 수도 있음. 발표날은 매월 둘째 주. 자세
한 일정은 추후 알림.

어찌 보면 너무 많은 시간이 낭비된다고 볼지도 모릅니다. 그러나 너무 부담
을 느끼거나 귀찮게만 여기지 말고, 목적의 순수성과 진지성을 이해하고 적극
참여하여 하늘국어 시간을 여러분들의 삶을 변화시키는 계기로 만들어가길
바랍니다.

이 글을 쓰고 있는 이 순간에도 나는 마음이 설렙니다. 여러분들의 맑고 순수
하고 진지한 생각들이 아름다운 언어로 퍼져 나올 것을 알기 때문입니다. 그
리고 이 시간에 발표했던 내용은 한 해 동안 국어 시간에 배웠던 그 어떤 수업
의 내용보다 오래 기억될 것입니다.

그리고 여러분의 삶은 변하기 시작할 것입니다. 좀 더 큰 애벌레가 아니라 날
개 달린 나비로. 아주 밝고 아름답게 그리고 슬기롭고 자유롭게.

③ 발표계획서 받기 : 3월 둘째 주에 안내를 하면서 3월 마지막 주까지 발표계획서를 제출하도록 과제를 냅니다. 발표 날짜가 뒤쪽인 학생들도 미리 구상을 해보고, 마음의 준비를 하도록 하는 의도입니다.

다음은 발표계획서 양식입니다.

학반	학년 반	번호		이름		예정 발표시기	2010년 월 둘째주
제재	작품 제목						
	종류(장르)						
발표 제목							
부제							
제재 선택 동기 (이유)							
연구 목적							
연구 추진 일정							
발표 내용 개요	제재의 예상되는 내용, 주제						
	제재를 분석, 해석할 나의 방향 (관점)이나 의도						
	나의 내면 성장에 주게 될 의미 와 변화						
그 밖의 참고							

▶ 2010 하늘국어 세미나 발표계획서

④ 발표 일정 짜기 : 발표계획서를 받아서 그 내용을 종합 정리하여 일 년간 세미나 발표 일정을 만들어 학생들에게 공지합니다.

다음은 발표 일정의 예시입니다.

번호	이름	중간보고서 제출일	발표일	발표 제재	분야	지정 토론자
1	김동욱	11/2(수)	11/9(수)	설득의 심리학	심리학	27
2	류승한	10/25(화)	10/29(토)	반지의 제왕	소설	30
3	박상현	10/17(월)	10/27(목)	말아톤	영화	25
4	배현재	9/6(화)	9/15(목)	쇼생크 탈출	영화	23
5	서정균	9/6(화)	9/14(수)	뇌	소설	21
6	서혁재	8/18(목)	8/24(수)	심리	심리학	19
7	이민수	8/18(목)	8/23(화)	실미도	영화	17
8	최웅비	7/7(목)	7/13(수)	세상의 중심에서 사랑을 외치다	소설	15
9	황현빈	7/7(목)	7/12(화)	주유소습격 사건	영화	13
10	곽명	6/1(수)	6/8(수)	달과 6펜스	소설	11
11	김인영	5/31(화)	6/7(화)	드래곤 볼	만화	9
12	김현정	5/11(수)	5/18(수)	잊지 못할 어린 날의 추억	경험	7
13	김효진	5/11(수)	5/17(화)	그러니까 당신도 살아	수필	5
14	문혜원	4/6(수)	4/13(수)	나의 꿈을 찾아서	기행	3
15	민채영	4/6(수)	4/12(화)	칭찬은 고래도 춤추게 한다	수필	1
16	박도연	4/6(수)	4/12(화)	지금의 나를 있게 해준 고마운 영화	영화	2

▶ 2005 하늘국어 세미나 발표 일정

매월 둘째 주를 세미나 주로 정했습니다. 저는 정규 수업 한 시간과 방과후학교 수업을 한 시간씩 이용했습니다. 한 달에 네 명이 발표할 수 있고, 4월부터 11월까지 8개월 할 수 있다면(8월엔 여름방학 때문에 마지막 주에 함) 총 서른두 명이 할 수 있습니다. 만약 학생이 더 많거나 시간이 모자라거나, 학년이 낮은 학생이라면 발표 시간을 10~15분 정도로 줄여서 발표하도록 진행합니다. 그러면 한 시간에 세 명 정도 발표할 수 있고, 수업이 일주일에 두 시간이라면 여섯 명 발표할 수 있습니다. 8개월이면 총 마흔여덟 명까지도 발표할 수 있습니다.

⑤ 중간보고서 받기 : 발표하기 일주일 전에 '중간보고서'를 내도록 합니다. 자신의 발표 내용을 한 번 더 점검하게 하기 위한 것입니다. 실제로는 이때부터 준비를 시작하는 학생들이 많습니다. 중간보고서 양식은 262쪽에 있습니다.

⑥ 발표 진행 : 학생 발표에 앞서 교사는 중간보고서의 내용을 보고 그날 발표할 학생의 이름과 제목, 부제 지정토론자를 칠판 왼쪽에 적어놓습니다. 칠판 가운데 부분은 학생이 이용할 수 있도록 비워두어야 합니다. 듣는 학생들은 들은 내용을 마인드맵으로 간단히 정리하도록 하고, 발표를 듣고 있는 자신의 내면을 관찰하는 데에 더욱 집중하도록 한 번 더 일러줍니다. '마음쪽지'도 발표한 사람 수만큼 준비해두었다가 써서 전달하도록 안내합니다. 3분 전에 안내 카드를 들어 시간을 알려줍니다.

발표자는 세미나의 목표를 제시하고, 시각 자료를 반드시 이용하며 정해진 시간을 지키는 것 이외에는 마음대로 진행하도록 안내합니다.

학반	학년 반	번호		이름		발표일	2005년　월　일 요일　교시
제목							
부제							
제재	제목						
	분야(장르)						
연구 목적 (발표 핵심 주제)							
발표 내용 개요	처음						
	중간						
	끝						

발표를 준비하면서 확인한 나의 내면적 가능성과 능력 그리고 나의 삶에 일어난 의미와 변화, 각오

▶ 2005 하늘국어 세미나 중간보고서

⑦ 발표 후 마무리 : 발표하고 난 뒤 3일 이내에 발표 결과 자료와 결과보고서를 제출하도록 합니다.

다음은 결과보고서 양식입니다.

학반	학년 반	번호		이름		발표일	2005년 월 일 요일 교시
제목							
부제							
제재	제목						
	분야(장르)						
발표 목적, 주제							
발표 내용 요약 (초록)							
발표 목표의 달성 정도 (평가)							
발표 후 소감(자유 형식)							

▶ 2005 하늘국어 세미나 결과보고서

결과보고서는 이메일로 내도록 했습니다. 교사와 개인적으로 소통할 수 있는 기회를 줄 수 있고 저장과 가공이 쉽기 때문입니다. '발표 후 소감'은 내용과 형식, 분량을 자유롭게 하되 '내면관찰'의 내용이 꼭

들어가도록 지도합니다. '발표 후 소감' 부분을 모아서 문집을 만들기
도 하였습니다. 다음은 2004년 2월에 만든 1학년 하늘국어 세미나 발
표 소감문집 〈사계〉입니다.

▶ 2005년 1학년 하늘국어 수업소감 문집

　　그 밖에도 학생수업이나 세미나를 녹음하거나 동영상으로 촬영하
여 학기말에 선물로 주면 매우 좋을 것 같습니다. 실행할 수 있는 좋은
방법을 생각 중입니다.
　　⑧ 평가 : 교사의 평가나 강평은 학생수업 때와 같이하고, 듣는 학
생들의 활동도 역시 학생수업과 같으며 '마음쪽지'로 같은 학생들끼리
도 피드백이 이루어지도록 하는 것도 같습니다. 스스로 생각해낸 것,
자신의 내면 성장을 가장 중시하여 평가하고 스스로 설정한 목표가 잘

달성되었는지도 중요하게 평가합니다. 모든 과정은 수행평가에 반영하였습니다.

다음은 학생들의 소감문 중의 일부입니다.

선배들이 세미나를 한번 하고 나면 나중에 또 하고 싶어 한다는 이야기를 친구에게 들은 적이 있는데 처음에는 별로 이해가 가지 않았다. '왜 그런 귀찮은 일을 다시 하고 싶어 하는 걸까?' 하는 생각까지도 들었다. 하지만 그것은 세미나를 해보기 전의 생각이었다. 내가 세미나를 직접 준비하고 발표하면서 뿌듯함을 느끼고 나도 무슨 일이든 열심히 하면 잘 할 수 있다는 자신감이 생겼다. 내면의 힘을 기른다는 게 바로 이런 게 아닐까 싶었다. (……) 오늘 이렇게 세미나를 하면서 좋은 감동을 많이 받을 수 있었다. 그리고 세미나를 준비하고 발표하면서 아직까지도 변화를 즐기지 못하고 자꾸 두려워하며 걱정을 많이 하는 나의 부족한 면을 볼 수 있었다. 이번 기회로 다시 한 번 나를 돌아보게 되었고 이런 부족한 면을 채우기 위해 노력하면서 나도 더 발전할 수 있다는 자신감을 갖게 되었다. 그리고 오늘 세미나라는 새로운 경험을 통해서 나 자신이 조금이라도 변화를 긍정적으로 바라보게 된 것 같아 기뻤다.

1학년 6반 안혜진. 제재:비소설 『누가 내 치즈를 옮겼을까?』

(2003. 7. 10.)

20분이지만 어쩌면 이것이 내 인생에 정말 큰 부분이 되었을 것이다. 무언가를 이렇게 깊게 생각해본 적도 없었고 이렇게 크게 깨달은 적도 없었다. 그동안 너무 생각 없이 살아온 탓도 있겠지만, 세미나와 같이 자신을 발견하고 세상을 깨달을 수 있게 해줄 기회가 없었기 때문이다. 주어지는 것을 받아들이기만 하는 것이 아닌, 내가 찾아서 직접 느끼고 생각할 수 있는 좋은 시간이었다. 그리고 내 의지와 태도가 나의 삶을 행복하게 만든다는 것, 또 세상을 아름답게 보는 사람은 모든 사람들에게 그리고 자신에게 소중하고 행복한 존재라는 사실을 알 수 있었다. 일시적인 깨달음이 아니라 살아가면서 되새기고 지키는 변화된 삶을 살 수 있는 계기가 되었으면 좋겠다. 하늘국어 세미나 파이팅!!^^

　　　1학년 4반 유혜주. 제재:소설 『빨간 머리 앤』 (2003. 7. 14.)

지금 내 심정, 무어라 말할 수 없을 만큼 뿌듯하다. 이렇게 강조해서 말하면 아무도 믿지 않을 것 같지만, 16년 동안 살아왔던 많은 시간들 중에서 내 손으로 뭔가를 해냈다는 이러한 성취감은 정말 처음이었던 것 같다. 집에서도 주말 내내 파워포인트 준비를 하고 학교에서 월요일부터 세미나를 하기 바로 전까지 얼마나 마음 졸여 준비했던가? 그러한 것들을 떠올려 보면 모든 것이 물거품처럼 내 가슴에 아린다. 세미나를 하던 중 준비했던 말 중 대부분을 못했고, 내 생각을 많이 전달 못했던 것이 매우 아쉽기는 하지만 마치 중간고사나 기말고사를 모두 끝마친 것 같이 속이 후련해진다.

한국의 학생으로서 학생이 강단에 서서 수업을 해보는 것 자체를 납득할 수 없는 사람들이 많이 있을 텐데, 이 세미나를 발표하기 전까지만 해도 난 그러한 부류의 사람이었다. 하지만 20분 동안의 세미나는 지금 내 모습을 아니 앞으로의 내 미래까지도 모두 바꾸어 버렸다. 비록 이제까지 살면서 좁고 편협한 생각으로 내가 잠시 머물러 있는 칠곡(저 칠곡에 살아요)이란 공간, 그리고 내 주위에 있는 사람들, 나의 전혀 신빙성 없는 성적들, 이러한 것들에 의존하고 그것들이 전부인 양 한심하게 살아왔지만, 이제 나는 이번 세미나를 통해서 다시 태어났다. 망망대해 속에서 길을 잃은 배처럼 도대체 어디로 가야 할지 갈피를 잡지 못하는 나에게 또렷한 길을 제시했다. 이것이 더욱 빛을 발하는 것은 다른 사람이 조금이라도 도운 것이 아니라, 처음부터 끝까지 내가 스스로 알아내고, 스스로 터득했다는 것이다.

1학년 6반 황진경. 제재:영화〈인생은 아름다워〉. (2003. 10. 30.)

생각의 샘

●**안다는 것을 모른다**　아리타 가츠마사라는 일본의 교육자는, "교육은 아이들에게 무엇을 가르쳐 알게 하는 것이 아니고, 자기가 '알고 있다는 것을 몰랐구나!' 하고 깨닫게 하는 것, 안다는 것을 모르고 있다는 것을 알게 하는 것"[주4-10]이라고 했습니다. 단원의 내용을 알아내는 것도 중요하지만, 더욱 중요한 것은 생각하면 무한히 알아낼 수 있다

는 원리를 아는 것입니다. 생각의 힘을 믿고 스스로 생각하며 공부하고 살아갈 수 있는 자신감을 갖게 하는 것이 중요합니다.

다음으로 중요한 것은 함께 생각하면 내 안의 가능성이 더 잘 발현된다는 이치입니다. 다른 사람의 말을 들으면서 '아, 그렇지!' 하면서 생각이 일깨워집니다. 그것은 생각은 생각으로 모두 이어져 있다는 증거입니다. 그리고 이미 그런 내용을 알고 있었다는 것입니다. 만약 자신에게 그런 것이 전혀 없었다면 아무리 어떤 말을 들어도 생각이 나거나 이해되지 않을 것입니다. 땅 속에 있는 씨앗은 알맞은 온도와 습도가 되면 싹을 틔웁니다. 만약 씨앗이 아예 없다면 아무리 온도와 습도가 적당해도 싹이 트지 않습니다. 싹이 텄다는 것은 그 안에 씨앗이 있었다는 결정적인 증거입니다. 아직도 싹 트지 않은 씨앗이 우리 내면에는 무궁무진하게 많습니다. 그것을 함께 싹 틔워가는 것이 '생각의 샘' 활동입니다. 이 기법은, 학생 모두 말할 수 있도록 6명이 한 모둠이 되어 6분간 벌떼가 웅웅거리는 것처럼 이야기한다고 하여 이름 붙여진, 버즈buzz 학습을 응용한 김성학의 '벌집 기법'에서 많은 도움을 받았습니다.주4-11

알 수 있는 가능성이 누구에게나 이미 있다는 사실과 함께 생각하는 것의 중요성을 깨닫게 하면서 단원의 내용을 익히는 것이 '생각의 샘' 활동의 목표입니다. 학년, 과목, 단원에 상관없이 쉽게 적용할 수 있습니다. 저는 이 활동을 가장 많이 활용합니다. 예를 들어 '국어의 특징' 단원을 '생각의 샘' 활동으로 한다면, 먼저, 2분 정도 시간을 주고 다른 나라 언어와 다른 우리말의 특징을 혼자 생각해서 있는 대로 활동지에 적어보게 합니다. 다음에는 짝꿍과 이야기하면서 자신에게 없는 좋은 내용을 추가 기록하고 다시 네 명이 한 모둠이 되어 활동을 합니다. 이렇게 하면 수업 과정 자체가 활기차고 재미있으며, 교과서에 나와 있는 내용보다 더 많고 깊이 있는 내용을 찾을 수 있습니다. 또 그것을 확인한 학생들은 더욱 자신감을 가지게 되며 자신에 대해서도 더 잘 알게 됩니다.

문제집을 푸는 수업에도 유용하게 쓰고 있습니다. 각자가 문제를 풀고서 답을 짝꿍과 맞춰보고, 차이점이 있으면 토론해서 일치시키도록 합니다. 다시 네 명이 한 모둠이 되어 이 과정을 반복하고 나서 답을 결정하도록 하면 교사가 해설하지 않아도 여러 가지 풀이법이 동원되어 정답을 찾아내고 더불어 생각하고 토론하는 힘도 길러집니다.

버즈 학습은 6명이 한 모둠이 되어서 하는 것으로 되어 있으나 우리나라 교실은 거의 일제식 강의 수업에 맞게 정면을 바라보는 일렬 배열로 되어 있기 때문에 모둠 활동을 위해 갑자기 책상을 옮겼다가 다음 시간엔 다시 원래의 위치로 돌려놓는 것이 매우 번거롭습니다. 그래서 책상 배열을 바꾸지 않고 두 학생만 뒤로 돌아서 네 명이 한 모둠이 되는 모둠 활동을 하는 것이 현실적으로 편리한 방법이라 생각합니다.

다음은 '생각의 샘' 활동의 구체적인 진행 방법입니다.

1. 목표 ❶ 생각할 때 내면의 무한한 가능성이 발현됨을 안다.

❷ 함께 생각할 때 가능성이 더욱 잘 발현됨을 알고, 모둠학습에 적극

참여한다.

❸ 학습 단원의 핵심 내용을 이해한다.

2. 적용 가능 교과, 학년 모든 교과, 모든 학년

3. 준비물 교사 – 활동지(양식을 만들어도 되고 빈 종이도 좋다), 타이머, 상품

학생 – 기본 필기도구, 교과서(활동이 끝난 뒤에 필요함)

4. 소요시간 45~50분

5. 진행 방법

❶ 학습목표와 요항을 교사와 학생이 함께 정한다.

❷ 학습해야 할 요항에 대해 각자 빈 종이에 쓰게 한다.(2~3분) 이때 잔잔

한 음악을 틀어주면 좋다. 끝나기 10초 전에 남은 시간을 알려주고 "5, 4,

3, 2, 1, 그만!"이라고 말하여 끝을 내도록 한다.

❸ 자신이 한 것을 짝꿍에게 설명하게 한다. 순서를 바꿔서 반복하게 한다.

들어보고 좋은 내용이라고 생각되면 자신의 활동지에 옮겨 적게 한다.

(2~3분)

❹ 다시 네 명이 한 모둠이 되어 각자 자신이 한 것에 대해 말하게 한다. 역

시 들어보고 좋은 내용은 자신의 활동지에 옮겨 적게 한다.(3~4분)

❺ 끝난 뒤에 모둠지기를 정하게 한다. 모둠지기는 손가락을 들어 가장 논

리가 정연하고 발표를 잘 할 것 같은 사람을 동시에 지목하도록 한다. 이

때의 기준은 그때마다 다르게 하는데 긍정적인 것으로 한다.(제일 앳되게 보이는 사람, 머리가 긴 사람, 눈이 예쁜 사람, 목소리가 예쁜 사람 등등) 그래야 재미있고 기분 좋게 모둠지기를 정할 수 있다.

❻ 다음에는 발표를 시킨다. 발표할 때에도 그저 돌아가면서 하는 것보다는 가장 적극적으로 손을 든 모둠부터 시킨다. 소리를 내면 다른 반의 수업에 지장을 줄 수 있으므로 소리 없이 손이나 동작으로 적극적으로 의사표시를 하는 모둠을 먼저 시킨다. 모둠의 이름을 칠판 한쪽에 적어놓고 시작한다. 모둠의 이름을 정하면 좋으나, 시간이 없거나 구성원이 자주 바뀔 경우엔 그냥 숫자로 붙인다. 가장 먼저 하면 가산점을 준다. 다른 모둠의 내용을 잘 들어주면 가산점을 주고 안 듣고 떠들면 감점을 한다.

❼ 모둠지기가 나와서 칠판이나 오버헤드프로젝터(OHP)를 이용하여 발표하게 한다. 되도록 많은 조원이 발표에 참여할 수 있도록 역할분담이 되면 더욱 좋다. 아니면 교사가 각 조의 발표 내용을 칠판이나 OHP 용지에 적는다.(모둠마다 3분 정도)

❽ 다음 모둠은 발표되지 않은 내용만 추가하도록 한다. 다른 모둠이 발표한 내용 중에 좋은 내용이 있으면 각자 자신의 활동지에 추가하게 한다.

❾ 발표한 내용을 모두 칠판에 적은 뒤 몇 가지의 기준을 정하여 분류를 해본다든지 아니면 보충 설명을 한다든지 하여 학습목표를 달성할 수 있도록 한다.

❿ 모든 활동이 끝나면 활동 소감을 써내도록 한다. 소감에는 알게 된 것과 느낀 점, 특히 자신의 심리나 인지, 신체적인 상태를 스스로 관찰하는 항

목('내면관찰')을 쓰게 한다. 문장의 개수나 꼭 들어가야 할 내용과 같은 조건을 주면 학생들이 정리하기도 편하고 교사가 평가하기도 쉽다.

6. 평가 ❶ 생각하면 알아낼 수 있다는 것을 깨달았는가?

❷ 함께 생각하면 더 잘 알 수 있다는 것을 알고 모둠 활동에 적극 참여하였는가?

❸ 학습 단원의 주요 내용을 잘 이해하였는가?

이 활동은 혼자서는 생각이 잘 나지 않는 내용이라도 몇몇 사람이 생각을 모아 가면 많은 생각을 이끌어 낼 수 있다는 생각의 무한 가능성과 자신감을 체험하게 할 수 있습니다. 그리고 앞에 나와서 혼자 발표하기 어려운 학생도 자신의 의견을 짝꿍이나 모둠학생들에게 이야기할 기회를 줌으로써 발표력도 조금씩 길러줄 수 있습니다.

이 활동을 진행할 때 교사는 학생들로부터 시선을 돌리고 학생들 사이에 들어가지 않는 것이 좋습니다. 학생들의 자유로운 활동을 방해하기 때문입니다. 학생들의 활동이 무르익으면 학생들의 활동을 주의 깊게 관찰하면서 모둠별 특성들을 파악해 놓습니다.

다음은 학생들의 소감 중의 일부입니다.

교과서를 보지 않고도 우리끼리의 생각만으로 학교 수업 내용을 했다는 게 뿌듯하고 대단한 것 같다.

2학년 10반 김아영 (2008. 3. 18.)

애들이 모두 생각을 합치니 더 좋은 내용이 나왔다는 점에 놀랐다.

2학년 10반 이혜정 (2008. 3. 18.)

한 명보단 두 명, 두 명보단 네 명이 모이니 공감 가는 내용도 많고 의견도 많이 나와서 즐겁게 모둠 활동을 할 수 있었다. 발표도 재밌게 할 수 있어서 좋았다. 역시 즐겁게 공부하니까 학습효율성이 높은 듯^.^

2학년 9반 박은비 (2008. 10. 21.)

'생각의 샘' 활동을 하며 나의 작은 생각이 짝과 조원들 생각과 합해져 큰 생각이 되는 것이 신기하고 재미있었고 조원 발표를 할 때는 아이들이 기분 나빠 하거나 상처받는 말이 비슷하다는 것을 느꼈다.

2학년 9반 구민지 (2008. 10. 21.)

종이 위키피디어(무한소통 백과)

●웹 2.0 시대의 지혜 모으기   최근의 인터넷 환경은 일방적으로 제공된 정보를 일반 이용자들이 검색하여 이용하는 단계를 지나 일반 이용자들도 정보를 생산하고 생산한 정보를 개방, 공유하고 다른 사용자가 다시 참여하여 정보를 더욱 풍요롭게 만들어가는 웹 2.0 개념을 바탕으로 하고 있습니다. 이런 개념에 익숙한 요즘 학생들이 온라인이나 오프라인 상에서 효과적으로 학습할 수 있는 도구와 방법들이 많이 나오고 있습니다.[주4-12] 그러나 우리나라의 교실 수업에서는 웹에 접속해

서 활동하기가 어려운 여건입니다. 그래서 웹 2.0에 대해 소개하면서 그 개념을 체득하는 활동으로 생각한 것이 '종이 위키피디아(무한소통 백과)' 활동입니다.

이 활동은 활동지에서 인터넷 게시판에 댓글을 다는 방법으로 참여, 개방, 공유하며 단원 내용을 학습하는 것입니다. '생각의 샘' 활동과도 목표와 내용이 비슷하지만, 방법이 약간 다릅니다. 저는 한자성어나 어휘 학습에서 해봤습니다. 한자성어 목록을 주고 뜻을 모르는 것, 알고 싶은 것을 적으라고 한 뒤 친구들과 돌려가며 적으면서 함께 생각하고 나누고 참여하기의 소중함을 깨닫게 했습니다. 뜻은 모르더라도 같은 낱말을 여러 번 접하면서 일단 그 낱말에 익숙해지고 뜻을 알고 싶어하는 궁금증이 더 일어나게 됩니다. 이 활동은 모든 과목의 기초 개념을 학습할 때 유용할 것 같습니다. 아니면 교과서의 일정 부분을 정해 준 뒤 그곳에 나오는 어려운 낱말이나 구절을 적게 해서 활동해도 좋습니다.

다음은 '종이 위키피디아' 활동의 구체적인 진행 방법입니다.

'종이 위키피디아' 진행 매뉴얼

1. **목표** ❶ 알고 싶은 개념이나 내용을 함께 지혜를 모아 해결한다.

❷ 개방, 참여, 공유로 모두의 지혜가 더불어 자라남을 안다.

❸ 모두가 서로 하나로 이어져 있음을 알게 한다.

2. **적용 가능 교과, 학년** 모든 교과(특히 개념 파악 제재), 인터넷을 사용할 정도

의 학년(인터넷 댓글 문화를 접해 봤다면 더욱 쉽게 이해할 수 있을 것이라

는 전제에서 제한한 것이지만 교사가 자세히 안내한다면 큰 문제없이 모든

학년에서 할 수 있을 것임.)

3. 준비물 교사 – '종이 위키피디아' 활동지, 안내 시각 자료, 타이머

학생 – 기본 교재, 참고도서, 기본 필기도구, 사전(어휘 제재를 대상

으로 하는 경우)

4. 소요 시간 신축성을 가질 수 있으나 최소 40분 정도

5. 진행 방법

❶ 학습목표 제시 – 이 활동으로 달성하고자 하는 목표를 제시한다.

❷ 위키피디아 사이트에 대한 소개(PPT) – 웹 2.0 개념 소개

❸ 무한소통망의 소개 – 모두 서로 이어져 있음을 알게 한다.

❹ 활동 방법의 대강 소개 – 댓글 달기와 같음

❺ 자료 인쇄물을 나눠 준다. 알고 싶은 것을 찾아놓도록 한다. 만약 어휘에

대한 활동이라면 어휘 목록을 준비해서 먼저 나눠 준 뒤 알고 싶은 것을

찾아놓도록 한다.

❻ 1~2분 정도의 시간이 지나면 '종이 위키피디아' 활동지를 나눠 준다.

❼ 익명성이 보장되도록 이름 대신 별명을 쓰도록 한다. 그래야 모르는 내

용을 신경 쓰지 않고 많이 쓸 수 있다.

❽ '종이 위키피디아' 활동지에 자신이 알고 싶은 것을 쓰도록 한다. 시간은

3분 정도를 준다.

❾ 시간을 미리 알려서 3분 이내에 다 쓰도록 하고 시간이 되면 활동지를

거둔다.

❿ 거둔 활동지는 서로 멀리 떨어진 분단끼리 바꿔서 나눠주도록 하여 최대한 익명성이 보장되도록 한다. 각 분단의 자리 배치는 원으로 돌아갈 수 있는 형태면 좋다.

⓫ 활동지를 받은 사람은 앞 사람이 적어놓은 내용 중에서 자신이 알고 있는 내용을 되도록 자세히 적어준다. 대강 알고 있는 내용을 적어도 된다고 말해준다. 대강 쓰더라도 다음 사람이 수정 의견을 적을 수 있으므로 상관없다(자정 기능). 시간은 사정에 따라 2~3분을 준다. 쓸 수 없도록 어려운 내용이면 시간을 당기고 쓸 수 있는 내용이면 시간을 좀 더 준다. 만약에 쓸 내용이 별로 없으면 활동지 아래쪽에 있는 '쪽지, 방명록' 칸을 기록하도록 한다. 글쓴이의 별명을 반드시 쓰도록 한다. 댓글 통계를 내서, 댓글을 많이 단 순으로 상품을 준다고 말해준다.

⓬ 정해진 시간이 되면 다음 사람에게 활동지를 넘겨서 같은 방법으로 계속한다. 앞 사람이 달아준 의견에 대한 수정 의견이 있을 경우 계속 댓글을 달 수 있다. 활동지를 넘길 때마다 약간의 규칙 변화를 주어도 좋다. 시간을 약간 줄인다거나 재미있고 창의적인 내용을 달아도 좋다든가. 만약 재미로 했을 땐, 의견 앞에 특별한 표시를 하도록 한다. 예를 들면 '^^. :)' 등.

⓭ 같은 방법으로 계속 진행하여 처음에 자신이 했던 활동지가 자신에게 돌아오면 끝난다. 시간이 없을 때엔 중간에서 끝내도 된다. 최소 10분 정도는 남기고 끝낸다.

❶ 모두 끝나면 다시 활동지를 거둬서 원래의 분단으로 가져다주고, 각자 자신의 것을 찾아가도록 한다.

❶ 그다음엔 적혀있는 내용과 자신의 생각을 바탕으로 자신이 가지고 있는 참고도서, 교과서, 사전 등을 찾아 써넣으면서 확인, 이해하도록 한다. 교사의 설명을 듣고 싶으면 맨 앞 칸에 표시하도록 한다.

❶ 다 끝나면 활동지 뒷면에 소감을 써서 제출하도록 한다. 소감에는 교과 내용과 자신에 대해 알게 되고 느낀 점 등을 자세히 쓰도록 한다. 이때 시간을 조금 더 여유 있게 진행하여 몇몇 학생의 소감을 발표시켜 공유하는 것도 좋다.

6. 평가 ❶ 자신이 알고 싶은 것을 모두 찾아내어 썼는가?

❷ 다른 사람의 활동지에 자신이 알고 있는 것을 최대한 적극적으로 많이 썼는가?

❸ 다른 사람이 적어준 내용과 자신의 생각, 참고도서 등을 통해 알고 싶은 내용을 충분히 이해했는가?

❹ 개방, 참여, 공유로 더 나은 지혜에 이를 수 있고 우리는 모두 서로 이어져 있음을 이해하고 실천할 수 있는가?

활동지를 거둬서 필요한 내용을 다음 시간에 보충 설명하거나 퀴즈 대회를 열어서 한 번 더 공부합니다. 글쓴이의 별명을 통계 내어 댓글을 많이 단 학생들에게 상품도 주면 학생들이 매우 좋아합니다.

다음은 제가 사용했던 '종이 위키피디아' 활동지 양식입니다.

어휘력 키우기 – 종이 위키피디아(무한소통 백과) 놀이				
			학년 ( ) 반 별명( )	
설명 필요	알고 싶은 낱말	내용(댓글) 달기		글쓴이 별명
		Re:		
		Re:		
		사전:		
		Re:		
		Re:		
		사전:		
		Re:		
		Re:		
		사전:		
		Re:		
		Re:		
		사전:		
		↳ :		
		↳ :		
		사전:		
		↳ :		
		↳ :		
		사전:		
		↳ :		
		↳ :		
		사전:		

주인장에게(방명록):

뒷면에 ① 교과 내용에 대해 알게 된 것 ② 자신에 대해 알게 되고 느낀 점 ③ 실명 등을 자세히 써서 내주세요.^^

▶ '종이 위키피디아' 활동지 양식

다음은 학생들의 소감 중의 일부입니다.

한자성어라서 지루할 줄 알았는데 되게 재미있게 했다. 친구들이 모르는 걸 알려줄 수 있어서 좋았고 내가 모르는 걸 알 수 있어서 좋았다. 이렇게 해서 알게 된 한자성어는 그냥 사전에서 바로 찾아서 아는 거보다 기억에 더 오래 남을 것 같다. 영어 단어도 이런 활동을 해서 외워보고 싶다.

2학년 9반 김동선 (2008. 11. 20.)

오늘 수업은 특히 재미있었던 것 같다. 진짜 인터넷에서 질문을 올리고 답하는 것처럼 답변을 달고 그것을 보는 재미가 쏠쏠했다.^^* 진짜 인터넷을 즐기는 느낌이랄까ㅋㅋ

2학년 9반 구면지

나도 몰랐던 것을 알고 내가 아는 것을 말해주고 추측도 해보니 그 한자성어가 더 눈에 들어오고 원래 뜻을 알고 싶다는 생각이 들었다. 사전을 펴고 실제 뜻을 알게 되었을 때 지금껏 몰라 답답했던 마음이 뻥 뚫리는 것 같이 시원했다. 그냥 외우는 것보다 이렇게 활동하니 더 생생하게 기억에 남는다.

2학년 9반 나초연

댓글 문화를 실시간으로 직접 겪어보는 데에 대한 즐거움이 가득했다. 이렇게 여러 사람이 모이면 어중간한 뜻들도 모여서 완벽하게 완성되는 걸 보고 역시 '뭉치면 사는구나!' 하고 느끼는 순간이었다. 다른 아이들과 더 많이 교류하지 못해서 아쉽지만 새로운 걸 느끼게 되었다.

2학년 9반 김효지

'종이 위키피디아'라고 처음에 설명했을 땐 저게 뭔가 싶었는데, 이 종이에 내가 모르는 많은 한자성어들 중에 몇 가지를 골라 적어서 돌렸다. 다른 아이들이 모른다고 적은 종이에 내가 안다고 생각한 것에 답글을 달고 하니까 재미있었고 한 번 더 생각해보고 적어 봄으로써 대충 알았던 한자성어를 답글을 달며 제대로 알 수 있었던 것 같고, 먼저 달았던 친구들의 댓글이 너무 웃기고 재미있어서 기억에 남는다. 이때까지 한 수업 중에 제일 재미있었던 듯. ^^

2학년 9반 심효진

친구들이 설명을 쉽게 적어줘서 그런지 한 번 본 용어에 대한 설명을 까먹지 않고 오래 기억할 수 있을 것 같다. 무엇보다도 많은 애들의 다양한 의견을 들을 수 있는 것에 큰 의미가 있는 것 같다. 또 익명성이 보장되기 때문에, 모른다고 글을 올리는 사람은 덜 부끄럽고, 궁금한 걸 자유롭게 물을 수 있어서 좋고, 답글을 달아주는 사람도 틀리면 어쩌지, 틀리면 창피 당할 텐데 싶은 생각을 덜하게 돼서 자유롭고 편하게 댓글을 달 수 있는 것 같다.

2학년 9반 장민주

휴대폰 활용 수업

휴대폰을 아예 학교에 가지고 오지 못하게 하는 지역이나 학교도 있습니다. 그러나 오히려 휴대폰을 학습에 효과적으로 사용할 수도 있습니다. 휴대폰은 항상 가지고 다니기 때문에, 수업 시간에 배운 내용을 일상생활에 적용하고 확인하기에 아주 편리합니다. 그리고 학생들에게 매우 친근한 매체이므로 동기 유발이 잘되며 매우 재미있어 합니다. 그리고 자신이 휴대폰으로 찍어온 자료가 수업 시간에 공유된다는 데 대하여 성취감과 자긍심을 느끼기도 합니다. 참여 의식도 높아집니다. 또 휴대폰을 긍정적으로 사용하는 아이디어도 생기게 됩니다. 저는 맞춤법 단원을 배우는 동안에 '맞춤법 찰칵찰칵' 활동이라 하여, 주위의 간판이나 상품 포장지 등의 문구가 맞춤법에 맞지 않은 것을 휴대폰으로 찍어 와서 발표하도록 했습니다. 학습 효과가 좋았습니다.

다음은 휴대폰 활용 수업 매뉴얼입니다.

휴대폰 활용 수업 매뉴얼

1. **목표** ❶ 공부와 일상생활이 서로 이어져 있음을 안다.

❷ 학습 내용을 일상생활에 적용할 수 있다.

2. 적용 가능 교과, 학년 모든 과목. 휴대폰을 사용할 수 있는 학년

3. 준비물 교사 – 학생이 찍어온 자료를 전체 학생들에게 보여줄 수 있도록 장
치를 준비하거나 학생들에게 이메일 등으로 미리 받아 시각
자료로 제작함.

학생 – 휴대폰

4. 소요 시간 학생 자료를 활용하는 목적에 따라 달라짐. 도입 단계라면 5분 정
도, 전개 단계에서라면 더 길어질 수도 있음.

5. 진행 방법

❶ 수업 시간에 공부했던 내용과 연관이 있는 현상을 일상생활에서 찾아서
휴대폰으로 찍은 후, 인터넷 카페나 블로그 등에 올리거나 교사에게 이
메일로 보내도록 한다.

❷ 교사는 그 자료를 수업 교재로 만들어 수업을 진행한다. 자료를 제출한
학생이 직접 영상을 보여주면서 설명하도록 해도 좋을 것 같다.

6. 평가 사진 개수를 합쳐서 자그마한 시상을 하거나 수행평가에 반영한다. 제
출한 과제가 수업 내용과의 연관성이 높거나 창의성이 있을 때 등에 따라
가산점을 주면 좋다.

그 밖에도 '과학 실험 과정을 사진이나 동영상으로 찍고 설명 첨
가하기'라든가 '퀴즈 대회 정답을 문자로 보내기' 또는 '이야기가 있는
작은 작품 만들어보기' 등도 좋습니다. 휴대폰에 있는 MP3 파일 듣기
기능을 이용하여 '노래 듣고 감상문 쓰기', '가사를 받아 적고 가사의

내용 분석하기' 등의 활동을 해도 좋을 듯합니다. 견학, 체험학습, 소풍, 야영 등의 현장학습에서는 과제나 퀴즈를 문자로 주고, 과제 해결 내용이나 퀴즈의 답을 휴대폰으로 찍어서 올리도록 하여 시상하는 방법도 재미있을 것 같습니다.

이때 주의해야 할 점은 휴대폰이 없는 학생을 배려해야 한다는 점입니다. 그림을 그리거나 글로 묘사하는 방법 등, 다른 것을 선택할 여지를 반드시 주고, 평가´시에도 고려를 해야 합니다.

분위기를 바꾸는 짤막한 활동

명상

교실에 들어갔을 때의 어수선함을 가라앉히는 방법은 여러 가지가 있습니다. 학기 초에 학생들을 초동 제압해서 알아서 꼼짝 못하도록 하는 방법이 제일 편한 방법일 것 같지만, 그것도 아무나 되는 것은 아닙니다. 저는 교실 분위기도 차분하게 하고 학생들의 마음도 정돈하기 위해 명상을 합니다.

자리에 앉은 상태에서 명상 자세를 취하도록 손, 팔, 머리, 목, 가슴, 허리, 눈, 입 모양 등의 바른 자세를 순서대로 일러줍니다. 손을 앞으로 들어 두 손을 깍지를 끼도록 합니다. 그 상태에서 손을 그대로 둥글게 내려서 자신의 배꼽 아래 단전에 가볍게 댑니다. 이때 손바닥은 하늘을 향합니다. 그러면 저절로 허리가 곧게 펴지게 됩니다. 그 다음엔 고개를 들고 정면을 바라보도록 한 다음, 눈을 가볍게 감도록 합니다. 그런데 눈을 감는 것을 부담스러워하거나 불안하게 느끼는 학생도 있습니다. 그런 학생은 눈을 뜨고 자신의 코끝을 보도록 합니다. 사실 이것이 더 좋은 자세입니다. 그러나 눈의 피로도 풀 겸 눈을 감도록 해도 좋을 것 같습니다. 그 상태에서 의식의 중심을 양 눈썹 사이에 두고 입술의 끝을 약간 끌어 올립니다. 그러면 미소 짓는 표정이 되면서 마음도 밝아집니다. 그 상태에서 천천히 깊게 숨을 들이쉬고 천천히 내쉬는 심호흡을 하도록 합니다.

이때 마음을 가라앉히는 좋은 말이 있으면 간단하게 해줍니다. 시험이 걱정되고 불안할 때는 그런 것을 다스릴 수 있는 짧은 말을 하면 좋습니다. 바로 전 시간에 교내 체육대회 예선전에서 져서 울고 있는 아이들에게는 그것을 다스릴 수 있는 이야기 등을 합니다. 그러고 나서는 이제부터 1분간 명상을 하겠다고 말합니다. 그 뒤에는 절대 말하지 않고 정확히 1분 후에 "이제 그만!"이라는 예고를 한 뒤 손뼉을 쳐서 끝냅니다. 처음엔 예고 없이 손뼉을 쳐서 학생들이 깜짝깜짝 놀랄 때가 많았습니다. 타이머의 신호음으로 끝내도 좋습니다.

처음에는 음악 없이 명상을 했습니다. 그런데 나중에 학생들이 음악이 있었으면 좋겠다고 해서, 도우미를 선발해서 명상음악을 준비해서 틀기도 했습니다. 대부분 적절한 음악을 선정하지만 어떤 때는 오히려 명상이 깨지는 음악을 틀곤 합니다. 그때엔 '명상음악이라면 무조건 조용하고 나지막한 음악이라는 고정관념, 선입견을 되돌아볼 수 있는 좋은 음악이다. 꼭 어떤 음악이라야 명상이 되는 것은 아니다. 자신의 마음을 잘 볼 수 있으면 명상이다.'라고 말해줍니다.

이런 활동이 부담스런 사람은 참여하지 않아도 좋다고 알려줍니다. 그런 학생은 다른 사람의 명상을 위해 그냥 가만히 앉아 있도록 합니다. 강압적으로 시키려는 의도가 아님을 알릴 필요가 있습니다.

명상이 끝나면 차분하고 집중된 분위기에서 다음 단계로 들어가면 됩니다. 수업에도 좋을 뿐더러 일상생활에서도 자신의 마음을 먼저 차분히 다스린 다음에 침착하게 대처하는 훈련이 되기도 합니다. 특히 수능시험 같은 큰 시험에서 몸과 마음을 안정시키고 시험 문제를 푸는 마음의 준비를 하는 방법이 될 수 있습니다. 이럴 땐 명상을 하면서 시험 문제를 풀어가는 전 과정을 머릿속으로 모의 훈련을 해보는, 이미지 트레이닝 방법으로 하면 좋습니다.

다음은 학생들의 소감입니다.

명상의 시간!! 내가 정말 만족감을 느끼는 코너다. 불안정한 심신, 끓어오르는 스트레스, 혼란한 잡생각들. 모두가 시끄러운 소음 속에서 비롯된 것이 아닐까 생각된다. 어떻게든 진정제가 절실하게 필요했었는데 3분이라도 '명상'을 가지는 하늘국어 시간이 바로 그 진정제가 될 수 있었다.

1학년 1반 이현진(2007. 3. 16.)

앞으로 짧은 명상이라도 나를 찾아가는 일이라면 기꺼이 그리고 열심히 해야겠다는 생각이 든다. 그동안 남을 알아보고 알아가야 한다는 생각에 나를 찾지 못했으니 나를 찾아야지.

1학년 1반 조은아(2007. 10. 30.)

이번에 쳤던 시험에서는 저번 시험에서 심리 상태 때문에 끝부분에 있는 문제를 세 개나 틀렸던 것과 달리 시험을 치기 전에 잠깐 명상하는 시간을 가져 마음을 편안하게 한 뒤라 그런지 문제를 푸는 데에 훨씬 편안한 마음으로 여유롭게 임할 수 있었고 그것으로 인해 심리 상태 때문에 틀린 문제는 없었다.

3학년 14반 하정빈 (2009. 9. 14.)

우정의 안마와 하늘 체조

20~30분쯤 수업이 진행되면 약간의 피로를 느끼게 됩니다. 졸음신(?)이 강림한 학생도 있습니다. 그때 '우정의 안마'를 하면 매우 좋습니다. 수업에 활기를 불어넣어 주기도 하면서 학생의 피로도 풀 수 있고 짝꿍과의 관계도 좋게 할 수 있습니다. 학생들이 실제로 잠에서 깨어나서 새롭게 수업에 참여하게 되는 경우가 많으며, 실제로 학생들도 매우 좋아합니다. 심지어 어떤 학생은 안마를 하지 않은 횟수를 세며 섭섭해하기도 합니다.

오른쪽에서 왼쪽으로 혹은 반대로 번갈아가며 1분 정도 하면 좋습니다. 2~3분 정도의 시간이 걸립니다. 시간 소비는 큰 문제가 되지 않으나 자칫 수업 분위기가 흐트러질 수 있습니다. 그러므로 수업의 흐름을 잘 보아서 안마할 대목, 장면을 택할 필요가 있으며 안마가 끝나고 나서는 일제히 관심을 가질 만한 소재나 기법으로 수업 분위기가 원래의 수준이 되도록 신경 써야 합니다. 이때 쓸 수 있는 기법으로는 '10초 퍼즐'이나 '번개' 등이 좋습니다. 번개 기법은 앞에 소개되었고 '10초 퍼즐'은 2~3개의 한자성어나 10자 정도로 이루어진 문장을 낱 글자로 무작위로 보여주고 난 뒤 맞춰서 답하게 하는 것입니다.주4-13

김성학 강사는 나와서 원을 만들어서 밀착하게 대형을 갖춘 뒤 이 야기를 입히는 방법을 소개합니다. 앞사람의 등을 남한 지도로 생각하여 어깨가 휴전선이 되고, 허리가 남해안이 됩니다. 뒷사람은 앞사람이 말하는 지명을 안마합니다. 이렇게 하면 쑥스럽지도 않고 재미있게 할 수 있습니다.

변화를 주기 위해 가끔 체조를 해도 좋습니다. 앉아서 하기에 적당한 스트레칭을 개발하여, 교사가 시범을 보이며 함께 하면 모두 몸이 가뿐해지고 좋습니다. 학생들이 이것을 '하늘 체조'라 이름 지었습니다.

생각의 시간

어떤 형식의 수업을 하든 수업에 집중하지 못하는 산만한 학생이 있게 마련입니다. 이런 학생이 생기지 않도록 최대한의 노력은 해야

하지만 그래도 이런 학생이 있을 때에 제가 쓰는 방법이 '생각의 시간'
이란 규칙입니다.

이것은 학생이 교사에게 지적을 받으면 무조건 일어났다가 잠시
생각의 시간을 가진 뒤에 자신 마음대로 앉는 약속입니다. 지적할 때
는 손바닥을 펴서 두 손으로 공손히 요청을 합니다. 그리고 이런 제재
후에도 계속 산만하면 강도를 조금씩 늘려갑니다. 예를 들어, 처음엔
자신이 판단하여 마음대로 앉을 수 있지만, 두 번째부터는 3분 후에,
그다음엔 5분 후에만 앉을 수 있고 그다음엔 뒤로 나가서 3분, 5분 서
있게 합니다.

이런 규칙은 첫 수업에서 자세히 안내합니다. 학생들을 창피하게
하거나 괴롭히기 위한 것이 아님을 강조합니다. 지적을 당한다고 그
학생이 확실히 집중을 안 하고 있었다는 뜻도 아니라고 말해 줍니다.
교사가 그렇게 생각한 것일 뿐이고 교사가 오해, 오판할 수도 있습니
다. 만약에 학생이 열심히 하고 있었더라도 지적을 받았으면 바로 일
어난 뒤, '선생님께서 날 잘못 보셨구나!'라고 생각한 뒤 바로 앉으면
그만이라고 말해 줍니다.

그러고 나서 학반 전체 학생을 대상으로 한 번 연습해 봅니다. 작
은 지시에 따르기 시작하면 더 큰 제재에도 따르게 됩니다.

마지막 수업 – 새로운 시작을 위하여

시작이 있으면 마지막이 있는 법입니다. '수억 겁을 기다려온 재회'로 시작한 수업이 이제 마지막에 이르렀습니다. 마지막이란 말은 늘 숙연하면서 아쉬운 느낌을 주게 마련입니다. 그동안의 수업을 정리하고 열매를 거둬들여야 하는 시간입니다. 의미 있고 감동적인 마무리를 준비해야 합니다.

마지막 수업은 크게 '① 학습목표 정하기 → ② 한 해를 돌아보는 시각 자료 → ③ 시상식 → ④ 캠프파이어(촛불 의식) → ⑤ 설문지 작성'으로 준비합니다.

다음은 마지막 수업 매뉴얼입니다.

마지막 수업 매뉴얼

1. **목표** ❶ 한 해 수업을 총정리하여 과목의 핵심을 되새긴다.

   ❷ 알게 된 것을 앞으로의 삶에 실천하려는 의지를 다진다.

   ❸ 자신 내면을 되돌아보고 내면 성장을 확인한다.

2. **적용 가능 교과, 학년** 모든 과목, 모든 학년

3. **준비물** 교사 – 상장, 상품, 마지막 수업 메시지, 설문지

   학생 – 기본 필기도구

4. **소요시간** 45~50분

❶ 학습목표를 교사와 학생이 함께 정한다.

❷ 한 해 동안 배웠던 단원의 내용이나 학생 발표 자료, 사진, 영상 등을 편집하여 보여준다.

❸ 시상식을 한다.

❹ 캠프파이어(촛불 의식)를 하며 마지막 수업 메시지 낭독한다.

❺ 설문지 작성을 하며 한 해 수업을 마무리한다.

6. 평가 ❶ 한 해 수업의 핵심을 잘 파악했는가?

❷ 알게 된 것을 앞으로의 생활에 실천하려는 의지를 굳게 가졌는가?

❸ 자신을 돌아보고 내면 성장을 스스로 확인했는가?

한 해를 돌아보는 시각 자료

한 해의 수업을 회상하고 요약할 수 있는 시각 자료를 준비합니다. 이때 쓸 수 있는 자료는 한 해 동안 공부했던 사진이나 동영상이 있다면 가장 좋겠지만, 그것이 없을 땐 학생들이 발표했던 자료나 교과서 단원의 시각 자료도 좋습니다. 자료를 보여주며 한 해 동안 공부했던 핵심을 총정리할 수 있도록 합니다. 잔잔한 음악도 깔아줍니다. 멀티미디어 매체를 잘 다룰 수 있으면 매우 좋을 것 같습니다.

시상식

시상식은 재미있는 분야를 많이 정해서 우등, 열등을 가르는 일이 되지 않도록 합니다. 저는 우수 학생수업 부문, 우수 세미나 부문, 최다 질문 부문, 우수 시·소설 부문, 우수 수업소감 부문, 하늘국어 도우미상 등을 설정해서 시상했습니다. 하고 보니 우수한 학생에만 치우친 감이 있군요. 먼저 후보자를 여러 명 발표하고 나서 수상자를 발표하면 재미있습니다. 조그맣게 상장도 준비합니다. 저는 작은 책갈피 모양으로 코팅해서 만들었습니다. 상품은 평소에 주는 사탕보다는 조금 좋은 것을 줬습니다. 아무 상도 못 받는 학생을 생각해서 전원에게 사탕 하나씩 돌리는 것도 좋을 것 같습니다. 아래 사진은 실제 상장과 상품입니다.

▶ 하늘국어 상장과 상품

캠프파이어(촛불 의식)

다음은 캠프파이어로, 진짜 불을 피우는 것은 아니고 촛불 의식을 간략하게 만든 것입니다. 저는 바닷가에서 노는, 아주 작은 폭죽을 하나 태우면서 했습니다. 그러면서 마지막으로 학생들에게 하고 싶은 내용, 마지막 수업 메시지를 미리 적어서 낭독합니다. 시각 자료로 만들어 보여주면서 이야기해도 좋습니다. "성적이 좋든 나쁘든 여러분은 소중한 존재다. 자신을 소중히 여겨라! 공부를 잘하든 못하든 여러분 내면에 무한가능성이 있다. 자신의 무한가능성을 믿고 내면의 힘을 꾸준히 키워가라! 그것이 성공이고 행복이다!" 제가 첫 수업부터 시작해서 한 해 동안 가장 많이 하는 말입니다.

설문지 작성

캠프파이어의 불이 꺼지고 마지막 수업 메시지 낭독이 끝나면 설문지를 나눠주고 작성하게 합니다. 교사의 수업 과정 전반에 대한 상세한 문항을 만들어 수업 개선에 필요한 많은 정보와 건의를 들을 수 있도록 합니다. 학생 자신의 내면 성장과 앞으로의 각오를 정리할 수 있는 문항을 빠뜨리지 않도록 합니다. 이것이 진정한 교원 평가라 할 수 있습니다.

다음은 제가 사용했던 설문지 양식입니다.(앞/뒤)

평가 요소	질 문	매우 그렇다	그렇다	보통	그렇지 않다	매우 그렇지 않다
총평	1. 하늘국어 수업이 재미있었나요?					
	2. 하늘국어 수업이 기다려졌나요?					
	3. 하늘국어가 유익했나요?					
학습 목표 설정	4. 학습목표를 스스로 설정하는 것이 쉬웠나요?					
	5. 학습목표를 스스로 세운 것이 수업에 도움이 되었나요?					
	6. 목표를 스스로 세웠기 때문에 수업에 더욱 흥미를 가지게 되었나요?					
	7. 자신이 세운 목표를 달성하는 수업이 많았나요?					
	8. 목표를 세우고 평가하는 능력이 1학기 때보다 커졌나요?					
	9. 스스로 국어 공부하는 방법을 알게 되었나요?					
	10. 다른 과목도, 되도록이면 스스로 학습목표를 세워서 해보고 싶나요?					
공책 필기	11. 공책 필기를 창의적으로 자유롭게 해보았나요?					
	12. 공책 필기를 창의적으로 자유롭게 하는 것이 재미있었나요?					
	13. 공책 필기를 창의적으로 자유롭게 하는 것이 공부에 도움이 되었나요?					
수업 소감 쓰기	14. 학습목표를 달성한 정도를 평가하는 것이 쉬웠나요?					
	15. 학습목표 달성 평가의 근거를 제시하는 것이 쉬웠나요?					
	16. (배운 내용을 실생활에 활용하는) 실천 계획을 쓰는 것이 쉬웠나요?					
	17. 수업에 대한 느낌, 의견을 쓰는 것이 쉬웠나요?					
	18. 질문을 적는 것이 쉬웠나요?					
	19. 수업소감을 쓰는 것이 글쓰기와 사고력에 도움이 된다고 생각하나요?					
	20. 수업소감을 쓰고 나면 배운 내용이 정리되고 기억에 남았나요?					
	21. 수업소감을 쓰는 것이 시간이 너무 많이 걸린다고 생각하나요?					

	질문					
	22. 공책 검사(수행평가)에 대한 교사의 평가와 시상이 정확하고 공정했나요?					
	23. 수업소감은 미루지 않고 바로 썼나요?					
	24. 공책 검사할 때 선생님이 써주는 답글이 도움이 되었나요?					
학생 수업	25. 학생수업이 공부하는 데 도움이 되었나요?					
	26. 학생수업이 발표력, 자신감을 키우는 데 도움이 되었나요?					
	27. 친구들의 학생수업을 들을 때에 재미있었나요?					
	28. 친구들의 학생수업에 적극적으로 참여(질문)하였나요?					
초인지 활동	29. 하늘국어 수업을 하면서 내가 무엇을 모르는지 스스로 파악됐나요?					
	30. 모르는 내용이 파악되면 알고 넘어가려고 노력했나요?					
	31. 하늘국어 수업을 하면서 나의 기분, 심리 상태가 스스로 파악됐나요?					
	32. 파악한 자신의 기분, 심리를 잘 다스릴 수 있었나요?					
교사 정리 (수업)	33. 선생님은 여러분의 능력과 흥미를 고려해 수업하나요?					
	34. 선생님은 수업과 관계있는 흥미로운 질문을 합니까?					
	35. 선생님은 수업을 방해하는 학생의 행동에 대해 적절하게 대처합니까?					
	36. 선생님이 나의 생각을 존중하며, 학습 활동을 칭찬해주신 적이 있나요?					
	37. 선생님의 설명이나 수업의 핵심들이 잘 이해됐나요?					
	38. 한 시간 수업량이 너무 많은가요?(진도가 빨랐는가?)					
	39. 하늘국어 수업에서 적극적으로 발표하고 질문했나요?					
	40. 수업 중 발표 기회가 공평하게 주어진다고 생각하나요?					

▶ 2007 하늘국어 설문지(앞)

* 다음은 2학기 때 배웠던 단원입니다.

〈생략〉

1. 가장 재미있었던 단원과 그 이유는?

2. 가장 재미있었던 수업 방식과 그 이유는?

3. 가장 지루했던 단원과 그 이유는?

1. 하늘국어 수업의 이런 점이 싫었다.

2. 하늘국어 수업 이런 점이 좋았다.

3. 하늘국어 시간에 들었던 말 중 기억에 남는 것은?

4. 하늘국어에 참여하는 1년 동안 자신에게 일어난 변화는?

5. 자신이 이번 학기에 하늘국어를 공부한 과정을 평가, 반성한다면?

1) 국어 성적은?

　　– 아주 좋음(　　), 좋은 편(　　), 보통(　　), 나쁜 편(　　), 아주 나쁜 편(　　)

2) 발전된 점, 계속해야 할 점은?

3) 아쉬운 점, 바꿔야 할 점?

4) 새롭게 시작해보고 싶은 점?

6. 그 밖에 하늘국어 선생님에게 하고 싶은 말이 있으면 마음대로 쓰세요.

　(종합 수업소감)

▶ 2007 하늘국어 설문지(뒤)

　마무리는 항상 시작과 함께 있습니다. 마지막 수업은 또 하나의 첫 수업입니다.

주4-1 듣기의 원리와 방법에 대한 좀 더 자세한 내용은, 배광호, 『언어로 이루는 자기완성』의 '제3부 언어의 활용 1. 듣기' 편 참고.

주4-2 켄 베인, 『미국 최고의 교수들은 어떻게 가르치는가』, 안진환, 허형은 옮김, 뜨인돌, 2005, 49쪽.

주4-3 켄 베인, 위의 책, 161쪽.

주4-4 배영주, 『자기주도학습과 구성주의』, 원미사, 2005, 40쪽에서 재인용.

주4-5 '내용 영역'과 '행동 영역'의 용어와 내용은, 2004년에 한국교육과정평가원에서 나온 『대학수학능력시험 출제 매뉴얼 언어 영역』의 5~10쪽을 따름.

주4-6 여기에서는 모든 교과에서 적용해볼 수 있다고 생각하는 것만을 소개함. 국어 교과에서 쓸 수 있는 학습 활동은 다음 기회에 정리할 예정임.

주4-7 밥 파이크, 『밥 파이크의 창의적 교수법』, 김경섭, 유제필 옮김, 김영사, 2004, 29쪽.

주4-8 Catherine Twomey Fosnot 외, 『구성주의—이론, 관점, 그리고 실제』, 조부경, 김효남, 백성혜, 김정준 편역, 양서원, 2001, 25쪽.

주4-9 황농문, 『몰입』, 랜덤하우스코리아, 2007, 32~34쪽 참조.

주4-10 아리타 가츠마사, 『교사는 어떻게 단련되는가』, 이경규 옮김, 우리교육, 2001, 51쪽.

주4-11 김성학, 『강의를 풍요롭게 하는 방법』, 새로운디자인, 2009, 68~73쪽 참조. 이 책에 다양하고 유용한 강의 기법이 소개됨.

주4-12 자세한 내용은 다음 책 참고. Gwen Solomon, Lynne Schrum, 『웹 2.0과 교육』, 엄우용, 최명수, 박은실 옮김, 아카데미프레스, 2009.

주4-13 김성학, 앞의 책, 100~105쪽 참조.

세상 모든 수업이
'최고의 수업'이 되는 날을 꿈꾸며

첫 수업부터 마지막 수업까지, 긴 여정을 함께 하고 이렇게 다시 첫 수업으로 돌아왔군요. 사실 모든 수업은 첫 수업이라고 할 수 있습니다. 같은 내용을 여러 반에서 반복하여 진행하더라도 반 학생들이 모두 다르므로 똑같은 수업이 되는 법은 없습니다. 교사나 학생들 모두에게 모든 수업이 단 한 번의 새로운 수업입니다. 세상의 모든 수업이 '최고의 수업'이 되었으면 좋겠습니다. 이 책을 넘어서서 교사와 학생이 소통하며 행복한 수업을 함께 만들어갔으면 좋겠습니다. 전문적인 실력과 내면의 힘을 반드시 함께 키워갔으면 좋겠습니다. 그것이 진정으로 학생과 교사와 세상이 함께 행복해지고 아름다워지는 길이기 때문입니다.

수업뿐만 아니라 우리의 숨결, 마음결 하나하나도 순간순간 새롭습니다. 매일 반복되는 일상인 것 같아도 우리 몸과 마음이 항상 바뀌고 주위 환경도 시시각각 변합니다. 아침 꽃이 저녁에 지고 오늘 숲의 신록이 어제보다 진하니 한순간도 똑같을 수가 없습니다. 우리가 따분하다고 생각할 뿐이지요. 이 책으로 우리의 내면을 살펴 우리의 삶까지 늘 싱그럽고 행복하게 피어났으면 좋겠습니다.

그러나 읽는 내내 그리고 다 읽고 난 지금도 '과연 이렇게 할 수 있을까? 너무 힘들지 않을까? 진도나 성적에는 지장이 없을까? 이렇게 하면 진짜 행복해질까?' 하는 의구심이 불쑥불쑥 올라오셨을 것 같습니다. 평소에 이런 질문을 많이 받기도 하고요. 그런데 실제로 이렇게 수업을 해보면 그 보상이 상당하다는 것을 말씀드리고 싶습니다. 보상을 넘어 보람과 행복으로 나아가게 될 것입니다. 목표만 분명히 세우고 일단 시도해보면 저절로 길과 방향이 드러날 것입니다. 새로운 길을 낼 수도 있을 것입니다. 그러면서 수업 방법과 내용이 정교하게 되고, 학생과 교사가 함께 성장할 것입니다. 실상 행복, 자유, 창조, 아름다움, 깨달음은 이음동의어異音同義語이고, 우리의 수업과 인생도 그러할 것이니까요.

우리가 만난
'최고의 수업'

● **가장 소중한 것을 가장 완전한 모습으로 배우는 수업**

수업이란 학생과 교사의, 세상에 대한 깨달음의 장이다. 오늘도 아이들에게 "조용히 해."라고 외치며 지식의 틀을 가르치려고 하는 나에게 배광호 선생님은 여전히 많은 것을 가르쳐주신다. 선생님의 '하늘국어' 수업은 가장 소중한 것을 가장 완전한 모습으로 배울 수 있는 수업이다. 한마디로 완전한 선생님과 완전한 학생들이 꽃 피우는 행복한 심포니다! ● **황규수(2004년 졸업, 대구죽곡초등학교 교사)**

● **어스레한 마음에 비치는 빛과 같은 수업**

사람은 누구나 영향을 미치고 싶어 한다. 그래서 누군가는 정치를 하고, 운동을 하고, 누군가는 가르치고, 책을 써낸다. 무언가를 바꾸고 싶을 때 독선과 아집을 통해서 '이것만 옳다'고 하다가 새로운 권력을 만드는 사람들이 참 많다. 그런데 '하늘국어'의 배광호 선생님은 영향력을 미치면서 함께 더 바람직하고 더 나은 곳으로 나가려는 노력을 계속 보여주기 때문에, 한결같은 설득력을 지닌다. 행복은 돈만 있다고 되는 게 아니며 인격은 학식만 있다고 갖춰지는 게 아니라는 말, 너는 할 수 있다는 말. 사실은 간절히 믿고 싶지만 상실감이 두려워 그저 웃고 넘기는 이런 말들. 저자가 수많은 수업과 스스로의 삶을 통해 몸소 입증한 것이기에 10년이 지난 지금도 '하늘국어'를 인생의 지표로 삼는 나 같은 학생이 수두룩하다. 이번 기회를 통해 배광호 선생님의 수업이, 배광호 선생님의 책이 더 많은 이들의 어스레한 마음에 강한 빛을 쬐어주는 그런 역할을 할 수 있다면 좋겠다.
● **이지민(2004년 졸업, 엠넷미디어 전략기획팀 근무)**

● **내 인생 최고의 수업**

내 인생에 가장 최고의 수업은 '하늘국어'입니다. '전제 찾기'는 고등학생이었던 나에게 성찰이 무엇인지를 알게 하며 그로 인해 삶을 어떻게 가볍게 살아갈 수 있는지 깨우쳐 주었습니다. 또 개인 발표 수업 시간을 통해 주도적인 수업을 가능하게 하고 또한 친구들로부터 내 발표에 대해 자유로운 피드백을 받을 수 있게 했습니다. '하늘국어' 수업은 단순히 지식만을 채우는 수업을 뛰어 넘어 스스로 학습할 수 있는 힘을 길러줄 뿐만 아니라 자기반성을 통해 스스로 성장할 수 있게 하였습니다. ● **장설기(2005년도 졸업, 광고홍보 회사 근무)**

● 교실에서 만난 작은 감동

'하늘국어' 수업을 들으며 가장 신기했던 점은 학생들이 다양한 활동을 하면서도 교과서 진도를 모두 따라가게 된다는 것이었습니다. '전제 찾기' 과제를 할 때엔 '숙제'라는 이름으로 자신의 일상을 반추할 시간이 주어져서 즐거웠고, 학생수업 교사로서 수업을 할 때면 책임감 때문에 더 열심히 교과서를 들여다보았고, 세미나 발표를 할 때는 그동안 몰랐던 친구들의 관심사나 진지한 모습을 엿볼 수 있어 새로웠습니다. 게다가 '하늘국어' 수업은 단지 수업으로만 끝나지 않고 시험에까지 연속성을 지니고 있었지요. '내 생각이 곧 정답'이었던 시험문제의 신선한 충격은 지금도 생생합니다. 자기 나름의 생각을 적었다면 모두 정답으로 인정받을 수 있었던 주관식 문제. 처음 보는 문제에 주눅 들지 않고 나름의 최선을 다한다면 그것이 답이라는 메시지는 '정답 찾기'에 찌든 저희들에게 작은 감동을 주었답니다. 제가 고등학교를 졸업한 지도 어느새 5년가량 흘렀는데, 그동안 '하늘국어' 수업은 어떻게 진화를 거듭했는지 문득 궁금합니다. ● 홍지의(2005년도 졸업, 서울대 법학과 재학)

● 하늘국어 수업을 들을 수 있어서 참 행복했습니다

'하늘국어'는 학생들에게 강압적으로 지식을 집어넣으려는 수업이 아닌 학생을 존중하며 학생이 능동적으로 수업에 참여할 수 있는 수업이다. 다양한 시각자료와 선생님의 유머로 지루한 국어수업이 아닌 점점 더 빠져드는, 정말로 '재밌다'라는 생각이 드는 수업이다. 학생수업과 3분말하기를 통해 글쓰기와 말하기 능력이 향상되고 자신감이 생기며 다른 사람 앞에서 당당해지는 나를 발견할 수 있다. 생각해보면 '하늘국어' 수업을 들을 수 있었던 나는 참 행복한 학생이었다 ● 김제희(2010년 졸업)

● 하늘국어 수업이 나를 '물음표'로 만들어갑니다

'국어B'라는 시간표를 봤을 때 처음 들었던 생각은 "이게 뭐야?"였는데, 첫 수업이 끝나고 나서는 "다음 시간이 언제야?" 하고 생각하는 나를 알게 되었다. 그저 현실적이고 틀에 박힌 수업이 아니라는 것만 해도 나는 주체할 수 없이 기뻤다. 이 수업을 통해서 무엇을 배우게 될까? 이 수업을 듣는 나는 점차 어떻게 변화될까? 어느샌가 물음표로 가득한 나를 보면서 그리고 이 수업을 돌이켜보면서 알게 된 것은 이 수업이 나를 물음표로 만들어 가는구나 하는 것을 알게 되었다. ● 이예라(경북여고 1학년)

● 『최고의 수업』을 통해
  학생은 수업의 객체가 아니라 주체가 되고,
  수업은 일방적인 강의가 아니라 상호소통의 장이 됩니다

배광호 선생님은 수업 종이 치자마자 교실에 들어갑니다.
수업 시작 전에 명상의 시간을 가집니다.
학생들의 주의가 흐트러지면 생각의 기회를 줍니다.
학생들을 존중하는 언행을 합니다.
수업목표나 수업 활동의 지시를 분명하게 제시합니다.
수업 활동은 학생을 중심으로 이루어지며, 그것을 위해 짜임새 있는 준비를 합니다.
수업을 끝마치면 칠판에 적은 내용을 손수 지웁니다.

이 모든 활동은 선생님과 학생의 소통을 전제로 합니다. 이를테면 선생님 보다 늦게 들어온 학생들은 3분간 교실 뒤편에 서서 생각의 시간을 갖고, 수업 중에도 주의가 흐트러진 학생들은 일어서서 생각의 시간을 잠시 가집니다. 여기서 학생들은 잘못을 벌 받는 수동적인 객체가 아니고 스스로 수업에 적극 참여하는 주체가 되는 과정을 거치게 됩니다. '지각=나쁜 행동', '수업 중 한눈팔기=나쁜 행동'과 같은 기존의 인식체계를 내려놓고 스스로 주인이 되는 연습을 합니다. 수업 내용을 배우는 과정에서도 학생 스스로 학습목표를 정하도록 하고 내면관찰을 통해 자신을 알도록 합니다. 일방적인 강의가 아닌 상호소통이 이루어지는 장입니다.

● 김진숙(경북여고 수석교사)

교실 안에서 펼쳐지는 교사와 학생의 행복한 드라마

최고의 수업

초판 1쇄 발행 2010년 5월 10일
초판 3쇄 발행 2012년 10월 2일

지은이 배광호(IBG 연구소)
펴낸이 김선식

3rd **Creative Story Team** 이선아, 정지영, 박고운, 전소현
Creative Marketing Dept. 이주화, 원종필, 백미숙
      Public Relation Team 서선행
      Online Team 김선준, 박혜원, 전아름
      Contents Rights Team 김미영
Creative Design Dept. 최부돈, 김태수, 조혜상, 박효영, 손은숙, 이나정
Creative Management Team 김성자, 송현주, 김민아, 권송이, 윤이경, 한선미

펴낸곳 (주)다산북스
주소 경기도 파주시 회동길 37-14 3층
전화 02-702-1724(기획편집) 02-6217-1726(마케팅) 02-704-1724(경영관리)
팩스 02-703-2219 **이메일** dasanbooks@hanmail.net
홈페이지 www.dasanbooks.com
출판등록 2005년 12월 23일 제313-2005-00277호

필름 출력 스크린그래픽센타
종이 한서지업(주)
인쇄 · 제본 영신사

ISBN 978-89-6370-266-7 03370